MARIA DUTLI-RUTISHAUSER

DER HÜTER DES VATERLANDES

VIA·VERITAS·VITA

MARIA DUTLI-RUTISHAUSER

DER HÜTER DES VATERLANDES

Ein Bruder-Klaus-Roman

CHRISTIANA-VERLAG STEIN AM RHEIN

Anmerkung des Herausgebers:

Nach den Ergebnissen der neuen Geschichtsforschung steht fest, dass der Name Leuenbrugger zu Unrecht auf die Familie des Niklaus von Flüe angewandt wurde, weil er im Gebiet der damals so bezeichneten Leopontinischen Alpen wohnte. Zu den Leopontinischen Alpen (Alpes Leopontiacae) zählten die Unterwaldner, Urner, Schwyzer und Glarner Alpen. Der Name Leuenbrugger leitet sich von Leopontinisch ab (leo = Löwe; pons = Brücke).

Der Herausgeber: Arnold Guillet

Bildernachweis

Erste Umschlagseite: Bild eines unbekannten Meisters mit den Initialen OB 36 aus dem Archiv von Holzbildhauer Paul Studer in Flüeli-Ranft, aus dessen Privatsammlung ebenfalls die in diesem Buch abgebildeten Gedenkmedaillen über Bruder Klaus stammen.

Erste Klappe: Gedenkmedaille eines unbekannten Meisters zur Grundsteinlegung der Sachseler Kirche 1672.

Zweite Klappe: Silbermedaille Sodalitas Sarnen.

Rückseite oben: Bronze-Medaille von Johann Carl Hedlinger 1887.
Rückseite unten: Silber-Medaille von Anton Stockmann, Sarnen, 1947.

Seite 2: Silber-Medaille von Jakob Stampfer, Zürich (1505-1579).

Aufnahmen der genannten Medaillen: K. Wagner, dipl. Fotograf, Sarnen.

13. Auflage 1975: 37.—40. Tausend

Druck: Buchdruckerei Josef Schmid-Fehr, Goldach / SG

Printed in Switzerland

ISBN 3 7171 0635 x

Über die herbstlichen Hügel, Berge und Täler des Obwaldnerlandes flog der Sturm. Die Tannen ächzten am Sachsler Berg, die Wolken flohen vom Brünig herunter durchs Tal von Lungern und Sarnen, dem Pilatus zu. Das Ländchen war voll von der sausenden Wildheit des Wetters. Die Leute standen hinter den Fensterscheiben in dunklen Stuben und starrten hinaus – anhaben konnte es den sturmgewohnten Wäldern nichts; der Boden hielt sie in treuer zäher Erde so fest, daß es vieler schwerer Stürme bedurfte, bis sie wankten.

Auch die wenigen Menschen, die zu Sarnen durch die Straßen gingen, stemmten sich bodensicher gegen die Macht des fegenden Windes. Er griff wohl nach ihren Hirtenhemden und riß ihnen gar die Kapuze von Kopfe, daß die Haare wirr aufstanden; aber wenn dann einer lachte, klang es wie Kraft gegen Kraft im Gesang des Wetters.

Zu beiden Seiten des Dorfes schatteten die Hügel herunter, als wollten sie des Ländchens wenige Dörfer und Weiler zudecken, wie eine Mutter tagmüde Kinder bettet zum Schlafe.

In diesem Halbdunkel hastete ein Weib. Zum Dorf hinaus führte sie die leere Straße, und jeder, der sie laufen sah, murmelte ihr nach: «So gilt's also im Mösli. Daß es gut gehen möge!»

Die Weiber schauten wohl auch verstohlen nach dem Kreuzbild an der Wand und beteten einen Augenblick lang für die Möslerin, die nun in tiefer Sturmnacht ein Kind zur Welt bringen sollte. Als aber die Marie-Seppe, die alte, gebückte Wehmutter, im Dämmer verschwunden war, hatten viele schon vergessen, daß sie einen schweren harten Weg der

Pflicht tat, wenn sie einem Menschenkinde ins Dasein helfen sollte. Ein paarmal mußte sie freilich im Wetter stillstehen und die Hände gegen die Brust pressen. Das Herz tat unbändig. Aber gleich lief sie wieder. Da oben wartete ein Weib mit Angst! Sie kannte das. Wenn keine Hilfe nahe war und der Mann ratlos vom Stall zur Stube lief –, dann war es immer wie eine Erlösung, wenn die Marie-Seppe mit Trost und Erfahrung kam. Mehr als alles aber spürte das Weib, das Gebet komme mit ihr. Wie sollte auch an ihr und an ihren rauhen Händen allein so viel liegen, daß sie die tausend Lebenswunder hätten schaffen helfen können! Nein – Marie-Seppe betete im Sturm.

Im Mösli, das abseits gegen den Landenberg zu in der Höhe liegt, war die Margret Imboden an ihres Lebens erster und größter Tat. Sie meinte, das gehöre nun dazu, dieses rastlose Toben da draußen, wenn ihr ganzes Sein aufgewühlt war vom großen Wunder des Lebens. Auch ihr junger Mann lief so ruhelos auf und ab, als treibe ihn eine unbekannte Macht. Sie mußte ihm manchmal mit den schmerzerfüllten Augen folgen, die doch voll waren von Glück und heimlicher Zärtlichkeit.

Ein Jahr waren sie nun beisammen. Einen Winter und einen Sommer lang, hatten sich gefreut am Leben und an der Arbeit, hatten gehofft und gewartet, daß ihnen der kommende Herbst ein Kindlein bringen würde, das das Glück im Mösli erfülle.

«Jetzt kommt sie», flüsterte die Margret und hielt einen Seufzer zurück.

Der junge Bauer lief zum Fenster und atmete auf.

«Ja, die Marie-Seppe ist da!»

Dann lief er zurück und rief in die Küche:

«Dorthee, mach die Milchsuppe z'weg, die Marie-Seppe ist da!»

Ebenda trat sie in die Stube und brachte eine Welle von Kälte und Sturmluft mit. Und obgleich die Alte sich kaum aufrecht halten konnte, fragte sie geschäftig:

«Anton, wo hast dein Weib?»

Sie nahm den Deckelkorb, darin sie ihre Sache verwahrte, und stapfte festen Schrittes dem Manne nach in die Kammer.

«Grüeß Gott wohl», grüßte sie aufmunternd in das Dunkel hinein.

Leis und doch froh grüßte die Margret zurück und langte wie ein Kind nach der großen Rechten des alten Weibes, als komme ihr von da alle Hilfe.

Eine Weile ließ Marie-Seppe sie gewähren. Dann aber machte sie sich frei und begann ihren Korb auszupacken. Margret folgte ihr mit großen Augen, bis eine neue Welle von Schmerz und Weh über sie spülte und ihr Atem und Bewußtsein nahm.

«Was meint Ihr, Marie-Seppe?» fragte der Bauer stockend.

«Ja, da geht's bald voran. Du hast mich nicht zu früh rufen lassen.»

Wie zur Bestätigung ihrer Worte kommen und gehen nun über das arme Weib die Wehen der nahenden Geburt. Der Bauer erbebt und muß sich abwenden.

Scheu pocht es an die Kammertür.

Die Marie-Seppe öffnet. Sieht im Rahmen der Tür die Dorthee Wyß stehen, der Bäuerin blutjunge Schwester. In ihren Händen dampft die Schüssel mit der Suppe und sie bittet:

«Nehmt, Marie-Seppe, Ihr werdet hungrig sein.»

Aber die Alte wehrt:

«Nein, Dorthee, jetzt ist dafür nicht Zeit – wir sind grad so weit. Wenn du mir aber helfen willst –.»

Das Mädchen stellt die Suppe hin und kommt her. Ein hilfloser Blick trifft sie aus der Schwester Augen, und gleich darauf sieht sie, wie es die Margret schüttelt. Da nimmt Dorthee zitternd der Schwester Hand und fragt:

«Ist das so, Margret, wenn man Mutter wird?»

Die lächelt unter Tränen:

«Ja, Dorthee – aber nachher –, wie wird es schön sein!»

Und es erfüllt sich in der schwach erhellten Bauernkammer das Wunder, das Tag für Tag über die Erde geht und das Himmel und Erde verbindet. Ein Seelchen kam aus den Fernen der Ewigkeiten, und die Liebe zweier Menschen nahm es auf – unsterbliches Seelchen und kleines Menschlein in sterblichem Fleisch und Blut!

Als die Marie-Seppe das Büblein in den Armen hielt, sah sie, wie die Dorthee mit starren Augen und glühenden Wangen am Bette stand. Und es fiel ihr ein, daß in dieser Stunde aus einem Kinde ein Weib geworden war.

Nach einer Stunde, als die Margret in tiefem Schlafe lag und das Büblein fein gewickelt in der Zaine am Ofen schlummerte, saßen der Bauer, die Marie-Seppe und Dorthee in der großen Stube. Marie-Seppe aß die aufgewärmte Milchsuppe wie jemand, der ein schweres Werk glücklich vollbracht hat. Der Bauer schaute dem tüchtigen und tapferen Weiblein schier andächtig zu.

Die Dorthee aber blickte auf ihre verschlungenen Hände. Der Bauer und die Marie-Seppe sprachen nicht mit ihr, sie fühlten, daß in diesem Mädchen etwas aufgegangen war, an das sie nicht rühren durften.

«Ihr bleibt doch zur Nacht da», sagte der Bauer, und Dorthee stand schon auf, um das Lager zu rüsten.

Aber die Marie-Seppe wehrte mit dem Löffel ab:

«Woher denn? Denkt, wenn nun eine andere nach mir ruft und ich schlafe derweil da oben. Jetzt geh' ich heimzu. Und wenn die Margret aufwacht, dann macht ihr eine gute Weinsuppe, gell, Dorthee? Dem Büblein wollen wir morgen zur Tauf' verhelfen – nachher kann's trinken. Ich komm' morgen früh herauf!»

Sie schlug ein Kreuz, stand lächelnd, packte ihre Sachen ein und band die Haube um die Ohren.

«B'hüet Gott mitenand!» grüßte sie, dann schritt sie ruhig aus der Stube. Der Bauer leuchtete ihr über Gang und Stiege in die pechdunkle Nacht hinaus.

«Kommt gut heim – und einstweilen Dank!» rief er ihr nach, aber der Wind nahm seine Worte fort.

Dorthee räumte den Tisch ab und mußte immer wieder scheu hinübersehen nach dem Bettlein, darin das Kind schlief. Als der Bauer eintrat, ging sie rasch in die Küche; sie fürchtete, der Schwager könnte von dem Kinde oder von der jungen Mutter reden, und das konnte sie nicht anhören. Sie dachte, daß man nun schweigen müßte.

Anton Imboden stand an des Bübleins Bett, als Dorthee zurückkam. In seinem Gesicht lag es wie Andacht. Und da ging auch Dorthee hin, und über ihre Wangen liefen nun Tränen, als sie das Kindlein liegen sah.

Später trug sie die Weinsuppe in die Stubenkammer, wo der Bauer am Bette des eben erwachten Weibes stand. Margrets Stirne war gerötet, als sie zur Schwester sprach:

«Gell, du denkst jetzt nicht mehr daran, wie alles war? – es ist ja wohl Gottes Wille, daß die Kinder so zur Welt kommen müssen – und jetzt ist alles vorbei.»

Dorthee konnte nichts sagen, aber im Herzen spürte sie, daß auch sie diesen Willen Gottes erfüllen wollte in großer Liebe!

Der Sturm erstarb in der Nacht. Am Morgen lagen Dorf und See, Berge und Tal friedlich da. Freilich, das Laub war von den Bäumen und deckte Weg und Steg. Aber klar stand die Sonne über dem Lande, und die Leute freuten sich über den schönen Tag.

So trugen sie vom Mösli herunter das Sturmnacht-Büblein zur Pfarrkirche, wo ihm das Taufwasser reichlich gespendet ward; aber das Obwaldner Blut vertrug den starken Segen schon. Das Büblein brachte nur einen mächtigen Hunger mit heim, den es dann am Brünnlein stillte, das Gott der Herr am Mutterherzen geschaffen. Das Glück blühte jetzt im Bauernhause zum Mösli, darin Dorthee Mutter und Kind mit liebender Sorge pflegte. Still ging sie um in Stuben und Kammern, nachdenklich stand sie zuweilen, das Glück der Schwester spürend; und sie wußte nicht, daß von nun an die Stunde der Entscheidung auch sie erwartete, von der Segen oder Fluch, Glück oder Unglück abhängt für ein ganzes Leben.

Es war an dem Tage, als das Büblein sein erstes Lächeln tat – im schneeverhangenen Dezember.

Margret Imboden saß spielend beim Kleinen. Sie hatte sich noch nicht recht erholt, und Dorthee, ihre Schwester, half noch mit. Daheim auf Schwendi gab es im Winter nicht soviel zu tun; überdies hatte Mutter Wyß noch zwei Töchter, die Dorthees Stelle versehen konnten. Und Mutter Monika war froh, ihre Älteste, die Margret, in der Obhut Dorthees zu wissen.

Dorthee saß an der Kunkel und drehte den hellen Flachs zu Garn. Ab und zu hob sie den blonden Kopf und sah hinüber zum Ofen, wo Margret mit Tränen der Freude über ihres Büb-leins erstes Lachen glücklich war.

Eine eigene Regung spürte Dorthee, wie sie die Schwester ansah. Sie gönnte der Margret das schwer erkaufte Glück von ganzem Herzen; aber in diesen Wochen war etwas in ihr erwacht, was bisher unerkannt in ihrer Seele geschlummert hatte. Die Sehnsucht nach einem andern Menschen, nach einem eigenen, kleinen Zuhause war in ihr. Dorthee errötete – sie sehnte sich nach Liebe! Oft kam sie sich fast schlecht vor. Noch nicht achtzehn Jahre war sie alt, und sie wußte doch niemanden, dem sie ihre Liebe hätte schenken mögen.

Eine eigentümliche Schwere hob und senkte oft des Mädchens Brust –, als ginge es einem ganz besonderen Schicksal entgegen. Und dann lächelte es wieder: Ja, es war wohl immer etwas Großes, Frau und Mutter zu werden! Doch Tausende gingen diesen Weg, und wenige sahen in dieser Berufung das Hohe, Heilige dieses Standes und seines immerwährenden Geheimnisses.

«Der Toni wird bald zum Essen kommen, Dorthee», unterbrach Margret Imboden das Spiel mit ihrem Büblein, «willst du ihm das Vesperbrot rüsten?»

Dorthee hängte mit einem kleinen Seufzer den Faden weg – nun eben hätte sie den Mut gehabt, der älteren Schwester von ihren Gedanken zu erzählen –, aber richtig, es war Zeit, der Anton konnte jeden Augenblick aus dem Stall kommen.

Männerschritt kam über den Flur. Die junge Frau atmete auf. Ein glückhaftes Lächeln breitete sich über ihr Gesicht; die Liebe gab ihm anmutige Schönheit.

«Du, er bringt jemanden mit», sagte die Frau zur Schwester, die eben den großen Brotlaib in die Stube trug.

Unter der Türe aber stand schon der Gast, ein junger, großer Bauer. Einfach schritt er auf Margret Imboden zu und bot ihr die Hand.

«Grüeß Gott wohl.»

Toni Imboden, der hinter ihm eingetreten war, sagte zu den beiden Frauen:

«Ich habe euch meinen Freund mitgebracht, den Klaus Leuenbrugger vom Sachsler Berg. Er ist auf dem Heimweg von Luzern her.»

Frau Margret stand auf, und, das Büblein im Arm, lud sie den Gast zum Vesperbrot. Erst jetzt sah sie, wie Dorthee mit Brot und Käse noch auf der nämlichen Stelle stand wie vordem. Und wie sich nun der Gast drehte, um das Mädchen zu grüßen, lief eine Lohe über ihr Gesicht.

Als sie dann alle um den Tisch saßen, sprach Frau Margret das kurze Tischgebet. Da war es, daß Dorthee zum erstenmal den Blick hob und in die Augen Klaus Leuenbruggers schaute. Da ging ein jähes Erkennen durch ihre Seele, heißer Schreck: der da war ihres Lebens Schicksal!

Sie hörte später kaum, worüber die drei jungen Leute sprachen, sie war nur erfüllt von dem, was ihr gleich heiliger Offenbarung kundgeworden war in dieser Stunde.

Klaus Leuenbrugger erzählte von des Landes Not und sprach auch von den bösen Händeln, die die Eidgenossen mit fremden Fürsten hatten. Dann sprach er vom stillen Frieden oben in seines Vaters Haus im Flüeli. Und Toni Imboden hörte aus des Freundes Rede, daß der junge, kriegerisch aufgelegte Mann eine Sehnsucht trug nach friedlichem Haus und Herd, spürte die Unruhe heraus, die auch ihn einst ergriffen hatte, bevor in ihm die Liebe zu Margret aufgegangen war. Vielleicht, daß sein Freund auf Brautschau ausgegangen war, sann

Toni Imboden und wünschte ihm im stillen alles Glück, das er selbst gefunden hatte.

«Ich muß wohl heimzu, der Weg ins Flüeli ist weit und der Schnee liegt tief», sagte der junge Leuenbrugger und stand auf. Bauer und Bäuerin gab er die Hand zum Abschied und stand dann vor Dorthee, die jetzt ruhig war.

«Auf Wiedersehen, Jungfer!» sprach er und sie antwortete: «B'hüet Gott!» ---

Das war die erste Begegnung – der Tag, an dem Dorthee wortlos ihre Liebe verschenkt hatte. So still und seltsam diese Begegnung auch gewesen war, Dorthee glaubte an den Ruf und wartete ebenso still und vertrauend auf den Tag, der die Entscheidung bringen würde.

Durch tiefen Schnee und dunklen Abend ging Klaus Leuenbrugger der Heimat zu. Es drückte ihn die Sorge um diese kleine Heimat; aber in seinem kühnen, aufgeschlossenen Gesicht lag doch auch der starke Wille, dieses Leben in unseliger Zeit zu meistern. Etwas von der Zähigkeit des Bergholzes war in seinen Zügen, die Herbheit des zerklüfteten Landes, und die Jugendkraft stand darin, die ungebrochene Macht des tosenden Melchaawassers. Und je höher hinauf Klaus schritt, desto freier und größer schien seine Gestalt zu werden, leuchtender seine hellen Augen. Wie er endlich die Häuser seines Dorfes in winterlicher Ruhe liegen sah, da blieb er einen Augenblick stehen.

«Heimat!»

Sie hatte ihn wieder. Was waren die stolzen Höfe in den Niederungen gegen diese karge Erde? Mußte es nicht so sein, daß ein Mensch dem Lande treu blieb, aus dem er entsprossen? War das nicht der Ort, an dem seine Eltern Leben gepflanzt hatten gleich jungen Bäumen, die nun in diesen dreißig Jahren ihre Wurzeln schon tief verankert hatten in diesem Grunde?

Und plötzlich erkannte Klaus auch klar seine Aufgabe an dieser Heimat. Der Freund im Mösli hatte ihm den Weg gewiesen. Bäume müssen Früchte bringen, was dem Boden anvertraut wird, muß sich mehren, muß die Lebenskraft weitergeben an die Nachwelt.

Schauer überliefen Klaus Leuenbrugger – die Ehrfurcht vor der Heiligkeit des Lebens erschütterte ihn –, die Größe der Verantwortung an einer kommenden Generation wurde ihm bewußt. Tief hinein in den heimatlichen Grund, erdhaft fest band ihn diese erkannte Pflicht, verkettete ihn mit weltlichen Dingen und führte ihn in das Reich der irdischen Liebe!

Eine Zeit, die so schwer und unselig ist, daß sie gar in Heiligtümer hinein den Schmutz der Sünde trägt, sie braucht Männer, die Pflugschar und Axt zu führen wissen, die eine Heimstatt haben, wenn kein Krieg ist, starke, heimattreue Söhne, wenn die Not ruft. Das andere – ja, – der Hang zur Stille, das seltsame tiefgründige Wesen seiner Seele –, Gott muß da den rechten Weg weisen, denn er war bereit, all das zu tun, was Glaube und Heimat von ihm verlangten. Gottesdienst mußten dann die erfüllten Pflichten in Haus und Familie und Vaterland sein – Gottesdienst seine Liebe! Seine Liebe? Er lächelte nicht mehr. Darf er so an sie denken, die er heute zum ersten Male sah? Ist das nun die Liebe, die über ihn gekommen ist? Er weiß Burschen hier im Land und Männer, die er im Felde kennenlernte, die sprachen von der Liebe und lachten wüst dabei, daß Klaus sich seines eigenen Lebens schämen mochte.

Und nun liebt auch er?

Klaus Leuenbruggers Hände streichen über den Schnee, der

auf den Lattenzäunen liegt. Das ist der Unterschied, grübelt er: Leidenschaft wie unbezähmtes Märzwetter – dieses da aber –.

Wie er später zum Vaterhaus kommt, hört er in der Stube das laute Beten des Abendrosenkranzes. Er tut Hut und Holzschuhe ab und tritt ein zu Eltern und Geschwistern, die näher zusammenrücken.

«Dein Wille geschehe, wie im Himmel, also auch auf Erden», betet Klaus mit, und seine Seele ist bereit, des Herrn Willen zu tun!

Weihnachten und Neujahr läßt Klaus dann vorbeigehen.

Erni Rohrer, sein Freund, ist böse auf ihn, weil man ihn die Zeit her kaum sieht.

«Bist krank, daß du nicht zum Schlitteln kommst?» fragt er ihn am ersten kalten Sonntag im neuen Jahre.

Aber der junge Leuenbrugger lacht laut auf:

«Krank? Hat mich jemand krank gesehen in den 28 Jahren, die ich auf Erden bin? Nein, Erni! Aber wenn ich dir als meinem besten Freund etwas anvertrauen darf –, du – –!»

«Also drückt dich doch der Schuh?»

Klaus schaut den Freund an, und wie er dem Blick begegnet, wird er ernst. Himmel, wenn einem der Klaus etwas anvertraut, schier andächtig werden muß man da, denn es sind oft seltsame Dinge, die der erzählt, Dinge, von denen man sonst unter Weltleuten, gar unter jungen Burschen, nicht redet.

«Ja, Klaus?»

Da setzen sie sich mitsammen auf die Bank am Butzenfenster, und über den herben Mund des Obwaldners kommt das Geständnis der ersten Liebe.

Erni Rohrer schaut den Freund groß an. Nein, alles andere hatte er vermutet – nur das nicht! Wohl, ein strammer froher

Jungmann war der Klaus –, einer, der an Chilbenen und Tanzeten lustig mittat. Aber immer, wenn's am frohesten und lautesten war, verschwand er doch, und einmal – er darf das auf Ehr' und Seligkeit keinem Menschen weitersagen –, einmal hat er den Klaus nach einer Chilbinacht, die sie in Sachseln unten verbracht hatten, beim großen Wegkreuz vor dem Flüeli angetroffen, betend! Seither hat er eine heilige Scheu vor dem Kameraden und die Gewißheit, daß er etwas Besonderes ist.

Und nun will er heiraten, der Klaus Leuenbrugger, von dem er glaubte, er werde einmal ein Pfarrherr! Eine tiefe Enttäuschung kommt über Erni, und die spiegelt sich auf seinem rotwangigen Gesichte, denn Klaus fragt:

«Erni, freut es dich nicht?»

Der schaut verlegen drein und meint:

«Ja, schon – aber ich hab' mir das halt gar nicht gedacht.»

Da packt ihn Klaus an den breiten Schultern und schüttelt ihn lachend:

«Freu dich doch, Erni – zum erstenmal in meinem Leben weiß ich klar, was Gott von mir haben will, – das ist doch das Schönste, du!!»

Erni aber schaut dumm drein:

«Der Herrgott will, daß du die Dorthee aus der Schwendi heiratest, und er hat dir das eigens gesagt?»

Klaus lacht nicht mehr.

«Ja, er will es und er hat es mir gesagt!»

Da geht Erni Rohrer vom Freunde weg und ist beleidigt. Nein, wenn der Klaus solche Sachen redet! Männer sind sie nun doch, und es ziemt sich nicht, zu reden, als wären sie Schulbuben. Es muß trotz allem beim Klaus nicht ganz richtig sein!

Wochen hindurch meidet Erni den Freund. Niemandem sagt er von der sonderbaren Unterredung, auch der Schwester nicht, die ihm eines Tages erzählt, der Klaus habe ein G'spüsli in der Schwendi.

«Eh ja», herrschte er sie an, «er ist allweg alt genug dazu!»

«So hast du's gewußt?»

Aber der Erni hat seinen unguten Tag heute, denn er sagt wild:

«Was fragst du lang, Babi?, wird wohl nichts so Besonderes sein, wenn der heiraten will, es haben's schon andere vor ihm getan! Oder hättest du ihn haben mögen, he?»

Da geht Elsbeth Rohrer still davon –, weh tut ihr des Bruders harte Rede und weher noch, daß es so ist! Ja, sie hätte ihn schon mögen, den großen wackern Klaus aus dem Hause unter der Flüe! Aber der ging halt schon immer eigene Wege, er ist etwas «Eigenes», Besonderes, wenn es auch der Erni nicht wahrhaben will.

Mit dem Einverständnis der Eltern ging Klaus auf seinen Freitegang.

Dorthee war gleich nach Weihnachten heimgekommen, etwas müde und bleich, wie die Mutter meinte. Aber es war halt eben eine strenge Zeit gewesen im Mösli –, zu verwundern war's nicht, wenn eines schon die roten Backen verlor.

Das wußte die Mutter freilich nicht, daß eine heimliche Sorge an ihrer Tochter nagte, – nein, wie sollte auch ein Mädchen, das noch die Mutter hatte, Sorgen haben können!

Und doch – je mehr der Tage und Wochen über jener Stunde der Begegnung mit Klaus Leuenbrugger vergingen –, um so unruhiger war ihr Herz. Mein Gott, sie liebte ihn doch, sie wußte das und glaubte daran wie an das Evangelium.

Wenn er nun doch nicht kam? Wenn sie nur von ferne in das Wunderland der Ehe hatte schauen dürfen, um nachher das Opfer der Enttäuschung um so tiefer zu empfinden?

In solchen Stunden faltete Dorthee die Hände und fühlte: Es gab für eine Frau nur eine Waffe, die sie siegreich werden ließ über Zweifel und Ängste, – nur eines, das sie stark machte und befähigte für große Opfer: diese betenden, demütigen Hände, das Herz, das sich dem Willen Gottes übergab!

Still und schmerzlich wartete Dorthee.

Bis eines Tages doch der Schritt an ihr Ohr drang –, bis die Türe ging und in die niedere Stube Klaus Leuenbrugger gebückt eintrat.

Und wie sie dann auf den Stabellen saßen, Mutter Wyß, die Brüder und Schwestern, da sangen in zwei Herzen alle Saiten, doch die Lippen sprachen vom Lauf der Zeit und vom Stand der Wintersaat; kaum, daß die Mutter erahnte, daß die Liebe da unter ihnen umging.

Abends dann, als eines ums andere die Schlafstube aufsuchte und nur noch die Mutter mit den beiden jungen Leuten am Tische saß, fragte Klaus einfach:

«Mutter Wyß, würdet Ihr mir das Mädchen da zur Ehe geben?»

Die alte Frau mußte auf einmal Atem holen und ihre Tochanschauen. Dann sagte sie:

«Es ist eine schwere Frage, Leuenbrugger, und eine Mutter sagt nie gern ja. Aber wenn Gott es haben will – und wenn Dorthee ja meint, – dann – –.»

«Mutter, ich weiß, daß der Herrgott es will!»

Da stand Klaus auf und legte seine Rechte in diejenige Dorthees.

Das war das stille, heilige Verlöbnis Klausens unter der Flüe mit Dorthee Wyß, das Leben hienieden zusammen zu gehen und vereint dem ewigen Ziele zuzuwandern.

Es ist ein seliger Abend in der niedern Bauernstube, wie Klaus und Dorthee von ihrer seltsam erwachten Liebe erzählen, und wie sie fühlen, daß Gott ihre Seelen füreinander geschaffen, daß sie sich ergänzen, – ihr heiteres Jungsein und seine tiefgründige, herbe Berglernatur.

Brautzeit!

Ein Tal liegt zwischen dem Dörflein Schwendi und dem himmelnahen Flüeli – ein Tal, das einen schmucken Flecken hat mit zwei Klösterlein, einem See, von dem man nicht recht weiß, wie er's meint. Und ob auch zwei Wegstunden sind von der Schwendi nach dem Flüeli, ob Häuser und Klöster und Aa und See dazwischenliegen, – jetzt geht ein kurzer Weg darüber hin. Die Liebe zweier Menschen hat ihn unsichtbar in die Lüfte gebaut, und die Sehnsucht geht ihn alle Stunden des Tages und beim sinkenden Abend. Alle Blumen, die jetzt zur frühen Lenzzeit aus dem schneefreien Boden sprossen, sie müssen erblühen für diese Liebe. Und alle Lieder, die aus der frohen Brust Klaus Leuenbruggers steigen, sie klingen hinüber auf dem heimlichen Weg zu Dorthee Wyß, die keinen Ton vernimmt und doch darum weiß.

Manchmal sitzt Dorthee nun auch abends vor dem wetterbraunen Hause und schaut zum dunklen Sachsler Berg hinüber. Sie kann kein Dach unterscheiden, aber hinter dem schwarzen Wald erahnt sie doch die Hütten des Flüeli. Sie sieht in Gedanken das Haus werden, das so bald schon ihr Leben und ihr Glück umschließen soll. Klaus baut es aus den rohen Balken aus seines Vaters Wald im wilden Ranft.

Mit eigener Kraft erbaut er sein Heim, ihr starker, herrlicher Klaus! Fällt die Tannen an gefährlicher Halde und schleppt sie über Felsen und Abgründe hinauf zur Höhe des Flüeli! Was muß das für ein Glück werden, sinnt Dorthee, das ein Mann so einbaut und umfriedet! Fünf Kammern – hat er ihr gesagt, – müssen werden in seinem Hause! Sie hat nicht gefragt: wozu? Aber sie beide wissen es doch: Für die Buben, die kommen werden, für die Familie, die erstehen und wachsen soll in dieser selbstgezimmerten Klause.

Bei diesem Gedanken reckt sich Dorthee immer höher auf. Ihr ist, sie trage jetzt schon die Last dieser Familie auf sich, schon jetzt müsse sie die Schultern bereit halten, all das aufzunehmen, was die Liebe Klaus Leuenbruggers in ihr Leben bringe. Wahrhaftig, wer einen so großen, seltsam starken Mann bekam, die mußte eine Heldin sein, fähig, ihm zu folgen!

Groß und weit war Dorthees Seele in den Tagen ihres Brautstandes. Und immer, wenn Klaus zu kargem Besuch in die Schwendi kam, jubelte sein Herz, da er entdeckte, welch seltenen Schatz er gefunden hatte durch die Liebe. Ihre Augen verrieten ihm die schöne, reine Seele, die der seinen entgegenblühte in heiliger Bereitschaft. Und er konnte oft lange Zeit ihre Hände halten und sagen:

«Dorthee, du hast so starke, liebe Hände, es ist gut so!»

Sie lächelte dann und freute sich darauf, mit diesen Händen für ihn zu schaffen.

«Ja, es ist gut so –, sie sind stark.»

Einmal aber kam Klaus nicht, da Dorthee ihn erwartete.

Die Mutter schalt. Nein, wie konnte man eine Braut warten lassen!

Doch Dorthee sagte bestimmt:

«Wenn er nicht kommt, ist ihm etwas geschehen –, Mutter, ich geh' ins Flüeli hinauf!»

Und ob die Mutter abriet und ganz dagegen war –, Dorthee blieb fest. Sie nahm ihr Tuch und ging über die Matten den Weg zum Liebsten. Irgendwie spürte sie, sie mußte gehen. Ihr war, als rufe sie ihr Klaus aus einer großen Not um Hilfe. Das Herz war ihr schwer; aber sie raffte ihre Kraft zusammen und ging durch die wilde Gegend mit dem Mute der Frau, die alles kann in der Kraft ihrer Liebe.

Wie sie ins Flüeli kam, lagen die paar braunen Holzhäuser im Dämmer des lauen Märzabends. Der Schnee war früh gewichen und die Matten schon ein wenig grün. Die Wälder über der Melchaaschlucht standen dunkel im Hintergrunde. Eine tiefe Stille wob um das kleine Bergdorf. Kein Mensch ging auf den schmalen Weglein, die zwischen den Wiesen und Häusern durchführten, – sie saßen wohl alle in der großen Stube um die Brennsuppe oder waren noch im Gaden, das Vieh zu füttern.

Diese Stille drückte Dorthee. Nein, so still war es daheim in der Schwendi doch nicht. Da waren die Leute geschwätziger als hier oben im Flüeli, die Nähe des Fleckens machte sie drunten geselliger.

Das Mädchen lief auf dem lattenumzäumten Wege zum Leuenbruggerhaus. Auf dem Stieglein schon kam ihm Frau Hemma entgegen, die Mutter ihres Klaus.

«Grieß di Gott!» rief sie aus, als sie Dorthee erkannte. Die erwiderte den Gruß, und gleich die erste Frage war:

«Mutter, wo ist der Klaus?»

Da ging ein sonderbarer Schatten über die offenen Züge der alten Frau.

Dorthee erschrak. Aber ehe sie weiterfragen konnte, zog Mutter Hemma das Mädchen in die einsame Stube, und als sie sich gegenüber saßen, sagte sie langsam:

«Dorthee, weißt du auch, daß du einen ganz Besonderen zum Bräutigam hast?»

«Mutter –!»

«Ja, gell, du hast es schon gemerkt?, und ich freue mich für den Buben, daß du ihn trotzdem gern haben kannst.»

«Trotzdem?»

Da griff die Frau an des Mädchens Hand, die schwer auf dem Tische lag, und sagte ernst:

«Nicht, weil ich seine Mutter bin, sage ich dir das jetzt. Ich müßte es auch anerkennen, wenn er mir fremd wäre: Kind, der Klaus hat alles an sich, ein ganzer, edler Mann zu werden!»

Dorthee erglühte und stammelte:

«Er ist es jetzt schon – oh, er ist es schon lange ...»

«Unser Herrgott segne euch», murmelte Hemma und seufzte.

Die Angst schlich Dorthee wieder an:

«Wo ist er aber –, was ist ihm begegnet?»

Wieder schattete die Sorge in den Augen der Frau, und sie sagte:

«Dorthee, wenn du es wissen willst – ich meine, du hast nun ein Recht, es zu wissen –, so sage ich es dir jetzt, aber erschrick nicht: Klaus ist im Melchaatobel!»

Dorthee verstand nicht.

«Er schlägt doch Holz für unser Haus – drunten im Tobel, und ich fürchtete, es könnte ihm ein Unglück zugestoßen sein, – drum bin ich gekommen!»

Noch ernster sprach Frau Hemma:

«Kind, er schlägt kein Holz mehr –, ich selbst habe ihn seit drei Tagen nicht gesehen.»

Angstvoll hingen des Mädchens Augen an denen der Frau.

«Mutter –, was ist ihm denn?»

«Weiß ich's?» frug die Frau in den Abend hinaus. «Etwas, das ich nicht verstehe, kommt immer wieder über ihn, und dann geht er von uns ohne Wort und Abschied –, sie sagen, er bete allein in der Stille.»

«Ihr wißt nicht, wie es ist? Er ist doch Euer Kind!»

«Ja, mein Sohn ist er, gewiß, aber ein Geheimnis, das so tief die Seele eines Kindes erfüllt, darf auch eine Mutter nicht erfragen, denk daran, Dorthee!»

Tief senkte Dorthee den blonden Scheitel. Unendlich schwer lastete es auf ihr, das Sonderbare, Seltsame an dem Manne, mit dem sie das Leben teilen wollte.

Tröstend sprach Frau Hemma:

«Klaus ist ein Mann und er kennt seine Pflicht. – Dorthee, fürchte nichts, ihr seid beide in Gottes Hand.»

«In Gottes Hand –», sprach langsam und mit Tränen das Mädchen. «Man sollte immer nur an das denken.»

«Ja, Kind, schau, ich habe noch nie daran gezweifelt, und ich bin auch meines Sohnes so sicher, daß ich ihm vertraue wie dem heiligen Evangelium!»

So bestimmt sprach die Leuenbruggerin, daß Dorthee den Blick heben mußte. Aug in Auge saßen sie nun, und es ging etwas vom starken Glauben der Frau auf die Junge über, daß sie aus innerstem Herzen sagen konnte:

«Mutter, so will auch ich ihm vertrauen –, immer daran glauben, daß es gut ist, was Klaus tut!»

Die Mutter ließ den Blick nicht los.

«Immer, Dorthee? Auch wenn du nicht verstehst, daß es gut ist?»

«Dann auch, Mutter Hemma!»

Es war ein Schwur, der die dunkelnde Stube erfüllte und durchs offene Fenster hinausdrang in die Stille des Bergdorfes, unter dem tief unten die Melchaa schäumend durch Fels und Wälder sprang.

Dorthee schlief zum ersten Male im Leuenbruggerhause. Nein, schlafen konnte sie nicht -- mit wachen Augen lag sie auf dem Bett, darin das Laub raschelte. Immer mußte sie in die mondhelle Nacht hinausschauen, in die wilde Gegend des «Ranfts», der sich gleich hinter dem Flüeli dunkel und geheimnisvoll auftat.

Da unten also war seit Tagen ihr Verlobter, ihr Klaus! Er bete allein in der Stille, sagen sie! Dorthee erschauerte wieder. War es das, was ihn so anders machte als die Bauern ringsum? War es das, was in seinen grauen Augen lag wie ein unirdisches Geheimnis? Und war es recht, wenn sich einer, der zu Gott in die Stille ging, band mit den unlösbarsten Banden, die es auf Erden gibt? Blieb sie nicht eine Fremde in diesem Lande seiner Seele, sie, die in ihm den Menschen, den Mann liebte mit der ganzen Inbrunst ihrer Jugend?

Dorthee verkrampfte die Hände über der Brust. Mein Gott, wohin war sie mit ihrer Liebe geraten? Wenn es sonst schwer sein mußte, einem Manne für alle Zeit anzuhangen, – wie war es nun erst, wenn im Leben Klaus Leuenbruggers ein Zwiespalt war zwischen göttlicher und irdischer Liebe?

Lange lag Dorthee wach, und es wollte ihr scheinen, die Zukunft blicke sie an aus tiefer Dunkelheit, aus der kein Licht und kein Weg führe. Ein Unglück, meinte sie, sei dem Verlobten zugestoßen, als sie heute zum Flüeli aufgestiegen war. Aber war das nicht ärger als ein gebrochenes Bein, wenn eine Braut am geliebten Mann irre werden muß?

Jähe Glut deckte bei diesem Gedanken die Wangen des Mädchens. Irre werden – zweifeln? An Klaus, dem Manne, für den die Mutter einen Schwur tat, daß er gut und edel war? Und zu dem sie sich mit heiligem Versprechen bekannt hatte vor wenigen Stunden! Nein, gerade jetzt mußte sie glauben und vertrauen, stolz sein auf ihn, der seine Gottesliebe in die Klause tragen wollte, darinnen auch die irdische Liebe war, – daß er sie auserwählte, an seinem Leben Anteil zu haben.

Und in dieser Freude malte sich Dorthee die Begegnung mit Klaus vor. Sie wollte morgen hinuntersteigen in den Ranft, ihn suchen und ihn bitten, sie teilnehmen zu lassen an seinem Gebete. Sie mußte doch sein Wesen erkennen, ehe sie sein Weib würde!

Am Morgen aber, da Dorthee zu früher Stunde die blonden Zöpfe um den Kopf band und sich bereitmachen wollte zum Gange in die Melchaaschlucht, hörte sie einen Schritt vom Gaden zum Haus kommen. Herrgott –, das war doch –! Und sie ging zum Fensterlein und sah Klaus mit vollem Milcheimer ins Haus treten. Das Hirtenhemd hatte er an und die Kappe über dem Kopf. Ein gleichmütiges Lächeln lag auf seinen Zügen, und Dorthee hörte, wie er in die Küche rief:

«Muetter, die hinterste Kuh hat unternachts gekalbt – ein Prachtstierli ist's!»

Und der Mutter Antwort kam ruhig:

«Ja, Klaus, der Vater war im Gaden um Mitternacht; die ‚Liesi' ist wirklich ein gutes Tier!»

Dorthee staunte. War das der Mann, der tagelang einsam mit Gott verkehrte, der nun wieder die Kühe molk und sich ihres Besitzes freute? Wie konnte sie nun mit ihm reden über geheimnisvolle Dinge!

Sie lernte allmählich begreifen, daß die Mutter nicht fragen konnte, daß sie fremd war beim eigenen Sohne.

Später, als Dorthee in die Stube trat, erhob sich Klaus eilig von der Stabelle am Tische, legte den Löffel hin und begrüßte Dorthee herzlich.

«Maitli, wie mich das freut, daß du mich heimsuchen kommst ins Flüeli!»

Seine Augen leuchteten in die ihren, und in diesem Augenblicke wußte sie wieder nur eines: «Er liebt mich –, es kann nichts zwischen uns sein, er ist mein Klaus!»

Hand in Hand schritten sie an den Tisch, um den die Eltern und die Brüder saßen. Keines erwähnte die Abwesenheit des Ältesten in den letzten Tagen; es war eine schöne Fröhlichkeit um den Tisch. Vater Leuenbrugger sprach das Tischgebet und den Morgensegen, und dann aßen alle aus der runden Schüssel die Milchsuppe, darin reichlich dunkle Brotbrokken schwammen. Dorthee fühlte sich geborgen in dieser großen Familie, aus der die Söhne gleich Eichen wuchsen. Der alte Vater, groß und ungebeugt trotz seiner siebzig Jahre, saß gleich einem Stammvater aus alter Zeit so aufrecht und kernig im Kreise der Seinen. Seine Rede war karg, und selten lachte er. Aber sein Wesen war klar und zufrieden; er war ein Mann, der sein Werk gedeihen und dankbar Gottes Segen auf seinen Taten sieht.

In Dorthee stieg ein Bild der Zukunft auf. Sie sah sich selbst als alte Frau, wie Mutter Hemma, mit Mann und Kindern am Tische sitzen und fühlte die Ruhe und Zufriedenheit eines langen, arbeitsreichen Lebens um sich her. Ja, das war es –, sie wollte weiterbauen am schönen Werke, dem Vaterlande Söhne schenken, die wie ein Wall gegen die allgemeine Verderbnis aufstanden und sie erdrücken mit der Macht ihres guten Beispieles.

Klaus sprach in ihr Sinnen hinein:

«Dorthee, wenn's dir recht ist, könnten wir im Maien heiraten, das Haus wird bis dahin fertig!»

Alle schauten nun auf das junge blonde Ding am Tisch – der Vater, die Mutter und die Brüder. Dorthee konnte den Blicken nicht standhalten, sie senkte den Kopf und meinte leise:

«Ja, wenn es meiner Mutter recht ist.»

Klaus drückte ihr dankbar die Hand und erzählte von den Kammern und Stuben des neuen Hauses. Dieser Tage wollte er noch den Ofen setzen lassen. «Daß wir warm haben im kommenden Winter», scherzte er.

Seine Heiterkeit ging langsam auf sie über. Nein, wer sich so freute auf Hochzeit und eigenen Herd, der war kein Eigenbrötler, der war ein reifer Mann mit einer tiefen Liebe.

Nach dem Essen ging Dorthee mit Klaus hinüber zum rohen Neubau. Zwei Steinwürfe war er vom Leuenbruggerhause entfernt und stand breit und behäbig in einer großen Matte.

Alte Birnbäume reckten sich über das niedere Strohdach.

Hochklopfenden Herzens stand Dorthee vor der Stätte, an der sie ihr ganzes künftiges Leben zubringen sollte. Wie seltsam es ihr doch zumute wurde bei diesen Gedanken!

Klaus stand still neben ihr und mochte wohl das gleiche empfinden wie sie. In der Ferne rauschte die Aa und Vögel sangen. Heimatliches Glück war in den Seelen der beiden jungen Menschen. Weit weg lag ihnen die Welt, fern der Hader des Landes. Jetzt war alles gut, und das Haus da schien ein Unterpfand seines festen Willens, ihrer beider Leben untrennbar zu verbinden.

«Gefällt es dir?»

«Niklaus!»

Freude strahlte aus ihren Augen.

«Willst mit hineingehen? Die Böden sind gelegt, nur Stiegen sind noch keine da, aber eine Leiter.»

Dorthee sann eine Weile:

«Klaus, ich möchte erst dann in unser Haus hineingehen, wenn wir den Segen empfangen haben; ich meine, in geweihtes Land soll man vorsichtig gehen.»

Klaus sah sie ernst an. Wieder hatten seine Augen jenen Schein, den Dorthee noch in keinen andern gesehen hatte. Er faßte nach ihrer Hand und sprach langsam:

«Du hast recht, es ist heiliges Land, das Haus, in dem uns das Glück werden will; wenn es doch alle mit dieser Scheu betreten würden wie du, Dorthee!»

Und ein wenig später sagte er:

«Dorthee, was muß das für ein schönes Leben werden mit dir.»

Sie sah von ihm weg. Er sprach so anders als die Leute hier. Und doch tat es ihr so wohl, daß sie merken konnte, wie er sie und ihre mädchenhafte Scheu verstand.

So gingen sie im Baumgarten herum und berieten, wie man am besten den Acker anlegte für das Kraut. Dann kamen sie überein, Klaus sollte gleich mit Dorthee den Gang nach der Schwendi machen, die Mutter bitten um die Einwilligung zur baldigen Hochzeit.

Zusammen schritten sie vom Flüeli weg den steilen Hang hinunter, Sarnen zu. Froh und leicht ward ihnen das Wandern, denn die Liebe ging mit ihnen und die Unbeschwertheit ihrer jungen Herzen.

Einmal fragte Dorthee:

«Klaus, warum soll denn so bald schon die Hochzeit sein? Du hast bisher noch nie davon gesprochen.»

Er blieb stehen und lachte laut und glücklich:

«Weil ich dich liebhabe, Dorthee, und dich zu eigen haben möchte!»

Sie wurde rot.

Natürlich, sie hatte es doch im tiefsten Herzen erwartet, er möchte das meinen, und gefürchtet, er sage es nicht.

Wie beglückend doch dieser Tag war! – Mit Zweifel und Not hatte er begonnen, und nun zerstreute das heitere Wesen ihres Verlobten jeden Schatten. Es blieb nur die ganz tiefe, wahre Freude darüber, daß sie seine Braut war und dem Ziele so nahe stand!

Im Weiterschreiten fing Klaus an, von der großen Welt zu sprechen. Wie an den herzoglichen Höfen intrigiert und geschürt werde, wie auch die Eidgenossen übermütig nach fremden Händeln lauerten und die eigene Ruhe opferten um fremder Interessen willen. Von kleinlichen Streiten zwischen Luzernern und Obwaldnern sprach er und von seiner Pflicht, mitzutun, wenn die Hauptleute zu den Fahnen riefen.

«Sie haben mich zum Rottmeister gemacht, Dorthee; den Eid, immer bereit zu sein, wenn der Harstruf ertönt, den muß ich halten, auch wenn's gegen mein Gewissen gehen sollte. Ich möchte, daß du mein Weib bist, ehe es wieder losgeht in die ungewisse Fremde. Kannst du die Sorge auf dich nehmen, einen Kriegsmann zu heiraten?»

Dorthee sah zu ihm auf:

«Ja, Klaus, ich glaube schon, denn wir sind doch überall in

Gottes Hand – und die Heimat braucht dich so notwendig!»

«Du bist die Frau, wie ich sie brauche, Dorthee», sprach Klaus begeistert. «Lieb und treu, stark und gläubig. Mir ist, wir zwei können viel tragen zusammen, Dorthee!»

Sie lächelte tapfer:

«Zusammen schon, Klaus, wenn du mir hilfst!»

Eine Weile lag doch die Sorge auf dem Mädchen. Kaum, daß es seiner sicher war, kam von außen etwas, das ihn wegnahm aus ihrer Nähe. Oh, das Leben konnte schon hart sein!

Allgemach aber wurde sie wieder ruhig. Krieg und Streit und Haß der Völker, das lag doch draußen –, das kam nicht zwischen ihre Liebe! Und es dünkte Dorthee, nur das sei schlimm, was zwischen ihren beiden Seelen nicht völlig klar wäre. Wenn Klaus ausziehen mußte, dann war seine Liebe doch bei ihr!

«Ja, es ist gut, Klaus, daß wir im Maien heiraten, dann kann uns gar nichts mehr trennen, denn dann ist wahrhaftig der Herrgott mit uns!»

So kamen sie nachmittags in die Schwendi. Mutter Wyß war glücklich, die beiden wohlbehalten zu sehen. Mit Tränen gab sie die Zustimmung, Dorthee im Mai als Frau ins Flüeli ziehen zu lassen. Klaus gefiel ihr immer besser, und sie war fest überzeugt, Dorthee müsse bei diesem Manne das Glück finden.

Das Glück!

Mutter Wyß, die selbst in ihrem langen Leben viel Glück und Unglück erlebt und ertragen hatte, wünschte der Tochter etwas anderes als ihr Schicksal. Jetzt, wo sie alt war, dünkte es sie, das Leben sollte doch mehr gute, schöne Tage haben, als das ihre. Die Kinder sollten es leichter haben als sie, sich freuen können an der Arbeit und einen Gewinn haben davon.

Wenn sie auch zufrieden war mit dem, was ihrem Alter geworden, – ihre Töchter wünschten sich das Leben vielleicht doch anders und suchten Dinge in ihm, die es nie so schön und vollkommen gab, wie man sie erwartete. Und eine Mutter, die die Kinder in dieses Leben geboren hatte, kam sich irgendwie verantwortlich vor, wenn Hoffnungen getäuscht und Saaten vernichtet wurden, die die Jungen dem Leben anvertraut hatten.

Klaus Leuenbrugger schien der alten Frau Gewähr zu bieten, daß er dem Leben soviel als möglich abgewinne und ihrem Kinde gute Tage schaffe.

Klaus und Dorthee bauten an diesem Abend an der Zukunft. Sie sprachen vom werdenden Hause im Flüeli und von all dem, was es bergen würde. Glück natürlich! Aber sie beide wußten auch, daß sie es einem harten Boden würden abringen müssen im steten Kampfe mit der Zeit, die einem soviel vereitelte.

Dennoch glaubten sie ans Glück. Eben weil sie es in sich trugen und nicht von den Wechselfällen der Zeit erwarteten. Sie fühlten sich stark genug, aus ihrer Ehe die Quelle zu schaffen, die Tag um Tag Kraft und Mut spendet, im harten Ringen das Glück zu sehen. Wohl wußte Dorthee, daß Klaus immer ihre Stütze und ihr Halt sein würde, – sie wollte sich aber nicht nur anlehnen, sondern suchen, neben ihm zu stehen als die starke Frau.

Klaus baute sein Haus. Weithin leuchteten die frisch gehobelten Schirmbretter an der Wetterseite von Haus und Gaden. Die Birnbäume waren nun schon ein wenig grün und der Schimmer aufbrechender Blüten lag wie ein Hauch über ihnen.

Noch zwei Wochen – dann wollten sie als Mann und Frau einziehen da oben im Flüeli. Klaus baute das Haus und Dorthee rüstete das Linnen; es war alles gut!

Da – mitten in das Warten und geschäftige Vorbereiten läuteten die Sturmglocken vom Sarner Kirchturm. Ein Brand war's nicht – da konnte es nur der Kriegsruf sein, der in diesen unseligen Zeiten immer wieder ertönte.

Klaus warf Axt und Säge hin. Er starrte auf das neue Heimet –; also sollte es nicht sein, daß er die Dorthee heimführte, bevor es wieder losging! Eine große Empörung stieg in ihm auf. War man denn kein Mensch, der ein Anrecht hatte auf eigenes Glück? Mußte man ewig nur Kriegsmann sein, der sein Leben einsetzte für ein ungewisses Ziel? Das waren doch keine ehrlichen Händel mehr, kein Beschirmen von Heim und Herd, wenn man gegen Miteidgenossen und fremde Verführer stritt. Mußte man nicht die Fäuste ballen, wenn man wußte, daß der unselige Bruderkrieg mit Zürich einem kleinlichen Erbstreit um des Toggenburgers Lande entsprossen war? Stand es nur so mit dem eidgenössischen Geiste, daß Zürich seine Zugehörigkeit zum Bunde leichtsinnig aufs Spiel setzte um des Bündnisses mit Österreich willen? Wenn der Baum der Eidgenossenschaft schon solche Blüten trug –, war sie es da noch wert, daß viel tausend Mann Leben und Glück in die Schanze schlugen?

Der Zorn tobte in Klaus, und doch ging er nun ins Vaterhaus hinüber, Wehr und Waffen zu rüsten zum Auszuge. Wenn auf diese Weise zum Aufbruch gerufen wurde, gab es keine Zeit zu verlieren.

Im Flüeli ward es lebendig.

Von allen Matten und Wäldern eilten sie heim, aus friedlicher Arbeit aufgescheucht, sich zu rüsten zum kriegerischen

Handwerk. In den jungen Köpfen stieg die Begeisterung hoch. Hei, das war doch wieder etwas anderes als das Leben hier oben in der Wildnis der Wälder! Es mußte so sein, daß die Eidgenossen ein Kriegsvolk waren, daß sie von Ahnen und Urahnen den Hang mitbekommen hatten, die Waffen zu führen und zu streiten.

In manchen Häusern aber hob die Klage an. Wo einer von Haus und Hof und Weib und Kind wegmußte, jetzt, wo der Frühling mit Macht auf die Berge stieg, da sprach die Sorge aus wetterhartem Angesicht, und Frauen standen weinend in den Stuben, um sich herum ein Trüpplein Kinder, die neugierig Morgenstern und Hellebarde bestaunten, die der Vater mitnahm in den Krieg.

Bis hinauf ins Flüeli drang der Ruf der Glocken –, ein Bote aber kam nicht. Drunten wußten sie, daß die Männer vom Flüeli dennoch kommen würden. Ein Fragen ging um, als sie sich trafen beim Wegkreuz in den Matten, alle schon geharnischt und bewaffnet. Doch keiner wußte, worum es diesmal ging; sie dachten nur, es werde ein neuer Streit mit den Zürchern sein.

Kaum eine Stunde verging, da waren sie alle bereit. Ein halbes Dutzend Männer nur blieben zurück: die ganz alten und der blöde Baschi. Sonst waren die Weiber und Kinder allein. Sie standen vor den Häusern und winkten ein-, zweimal den Abziehenden. Dann aber machten sie sich still in die Stuben; es war nicht Brauch in Obwalden, daß man das Leid und die Sorge aus dem Hause trug, das machte man in seinen eigenen vier Wänden aus. Und in letzter Zeit zogen die Männer ja alle paar Monde aus, da gewöhnte man sich fast daran, die Last allein zu tragen.

In Klaus stritt die Pflicht mit der Liebe. Er wußte, man wartete unten in Sarnen auf ihn und er lief auch schon im Harnisch den Berg hinunter. Doch dabei dachte er an das blonde Mädchen oben in der Schwendi, das in wenig Tagen sein Weib hätte sein sollen. Mußte er nun fort, ohne Dorthee gesehen zu haben, – ohne Abschied von ihr, die er vielleicht nicht mehr sah hinieden? Oh, er wußte, wie das war! Man zog mit Mut und Trotz aus, lachte ob der Angst, und dann riß es doch immer wieder einen aus der Reihe. Ein feindlicher Streich traf ein mutiges Herz so schwer, daß es aufschrie vor Weh und Schmerz, und dann konnten zuckende Lippen nichts anderes mehr tun, als dem nächsten Kameraden den letzten Gruß an Weib und Kind daheim in den Bergen mitzugeben. Er hatte das erlebt in den heißen Kämpfen ennet dem Gotthard und in den Streifzügen gegen Zürich. Immer, wenn einer ans Sterben kam, gedachte er derer, die daheim waren; es mußte also doch schwer sein, von lieben Menschen zu gehen. Wenn nun auch er – –!

Niklaus Leuenbrugger stand am Wege still. Sein Herz schrie nach dem geliebten Mädchen, und sein junges Blut wehrte sich gegen den Gedanken, jetzt vielleicht vom Leben Abschied nehmen zu müssen, wo es verheißend vor ihm stand. Sollte er nun wegen des unseligen Bruderzwistes zwischen Schwyz und Zürich sein Glück aufs Spiel setzen und ins Verderben gehen, während so nah dort oben die Dorthee wartete?

Einen Augenblick nur überlegte Niklaus, dann riß er sich zusammen und lief über die nassen Äcker und Matten Sarnen zu. Einen Blick nur warf er hinauf zur Schwendi, dann strafften sich seine Züge –, er war wieder der Krieger, dem kein Mensch Liebe und Sehnsucht ansehen konnte.

Drunten im Flecken Sarnen war es laut in allen Straßen. Es rasselten Wehr und Waffen, schwere Tritte klirrten auf dem harten Pflaster und begeisterte Zurufe gingen von Mund zu Mund. Die alten Fahnen holten sie aus dem Rathause; das Tuch flatterte, da es junge Hände so ungestüm entfalteten.

Der Landammann ging unter dem erregten Volke umher, mit umsichtiger Hand die wilde Freude dämmend und Mut zusprechend, wo einer zu schwer seufzte. Still und in sich gekehrt kamen auch einige vom Kilchberg herunter; sie hatten noch Abrechnung gehalten mit ihrem Herrgott, bevor es in den Kampf und vielleicht gar ins Gericht ging.

Trommelwirbel kam durch die Straße herauf auf den Dorfplatz. Der Lärm riß den Letzten von Tisch und Herd, löste alle aus der Umarmung mit Weib und Kind, jetzt gab es wirklich kein Besinnen mehr! Aus den Häusern liefen sie nun, und die Schar auf dem Platze wuchs gewaltig an. Und wie sich die Männer fanden, die Kameraden geworden in früheren Kämpfen und Zügen, da war auf einmal Dorf und Familie vergessen, kaum, daß sich der Zug in Bewegung gesetzt hatte. Jetzt wußten sie, worum es ging, – es galt wieder dem Erbfeind: dem Habsburger, der sich den Unfrieden im Lande der Eidgenossen zunutze gemacht hatte. Zu Greifensee im Zürcherland lagen die Gegner im festen Turme, den sie so sicher wähnten, daß sie ihn als letzen Zufluchtsort ausersehen hatten.

Nun riefen also die Eidgenossen am See der Waldstätte die fernsten Brüder auf, in einem großen Handstreiche die Festung Greifensee zu stürmen und die Zürcher zur Übergabe zu zwingen. Zu tief waren die Obwaldner erbittert gegen die treulosen Zürcher, als daß sie nicht mit ganzem Herzen dabeigewesen wären, den Meineid zu rächen. Hei, das sollte ein Strauß werden, da brauchte man doch nicht tagelang auf den

Feind zu warten, wenn der so wohlgeborgen hinter Mauern saß! Ein tüchtiger Ansturm; dann mußten sie sich gegenüberstehen, hie Eidgenossen – hier Zürcher und Österreicher!

Klaus Leuenbrugger ging neben Erni Rohrer, seinem Jugendfreund, und Anton Imboden. Sie sprachen nicht viel, denn seit die letzten Häuser von Sarnen hinter ihnen lagen, hatte der Trommelschlag aufgehört und der Abend sank mählich nieder. Auf dem Gange aus der behüteten Heimat zum Kriegshandwerk wurden die drei Männer schweigsam. Keiner mochte dem andern den Blick in seine Seele gönnen –, und doch wußten sie alle, was darinnen lag. Sie wußten auch, daß das laute Reden der Kameraden vor und hinter ihnen der Mantel war, darin diese Männer ihre Bewegung verbargen.

Je weiter sich der Troß der Obwaldner Krieger von den Bergen und Matten der Heimat entfernte, desto stiller wurde er. Gar, als die milde Frühlingsnacht herabsank, war es, als seien sie alle verstummt in heiligem Schweigen. Kaum, daß vorn die lustigen Trommler einmal zu jauchzen versuchten, murrten hinten die Älteren. So kam der Zug der bewaffneten Obwaldner wie eine ernste Prozession frommer Pilger am stillen Alpnacher See vorbei nach Luzern. Wie sie aber der Lichter ansichtig wurden, die aus schwarzer Nacht zu ihnen grüßten, ward es lebendig in ihren Reihen. Der Mut hob sich – man wartete da vorn auf sie. Es galt, Leib und Leben einzusetzen für die Brüder!

Ein Lied stimmten sie an, daß die Luzerner um ihr Kommen wissen sollten. Mächtig scholl es in die Nacht hinaus. Da stieß Niklaus seinen Freund an und meinte bedächtig:

«Mir ist, singen sollten wir nicht.»

Erni Rohrer aber sagte unwirsch:

«Man kann auch nicht alleweil beten – und zu einer Beerdigung gehen wir doch nicht!»

«Aber in den Krieg», antwortete Klaus darauf und seine Brust hob sich schwer unter dem Harnisch.

Die Lautheit der Luzerner Mannschaften tat den stillen Unterwaldnern gut. Bald mischten sich die beiden Mundarten untereinander. Alles Reden und Rufen ging um den Sturm auf die Feste Greifensee. Grimmiger wurden die Gesichter, kampflustiger die Augen der Kriegsleute.

Es war keine Zeit zu verlieren. Schon riefen die Führer zum Aufbruch, und die Tambouren ließen die Trommeln wirbeln. Viel Volk war in den nachtdunklen Gassen und Straßen; manchmal weinten Mütter laut auf, aber ihr Schluchzen ging verloren im mächtigen Aufschlagen der schweren Bergschuhe auf dem unebenen Pflaster.

Lange noch dröhnten Trommelschlag und Marschschritt zu den Bewohnern von Luzern zurück, bis auch der letzte Ton verhallte und die Frauen und Kinder still in die einsamen Kammern gingen. Schlafen konnte diese Nacht wohl niemand mehr!

Trotzdem eine wilde Zuversicht auf allen Kriegern lag und der Wille, diesmal mit den treulosen Brüdern bis zum Letzten zu rechten, lag doch die Sorge über Kriegern und Volk. Niemand wußte so recht, wie viele Österreicher den Zürchern noch verblieben waren und wie stark die Besatzung von Greifensee war. Einmal konnte doch das Verhängnis irgendwo lauern, und ein Bruderkrieg war immer eine unselige Sache!

Dorthee ging von der Stube in die Kammer –, von der Kammer trieb es sie hinaus in den Morgen, der trübe über der Welt lag. Ruhelos lief sie herum, gestern schon, seit sie den Ruf der Trommeln gehört hatte. Jetzt meinte sie, von fern her die Glocken läuten zu hören; aber die riefen nicht zu Mord und Brand –, sie läuteten froh und hell zu Hochzeit und Glück.

Dorthee wehrte sich gegen diese Bilder ihrer Phantasie – wie konnte sie nur von Hochzeit träumen, während Klaus im Kriege war und das Haus im Flüeli verlassen stand! Gab es für sie überhaupt noch ein Glück? War nicht alles dahin, wenn das Unheil den einen traf, der jetzt vielleicht dem Feinde gegenüberstand?

Die Mutter sah das tiefe Weh ihrer Tochter. Wie gerne hätte sie da helfen mögen! Aber sie konnte doch nicht mit Worten trösten, wo die Angst und das Bangen um den liebsten Menschen das Mädchen wortlos gemacht hatten.

«Du –, wir wollen den Acker bestellen», rief die Mutter in die Kammer Dorthees hinauf.

Folgsam kam Dorthee über die Stiege herunter, doch wie die Mutter in das angsterfüllte Gesicht des Mädchens sah, kam sie das Mitleid an:

«Nein, Kind, schaffen kann eines in solcher Not nicht; mir ist, die Saat könnte nicht aufgehen, wenn sie nicht freudig gesät wird!

Dorthee sagte tonlos:

«Ich dank' dir, Mutter –, es werden viele Saaten nicht aufgehen!»

Da wies die Mutter hinüber nach dem Räuchlein, das hinter dem Hügel aufstieg:

«Dorthee, dort drüben haust deine Schwester –, denk, die hat's noch schwerer als du, sie hat ein Kind!»

Diese Worte brachen plötzlich den Bann, der seit Stunden über dem Mädchen gelegen hatte. Es hob den Kopf und sah erstaunt die Mutter an. Dann sprach es laut und fest:

«Daß ich nicht daran dachte! Wie klein man doch wird, wenn eigenes Glück und Sorge einen bewegen! Ja, die Margret trägt schwerer als ich –. So viele haben es schwerer, – Mutter, laß mich hingehen, um zu helfen!»

Die alte Frau seufzte erlöst auf. Weiß Gott, sie war so froh, doch ein Wort gefunden zu haben, das der Tochter den Weg wies aus dieser großen Not!

Unverdrossen nahm sie Hacke und Korb, das Feld zu bereiten für die Frühlingssaat. Nein, nun durfte keines an sich selber denken, jedes mußte helfen und einstehen, wo es not tat, das war Pflicht und Gesetz in diesen Tagen, wo die Männer ihr Leben einsetzten für die Heimat.

Derweil ging Dorthee dem Mösli zu.

Im Herzen trug sie das schwere Leid um ihr bedrohtes Glück; doch in ihren Augen lag schon die liebreiche Sorge, der Schwester zu helfen.

Fast wollte die Freude sie ankommen, wie sie sah, daß doch die Sonne hinter Wolkenbändern zu leuchten schien; wenn es so weiterging, dann konnte noch ein schöner Tag werden. Die Hoffnung stieg mit ihr zu Berge.

So kam es, daß mit der sieghaften Aprilsonne auch ein mutiges Mädchen zur weinenden Frau im Mösli kam, als eben der Mittag vom Tale herauf läutete.

Auf den ersten Blick erkannte Dorthee: Hier mußte sie die Stärkere sein! Mit beiden Armen umfing sie die große Schwester, und ihr «Grüeß di Gott» war so zuversichtlich, daß Margret die Augen hob. Als sie in die Stube traten, brach alles Weh aus der jungen Frau hervor:

«Dorthee, er ist fort, und wenn er mir nicht mehr kommt –, du, du weißt nicht, was das heißt!»

Dorthee ließ sie gewähren. Ganz sanft fragte sie:

«Meinst du wirklich, ich wisse das nicht, wie schwer es ist – ?»

Und eine Weile später sagte sie mühsam:

«Klaus ist auch fort!»

Sie saßen auf der Bank, Margret hatte den Kopf in die Hände vergraben und schluchzte.

«Ja –, ich weiß, du hast den Klaus lieb; aber schau, erst wenn du einmal Frau geworden bist, – wenn du sein Kindlein geboren hast, – dann weißt du, wie sehr man einen Mann lieben kann!»

Da stand Dorthee still auf.

In der Wiege am Fenster lag der Bub. Den nahm sie und legte ihn der Schwester in den Schoß.

«Margret, ein Pfand hast du da für seine Liebe – ob er dir wiederkommt oder nicht –, das blieb dir von ihm und seiner Liebe! Sag selber, ob du nicht dennoch glücklich bist!»

Einen Augenblick starrte Margret mit großen Augen auf das Kind. Es schlief noch. Aber dann umfaßten es ihre Arme so jäh und fest, daß seine Blauäuglein wie zwei Sterne aufgingen. Und die Güte Gottes leuchtete aus ihnen und dem Lächeln, das der weinenden Mutter wie eine trostvolle Verheißung entgegenkam.

«Toni!»

Das junge Weib hatte zum ersten Male im eigenen Kinde den fernen Vater erblickt und die Verbundenheit des Blutes und der Liebe machte ihr Herz erbeben in tiefen Schauern.

Dorthee wandte sich ab.

Es dünkte sie dieser Augenblick groß und erhaben – wie jener, als sie der Schwester Mutterwerden miterlebte. Ja, es konnte doch sein, daß erst die Elternschaft die wahre, heilige

Liebe schuf in zwei Herzen –, daß erst das Kind die feste Brücke schlug zu restlosem Einssein in dem geheimnisvollen Bunde der Ehe! Die schlichte Bauernstube im Mösli wurde wiederum zur Stätte, darin sie die Größe und Heiligkeit des Lebens erfaßte.

Ein zähes Werken hob an im Obwaldnerländchen. Jetzt, zu Ende April, wo endlich die Felder von Schnee und Eis vollständig frei waren, gab es viel Arbeit. Freilich, jetzt hätten Männerarme zugreifen sollen, den Boden zu bebauen! Doch was an Männern in der Heimat war, das waren Greise und Kinder, nicht stärker als die Frauen. So taten sie auch diesmal, wie schon oft in diesen letzten Kriegsjahren, das schwere Werk in Haus und Stall, Wiesen und Feldern. Und wenn's eine zu hart ankam, daß sie meinte, zerbrechen zu müssen unter der vielfachen Last, dann biß sie umso fester auf die Zähne. Nein, die Männer standen im Krieg –, wenn sie heimkamen, mußte ihnen die vollbrachte Arbeit künden, daß auch die Weiber ihre Pflicht getan hatten am bedrohten Vaterlande.

Sie bauten das Brot und das Kraut auf den haldigen Äckern der kleinen Heimat. Woher wollten sie es sonst erwarten, wo doch alles nur darauf ausging, um Ehre und Ruhm zu streiten! Sie legten mit dem Saatgut auch von ihrer Lebenskraft in die braune Erde. Die Saat würde aufgehen und Frucht bringen –, aber niemand gab den Frauen die Jahre jungen starken Lebens zurück, die sie vergruben in diese harte, steinige Erde.

Margret und Dorthee hackten zusammen die letzte Ackerfurche sauber, die ihnen ein alter Nachbar mit dem Pfluge umgelegt hatte. Tief beugten sie sich über die zähen Schollen, nicht Ruh und Rast durften sie haben, ehe die Arbeit beendet war. Nur hin und wieder stahl sich der jungen Mutter Blick hinüber zum Baume, unter dem in der derben Zaine ihr Büblein lag. Der Schein eines Lächelns lag dann immer in ihren Augen, und tapfer hob sie nachher die Arme zum harten Tagwerk.

Die Frauen achteten des Reiters nicht, der über das Feld heraufkam. Der weiche Boden nahm den Hufschlag in sich auf.

Erst als das Roß nahe war und den erhitzten Atem aus weitoffenen Nüstern ausstieß, schraken Margret und Dorthee auf.

«Jesus, Maria!»

Aschfahl war beider Gesicht. Jede erwartete vom Munde des fremden Reiters eine Kunde, die Leben oder Tod des Liebsten war, Glück oder Verderben.

Doch der Bote sagte nur ganz einfach:

«Ich komm' vom Lager bei Greifensee und hab' zu vermelden, daß bis heute noch kein Sturm und kein Angriff stattgefunden hat. Ein Schwyzer und zwei Luzerner sind von Steinen erschlagen worden, die der Feind aus der Feste warf; sonst haben wir keine Toten. B'hüet Gott!»

Der Reiter riß die Zügel herum, daß sich das Roß wild bäumte und dann im Galopp davonjagte.

Starr standen die Frauen.

Nun war er fort und sie wußten so wenig! Sie hätten doch fragen wollen, wie lange das dauern würde, sie hätten einen Gruß bestellt an Toni und Klaus. – Mein Gott, da ritt einer vielleicht morgen schon zurück nach dem Orte, wo sie standen, und nahm keinen Gruß und kein liebes Wort mit!

Dorthees Augen wurden größer, je länger sie dem entschwindenden Reiter nachsah. Und als er um die Ecke bog, wo der Wald den Weg verschlang, entfiel ihr die Hacke und über die schmalen Wangen rannen Tränen. Liebe und Sehnsucht entströmten dem bangen Herzen, und ihre Seele zog mit dem Reiter zum Geliebten hin.

Als sich Dorthee nach der Schwester umsah, kniete die am Weidenkorbe mitten im gefurchten Ackerlande und hielt in den Armen den zappelnden Buben. Und Dorthees Sehnsucht wurde noch größer und schmerzlicher. – Sie hatte nichts, mit leeren Händen stand sie und dachte nur immer, daß jetzt zu Schwyz und Luzern schon Frauen weinten um erschlagene Helden.

Wenn auch der Kriegsbote von Greifensee sehnlichst erwartet worden und seine Nachricht keine üble war, so nahm sie doch das Bangen nicht fort von den Herzen der Frauen, die Sohn oder Gatten im Felde hatten. Die Botschaft, daß der Kampf noch gar nicht begonnen habe, beruhigte niemanden –, die Gefahr lag also demnach noch schreckbar nahe vor den wartenden Kriegern.

Und die Weiber wußten aus den Erzählungen über frühere Feldzüge ihrer Männer, daß es nichts Aufregenderes und zugleich Entmutigenderes geben konnte als eben dieses Warten auf einen ungewissen Kampf.

Ein großes Beten ging in jenen Tagen durch Obwalden. Keine Wallfahrten machten die Leute, auch kamen sie ob der drängenden Arbeit kaum zur Kirche. Doch wo eine Frau ging, da floß von ihren Lippen ein Gebet. Wo Kinder spielten, fiel gewiß einer Ahne mahnendes Wort in ihre Sorglosigkeit hinein:

«Kinder, betet, daß Gott gnädig sei!»

Und die Buben und Mädchen sahen bedauernd dem Bächlein nach, das ihre Hände im lenznassen Grunde gezogen hatten, – aber sie falteten die Händlein und hoben sie zum Himmel –!

Kein Samenkorn fiel in dieser Zeit in die Furchen, ohne daß die Gebetsseufzer einer Mutter es begleiteten; keine Nacht war, in der nicht heimlich gewacht wurde vor der Kerze, die die sorgende Liebe angezündet hatte vor dem Bilde der Schmerzhaften Mutter.

Es war wie ein Ahnen, das trotz der guten Nachricht von Greifensee das Unheil groß und drohend über den Männern stehe, die in Wehr und Waffen vor der festen Burg in Feindesland lagen.

Zum zweiten Male trug die Sorge Dorthee hinauf ins Flüeli. Es war an dem Tage, wo die Hochzeit hätte stattfinden sollen.

Dorthee ging auch diesmal nicht ins künftige Heim. Wenn Klaus gesund heimkam, dann wollte sie als geschmückte Braut einziehen –, und so er nicht mehr kam –, dann wollte sie mit keinem Blicke die Stätte gesehen haben, die er einst zu heimlichem Glück geschaffen hatte.

Müden Schrittes ging Dorthee dem Leuenbruggerhause zu. Heute war sie es, die Trost suchte. Sie hatte die Schwester aufgerichtet und mit dem starken Mute der Zuversicht beseelt; nun aber war sie selbst voller Zweifel, nun wollte sie von der stillen Frau ein gutes Wort hören, das ihr weiterhalf.

Die Mutter Niklaus Leuenbruggers saß am Butzenfenster der Stube und nähte, als Dorthee über die Matten dem Hause zukam. Sie stand nicht auf, trotzdem sie der Besuch von Herzen freute. Als Dorthee aber durch die Stube auf sie zulief, breitete Frau Hemma beide Arme aus und zog das Mädchen neben sich auf die Bank.

«Dorthee –, was ist denn, sag?»

Lieb und gütig klangen die Worte. Sie waren keine Frage –,

sie wußte doch zu gut, was jedes liebende Herz bewegte und drückte.

Dorthee lehnte wortlos ihren Kopf an die breite Schulter der alten Frau und weinte. Die strich ein paarmal fast scheu über den blonden Scheitel und nahm dann scheinbar ruhig die Arbeit wieder auf. Stich um Stich zog sie den groben Zwirn ins blaue Hirtenhemd und hielt nur inne, wenn das Schluchzen an ihrer Seite auch gar schmerzlich klang.

Eine halbe Stunde mochten sie so gesessen haben, da hob Dorthee den Kopf, und die verweinten Augen suchten den Blick Frau Hemmas.

Die lächelte verstehend:

«Gell, nun ist's doch ein wenig besser, Kind? Drum bist du wohl heraufgekommen ins Flüeli, daß alles einmal vom Herzen geht, gell?»

Das Mädchen weinte nicht mehr, doch zum Erbarmen sah es drein, als die Klage über seine Lippen brach:

«Mutter –, und wenn er nicht wiederkommt –, wenn der nächste Stein ihn trifft – –?»

Langsam ließ Frau Hemma die Arbeit in den Schoß sinken und sagte dann:

«Dorthee, dann trifft er halt auch dich und mich!»

Stille lag in der Stube.

Dorthee blickte groß vor sich hin. «Dich und mich», sagte sie leise.

«Ja», nickte die Mutter.

Dabei beugte sie sich wieder über den zwilchenen Kittel, und Dorthee schien es, die Frau neben ihr beuge sich in heiliger Ergebenheit vor dem Willen Gottes.

Da überkam auch das Mädchen etwas von dem alten Heldensinn der Vorfahren. Ergriffenheit zwang es in die Knie und es legte den Kopf in den Schoß dieser Frau.

«Mutter – vergib, daß ich klagte. Ich weiß, daß der Stein dein Herz am schwersten trifft, wenn er Klaus erschlägt. Daß ich deinen Sohn liebhaben darf –, ihr seid beide so groß!»

Frau Hemma erglühte wie ein Kind. Mein Gott, in diesen Tagen sprach man über Dinge, die eines sonst kaum dachte! Sie zog Dorthee zu sich empor und schaute ihr tief in die Augen:

«Dorthee, es ist jedes so groß wie die Pflicht, die es treu erfüllt, – wie das Kreuz, das einem der Herrgott schickt!»

Dorthee schauerte.

«Was ist dein Kreuz, Mutter Hemma?»

Wie eine Prophetin alter Tage saß die alte Frau im armen Gewande der Obwaldner Bäuerinnen. Ihr Blick ging hinaus über Grenzen und Zeit, als sie sagte:

«Meine große Pflicht ist meine Familie und mein großes Kreuz ist mein Klaus!»

«Klaus?!» schrie Dorthee auf – «Klaus, der liebe, gute, der tagelang betet und fastet?»

Ruhig sprach die Mutter:

«Ja, Kind, wenn du fragst, muß ich es dir sagen. Du mußt wissen, daß du das Kreuz übernimmst, wenn er dir gehört. Vielleicht wird er deine Krone –, aber ich weiß es nicht! Ich bin seine Mutter und hoffe zu Gott, sein seltsames Leben möge ein Segen sein. – Sein eigener Vater zweifelt aber an ihm und einmal sprach er das Wort von teuflischem Blendwerk. Siehst du, deshalb ist mir dieser liebste Sohn ein Kreuz –, ich habe dir schon einmal gesagt, daß ich auf ihn traue und baue wie auf die Worte Gottes, – aber es ist manchmal so schwer, die Mutter eines solchen Mannes zu sein!»

Dorthee fragte:

«Darf ich da seine Frau sein, wenn es schwer ist, seine Mutter zu heißen?»

Frau Hemma nahm die beiden jungen Hände in die ihren und sagte fest:

«Da er dich erwählt hat, Dorthee, mußt du es tun, – denk daran, daß aus dem Kreuz eine Krone erwachsen kann, die dich schmückt, da ich als Mutter sie nicht erleben darf!»

«Mutter!»

Alle Ehrfurcht lag in dem einen Worte, und alle Bereitschaft, auch so groß zu sein wie diese seltsame stille Frau – –!

Wieder schaffte Frau Hemma.

«Was nähst du da, Mutter?»

Die Frau lächelte schon wieder.

«Das Hirtenhemd flick' ich dem Klaus, er zerreißt auch gar alles!»

«So glaubst du, daß er wiederkommt?»

«Das kann ich nicht sagen, Kind! Wenn er nicht mehr kommt, trägt's der Peter und sonst –; der Klaus muß doch sehen, daß seine Mutter die Pflicht getan hat bis ins kleinste!»

Lächelnd fügte sie hinzu:

«Denk, wer wollte einen siegreichen Krieger schon am ersten Tage in zerrissenem Hirtenhemdli herumlaufen lassen?»

Da mußte auch das Mädchen lachen — aber gleich darauf sagte es ernst:

«Mutter, du hast mir den Weg gewiesen; wenn du jetzt in diesen schweren Tagen flicken kannst –, wie sollte ich da Tage versäumen, nur um Trost zu holen? B'hüet Gott, Mutter!»

«Ja, wohin willst du denn noch? – es wird doch bald einnachten.»

«Heim zur Mutter, sie hat mich nötig. – Der Kleine bekommt die Zähnchen und hat nachts keine Ruh', da soll wenigstens die Margret schlafen können!»

Seltsam, wie sie dann talaus schritt, kam ihr all die eigene Sorge klein und nichtig vor. – Wichtig schien ihr einzig nur, daß man alles tat, dem zu helfen, der schwerer trug, – und daß dann die Männer merkten, wie gut alles in Ordnung war, wenn sie heimkamen!

Ein inneres Leuchten schien von Dorthee auszugehen, seit sie bei Mutter Hemma gewesen war. Das Bild von Kreuz und Krone wollte sie nicht loslassen, und mehr denn je spürte sie, daß sie vor einer Zukunft stand, die groß und schwer war, aber auch reich an Wundern des Glückes und der Güte Gottes.

Es gingen noch viele Tage der Ungewißheit über Land und Volk dahin –, viel Beten stieg zum Himmel, eh der zweite Bote kam, Sieg oder Schmach zu künden. Ein fahrender Sänger nur zog einmal in jener Zeit durch das Land zwischen Gotthard und Brünig. Der erzählte von einem großen Brande zu Greifensee. Aber wer wollte glauben, daß die Belagerten die eigene Stadt in Brand steckten, statt sie zu übergeben? Es war doch sicher ein Märchen, wie es diese landfahrenden Gesellen gerne erzählten. Aber nachts träumten die Leute doch von rauchenden Balken und vom Prasseln der Strohdächer, so daß sie mitten aus dem Schlafe aufwachten und Nachschau hielten –. Doch das konnte nun nicht sein – es war ja so fern, das brennende Greifensee –; nur daß die Männer dort waren, mein Gott, das war schon schlimm! Brennende Häuser konnten einstürzen und die begraben, die nahe waren. Hilf, Herrgott!

Wie dann aber die Zeit verging und keine neue Kunde kam, glaubten die Leute schon gar nicht mehr an den Brand, und dunkel und gleichmäßig wie zuvor verlief das Leben in Obwalden.

Greifensee brannte doch!

Der Wille, um jeden Preis der Belagerer sich zu erwehren, hatte das Feuer entfacht. Wildhans von Breitenlandenberg, der Kommandant der kleinen Besatzung, schaute vom Söller der festen Burg hinunter in das brennende Städtchen. Seine Zähne waren aufeinander, die Fäuste ballte er um den Säbelknauf, und da drang ein Wort zwischen verkniffenen Lippen hervor, aber man verstand ihn nicht. Es konnte ein Fluch sein. Die Soldaten hielten sich fern von ihm, sie staunten mit einem Gemisch von Ehrfurcht und Gruseln über den Mann, der mit eigener Hand den Feuerbrand in das von den Eidgenossen bedrohte Städtchen geschleudert hatte. Donnerwetter! – der wußte, was er wollte. Man gab doch nicht um ein ungewisses Ziel die Heimstätten vieler Menschen preis!

In der Burg hatten sich die siebzig Mann mit ihrem Führer verschanzt, hatten Geschütze und Wachen aufgestellt und warteten mit finsteren Augen und hiebbereiten Armen auf den Angriff. Es konnte doch nicht sein, daß diese kriegstüchtigen Eidgenossen weiter nichts wagten als von Zeit zu Zeit ein paar Kugeln, die an den Mauern abprallten, als ob sie gegen das Massiv der Berge gingen.

Die Eidgenossen freilich taten nur, was ihre Führer befahlen. Die Soldaten hätten lieber einen Gewaltstreich gewagt, auf Leben und Tod die Burg gestürmt, als in aussichtsloser Belagerung die Tage und Wochen zu vertun.

Oft in jenen Tagen gingen die Gedanken der wartenden Krieger heimwärts. Sie sprachen kaum davon –, nur wenn ihre

Blicke einen Acker erspähten oder von weit her der Klang einer Herdenglocke ertönte, dann sprach einer zum andern:

«Nun werden sie im Langäckerli das Korn bestellt haben –, ob sie die Egge auch nicht zu tief führen? Der Grund ist dort leicht, die Weiber verstehen das halt nicht so –.»

Es sollte leicht klingen, aber man spürte doch die Sorge heraus um das verlassene Gut daheim –, vielleicht auch ein wenig Heimweh!

Klaus Leuenbrugger, der beim Fähnlein der Obwaldner stand, war in diesen Tagen stiller als sonst. Der Krieg war nie in seinem Herzen gewesen, obwohl auch er manchmal tapfer und grimmig mitgefochten hatte, wenn es galt, einen Feind von den Grenzen der kleinen Heimat zu verdrängen. Diesmal widerstrebte es ihm, so tatenlos herumzuliegen, dieweil zu Hause die Frauen und Kinder Arbeit taten, die über ihre Kräfte ging. Auch daß die alte Burg von nur siebzig Mann verteidigt wurde, gefiel ihm nicht. Herrgott, hatte man deshalb eine solche Übermacht aufbieten müssen, wenn es weiter nichts zu tun gab, als zu warten, bis der bedrängte Feind vom Hunger überwunden war?

Nein, ein ehrlicher Krieg war das nicht! Es schien Klaus, die Männer, die bis anhin das Leben hatten lassen müssen, würden sich als Ankläger erheben gegen jene, die diesen unrühmlichen Feldzug befohlen hatten. Was konnten diese Führer zu ihrer Rechtfertigung vorbringen? Daß sie die «stille Zeit» dazu verwandten, dem schwachen Gegner die letzte Stütze zu rauben, dahin er sich zurückgezogen hatte? Daß dieser Gegner ein treuloser Bundesgenosse war, der sich mit dem Habsburger Erbfeind verbunden hatte? Das schien Klaus kein Grund, so viel junges kostbares Leben aufs Spiel zu setzen. Ein mutiger Handstreich mit hundert Mann hätte die

Sache wenigstens erledigen können; aber da lagen sie wie zu einer großen Schlacht gerüstet vor dieser Burg und schossen Kugeln gegen eine unverletzliche Mauer.

Der Zwiespalt in der Seele Klaus Leuenbruggers wurde täglich tiefer. Auf der einen Seite stand die Pflicht des unbedingten Gehorsams der weltlichen Obrigkeit gegenüber –, auf der andern Seite das Gebot der Nächstenliebe und jene große, ausdrückliche Forderung: Du sollst nicht töten!

Wohl wußte Klaus zu unterscheiden. Wenn ein fremder Feind ins Land fiel und gegen Recht und Gerechtigkeit, Gut und Eigentum seines Volkes brandschatzte und stahl, dann glühte auch in ihm der Zorn hoch, und auch er griff zu den Waffen, die Untat abzuwehren. Das Blut, das dabei floß, mußte vergossen werden, denn Unbilliges soll die Heimat nicht ertragen.

Wenn aber, wie jetzt, die Eidgenossen zum Angriff rüsteten gegen den schwächeren Bruder, wenn so viele aus lauter Lust und Freud' am Streit auszogen, dann bäumte sich etwas in seiner Seele mächtig auf. Wie konnte ein sieghaftes Volk, das schon so oft die Hilfe Gottes sichtbar erfahren hatte, das seinen Namen an den Anfang seiner Verfassung setzte, das auf den Fahnen das Zeichen des Kreuzes trug, – wie konnte es sengend und mordend durch die Lande ziehen? Wie konnte es unschuldige Frauen und Kinder töten und nach den Greueltaten eines Krieges die Hände zu Gott heben um Schutz und Schirm und Gedeihen der Arbeit?

Zu oft hatte Klaus erfahren, wie nach errungenem Siege die freudetrunkenen Kameraden, Sitte und Gebot vergessend, den unterlegenen Feind bedrängten, wie sie unschuldiges Blut vergossen, Frauen schändeten und sinnlos zerstörten, was ihnen in die Hände fiel. Und wenn er dann seine Stimme erhob gegen das Unrecht, verlachten sie ihn und nannten ihn einen lebensunklugen Träumer und Frömmler. Gewiß, wenn die Leute später wieder hinter Pflug und Egge schritten oder daheim beim Habermus saßen mit Weib und Kind, dann sah ihnen kein Mensch die Untaten des Krieges an; sie hatten ausgetobt und waren wieder für eine Zeitlang die braven, nüchternen Eidgenossen.

Klaus aber mußte oft seine Hände betrachten, wenn er das Saatgut in die Erde streute. Mit diesen Händen hatte er Feinde erschlagen, hatte wohl auch einen in erbittertem Nahkampfe auf Leben und Tod gewürgt, daß die Augen unter ihm groß und brechend aus den Höhlen drangen. Konnten nun diese nämlichen Hände Segen aussäen in den heiligen Grund der Heimat? Haftete ihnen nicht ein Fluch an, den kein Gebet und kein geweihtes Wasser mehr entfernten?

Und sooft Klaus in reine, unschuldige Kinderaugen blickte, sahen ihn die Augen derer an, die schuldlos Ehre oder Leben hatten lassen müssen. «Das ist der Krieg», sagten seine Kameraden.

Der Krieg! Nein, diese Männer, die ihn aus Ehrsucht, falschem Stolze oder niedrigem Profithunger führten, die aus Helden zuchtloses Kriegsvolk machten, sie traf die Schuld an diesem Unheil!

An all das mußte Klaus Leuenbrugger denken, wenn er nachts Wache stand oder schlaflos hinter den Schanzkörben lag. Manchmal sprach er auch mit Toni Imboden darüber; aber der wurde dann plötzlich schweigsam, und Klaus fühlte: Der dachte kaum mehr an Krieg und Kampf, dem war die kleine Heimat ob Sarnen mit Weib und Kind Ziel und Mittelpunkt, auch jetzt, wo er vielleicht bald im Hagel der Geschosse stand!

Ja, die Heimat! In diesen Maitagen stand die Sonne oft blutrot im Westen und ließ die Krieger an jene Abende daheim denken, wo sie ins Glühen der Sonne gesehen hatten, wenn sie scheidend hinter den Bergen sank. Sie hörten, wie von der Weide her das Alphorn den Segen kündete über Land und Vieh und Menschen, sie hörten irgendwo aus der Tiefe die Melchaa rauschen.

Für Klaus war der Gedanke an die Heimat Lust und Weh zugleich. Wie wohl seine Braut die schwere Zeit ungewisser Trennung ertrug? Er wünschte jetzt, er hätte ihr Lebewohl sagen können, nur um zu wissen, wie sein zukünftiges Weib ein Unglück tragen konnte. Und doch – es war schließlich viel Zuversicht in ihm, wenn er an Dorthee dachte, – sie mußte, mußte groß und stark in dieser Zeit stehen!

Mondhell lag die Nacht über dem Brandfelde und der Burg von Greifensee.

Weich und warm war die Luft. Die Bäume in den Feldern am See blühten. Hie und da kam durch die große Stille das Zwitschern eines Vogels. Friede ringsum –, der Duft der Blüten füllte das Land.

Wildhans von Breitenlandenberg starrte zu den rauchenden Trümmern hinüber. Er hatte sich auf der Mauerbrüstung niedergelassen. Hie und da straffte er seine Gestalt, die unter der Gewalt des Geschehens niedergedrückt werden wollte. Laut sprach er vor sich hin: «Es ist gut so – es mußte sein! Weiter, Wildhans!»

Er hörte, wie die Kugeln der Eidgenossen an die Mauern kratzten. Mochten sie schießen! Es war ein Zeichen, daß alles beim alten blieb.

Müde und verdrossen lagen die Wachen in der Burg. Die

Vorräte an Lebensmitteln konnten wohl noch ein paar Wochen ausreichen, doch der Wein fehlte. Der hatte einem die langen Wachtnächte gekürzt. Jetzt gab es kaum einen Schluck Wasser. Es schlug von einem fernen Kirchturme die zwölfte Stunde.

Breitenlandenberg erhob sich und schritt die Wachen ab. Alles schien in Ordnung, er konnte einen Teil der Mannschaft zur Ruhe entlassen.

Da – des Führers Fuß stockte. War es nicht, als ob der Boden – Herrgott, das mußte ein Erdbeben sein! In kaum merklichen Stößen erzitterte die Burg.

Angestrengt lauschte Wildhans.

Draußen regte sich nichts.

Ob die wohl schliefen?

Die nächste Wache aber meldete:

«Herr Hauptmann, irgend etwas geht vor –, wir müssen wachsam sein!»

Der lacht auf:

«Ja, seid wachsam –, wenn die Erde bebt, dann können Krieger nicht viel dagegen tun!»

Man soll die Leute beruhigen.

Aber als Antwort kommt ein neuer Stoß, heftiger und länger als zuvor.

Der Soldat bekreuzt sich.

«Herr Hauptmann, wenn das ein Beben ist! Ich meine –, sie graben uns die Burg um!»

Wildhans steht starr!

Die Eidgenossen? Wenn es möglich wäre!

Da laufen auch schon die rührigen Soldaten mit irren Blicken daher. Und sie alle wissen es nun für gewiß und sicher: Die Burg wankt. Und was sie erzittern macht, das ist keine

Naturgewalt –, die Eidgenossen haben in teuflischer Bosheit den einzigen Weg gefunden, die Verteidiger zu überwinden!

Es war keine Zeit zu verlieren.

Anhaltender wurde das unterirdische Rollen.

Die Mannschaft stand auf. Einer sprach für alle:

«Herr Hauptmann, wir fordern die Übergabe. Fünf Wochen lang haben wir gehalten, haben Kameraden verloren in diesem furchtbaren Geplänkel. Nun wollen wir nicht wie die Hunde verschüttet werden! Laßt uns hinaus –, in ehrlichem Kampfe wollen wir umkommen, auf dem Schlachtfelde ein Grab finden oder die Gnade des Siegers erhalten!»

Von Breitenlandenberg starrte auf die Leute. Fast alle waren junge Männer, gesund und stark und tapfer auch. Er hatte das Seine getan, heil aus dieser Gefahr herauszukommen. Und nun standen sie doch vor dem sichern Tode!

Er wollte antworten. Aber ein Krachen im Gemäuer nahm ihm die Worte vom Munde. Wüst knirschend sprang ein Riß auf vor seinen Füßen.

Als der Lärm verebbte, sprach er langsam:

«Meine Leute – ich stelle einen jeden vor die Wahl: Entweder harre er hier aus und falle mit diesen Mauern oder er übergebe sich den Händen der Feinde. Seht, ein Riß hat sich aufgetan zwischen uns. Ich könnte hinüberkommen zu euch, aber ich bleibe hier. Lebt wohl, Freunde –, und Gott sei uns allen gnädig!»

Kein Wort fiel mehr.

Unheimlich still und dunkel lag die Burg. Wildhans von Breitenlandenberg lehnte an der wankenden Mauer und sah, wie im Mondlicht Mann um Mann schweren Schrittes über den Söller ging. Die Hellebarden hatten sie geschultert und die Helme auf den Köpfen.

Ein Schatten tauchte neben dem Hauptmann auf. Der schaute um.

«Ihr?» fragte er.

Der Soldat nickte:

«Ja, ich will dableiben.»

Der Junge würgte ein paarmal, als wollte er noch etwas sagen, aber dann griff er doch nur nach des Hauptmanns Hand und drückte sie.

Jetzt wurde es unten lebendig.
Fackeln lohten auf, lautes Rufen und Heulen beantwortete das Geräusch der sich öffnenden Burgtore. Tausend Arme waren bereit, die Besiegten zu fesseln. Kaum einer kam dazu, sich der Übermacht zu wehren –, kampflos wurden sie, gleich Verbrechern, gebunden und abgeführt.

Im wilden Gemenge achtete es niemand, daß der Hauptmann fehlte. Erst als man draußen im Lager die Männer zählte, fragte der Anführer der Luzerner nach dem Breitenlandenberg. Niemand wußte um ihn. Die Gefangenen aber verweigerten jede Aussage. Nein, zu all dieser Schmach noch den Hauptmann verraten –, das konnten sie nicht! Aber es ging ein Ruck durch sie alle, als jetzt ein mächtiges Dröhnen den Boden erschütterte. Und mit ihnen stierten die Eidgenossen nach der Burg hinüber. Wo die gestanden hatte, stieg eine Lohe zum Himmel, und die Staubwolken verdüsterten das bleiche Licht des Mondes. Die Burg Greifensee war in Schutt und Asche dahin – mit ihr Hauptmann Wildhans von Breitenlandenberg und ein junger, unbekannter Soldat.

Die beiden hatten kaum mehr gesprochen. Die Mauern rissen. Einmal griff des Jungen Hand ins Leere, dorthin, wo über Hügeln die schwarzen Wälder stehen. Im Gesichte des Hauptmanns zuckte es, als er die hilflose Gebärde sah. Seine Rechte legte sich auf des Soldaten Schulter. Der aber keuchte:

«Es geht schon, Herr Hauptmann – nur eben habe ich heimgedacht.»

«Brauchst dich nicht zu schämen. Junge, das sagt keiner mehr aus, was hier geschieht.»

Der Hauptmann konnte des Soldaten Gesicht nicht sehen, eine Wolke verdeckte eben das Mondlicht. Aber die Stimme kam zu ihm:

«Herr Hauptmann, und es reut mich nicht. Nur – wenn noch einer dem Vater hätte sagen können, daß –. Ich war ein Tunichtgut all die Zeit her, und nun –»

Der Breitenlandenberg sagte ganz einfach:

«Es wird recht werden –, er wird es wissen, mein Junge.»

Und dann kam tosendes Wanken. Der Soldat spürte, wie ihn der Hauptmann niederriß. Kniend erwarteten sie den Tod von den Mauern und Türmen, die in gewaltigem Falle über sie kamen.

Im dämmernden Morgen sahen Sieger und Besiegte das Werk der Zerstörung. Ein formloser Haufe von Steinen und Mauerwerk war das Grabmal des Wildhans von Breitenlandenberg.

Vollends war der Tag über der Stätte des Grauens aufgegangen. Die Sonne beschien See und Felder, ihr Licht lag auch auf den rauchenden Trümmern.

Draußen auf freiem Felde war das Kriegsgericht beisammen.

Es entschied über das Los der Gefangenen.

Nebenan brachen die Eidgenossen das Lager ab. Gar eilig hatten sie es nun. Rasch war das Ende dieses langen Zwistes herangekommen, und jeder dachte sich aus, wie weit er wohl nach Hause hätte.

Die Kommandostimme rief sie alle von Arbeit und Sinnieren weg. Und als sie in Ordnung standen, trat vor die Mannschaft der Hauptmann der Schwyzer, den Spruch des Gerichtes zu verkünden:

«Ich tue euch zu wissen, daß es unser aller Wille ist, die Verräter am Bunde der Eidgenossen so zu strafen, daß der Tag von Greifensee als Warnung stehe für alle, denen es je einfallen sollte, um eigenen Vorteil der gemeinsamen Sache zu schaden. Es gilt heute, nicht Mitleid und Barmherzigkeit zu zeigen –, Recht muß sein und Strafe für den Meineid, den Zürich tat, als es sich mit Österreich verbündete. Wir fällten das Urteil und werden es allsogleich vollziehen: Hier vor unsern Augen sollen sie sterben durch Abschlagen des Hauptes. Jeder Eidgenosse sehe mit eigenen Augen, wie der Treubruch am Bruderbunde geahndet wird!»

Heulen und Rufen antworteten. Sinnlos schrien die verhetzten Soldaten durcheinander, eine wüste Gier nach dem Leben des Feindes überfiel sie.

Wohl gingen auch die Stimmen der Älteren und Besonneneren um in diesem Blutrausche. «Es sind ja geworbene Söldner, Soldaten, die kaum wissen, wofür sie einstanden. Die Strafe trifft die Unrechten!» Doch kaum einer hörte auf die Mahnung, der Lärm schwoll an, als die Gefangenen vorgeführt wurden. Ohnmächtig blickten die Einsichtigen und gingen davon.

Unter den vom Feuer des nächtlichen Brandes versengten Bäumen stand der Kriegsrat. Haß und Rachsucht, die diese Männer wochenlang in sich genährt hatten, saßen in harten Mienen. Groß und aufrecht kamen die Gefesselten, finsteres

Brüten und doch auch Grauen vor dem nahen Tod in den Augen.

Ein Pfarrer ist jetzt zwischen den Todgeweihten. Ein Bote hat ihn aus dem nächsten Dorfe geholt, und nun tut er seine Pflicht an den Soldaten. Jetzt und wieder tönt durch die morgendliche Stille des Priesters «Ego te absolvo», aber es ist immer ein schwerer Seufzer. Der Herrgott muß schon barmherzig sein mit diesen Seelen, wenn er ein so kurzes Bekenntnis dennoch in Gnaden annimmt.

Auch auf den Gesichtern der Losgesprochenen ist nichts zu bemerken vom Frieden, der sonst nach Beicht und Buße in den Menschen wohnt. Oh, sie haben sich auch das letzte Stündlein anders gedacht! Entweder sollte es im Kampfgemenge ein ruhmvolles Vergehen sein, oder man wurde daheim alt und krank und legte eines Tages Last und Jahre, Sünde und Lebenswerk nieder in die Hände des allerbarmenden Gottes, dessen Stellvertreter am Lager betete und half, bis die Seele entfloh in die Weiten ferner Ewigkeit.

Aber dieses Sterben da!

Drüben stand der Henker mit dem Schwerte, und das blitzte und sprühte die Sonnenfunken zurück, die auf seiner blanken Fläche tanzten.

Wie im Froste erstarrten die Männer, da sie dieses Schwert sahen. Sie wollten die Augen davon abwenden, aber immer wieder zog es sie mit Banngewalt zurück. Dunkles Land des Todes war stärker als der schöne, sonnige Maimorgen –, hinter dem gleißenden Schwert lag es düster drohend.

Die Eidgenossen wurden ungeduldig. Zum Donner, was machte man da noch für lange Geschichten! Hatten die nicht schon all die Wochen her Zeit gehabt, sich auf den Tod zu besinnen, da sie doch nichts anderes zu erwarten hatten als dieses Ende? Vorwärts, Henker!

Dumpf wirbelten die Trommeln über die Köpfe hin. Richtig, nun wird's losgehen! Und wie sich die in den hintern Reihen recken und strecken, fährt vorn auf der Richtstätte das Beil des Henkers zum zweiten Male durch die Luft.

«Tod und Teufel!» meinte einer, «das geht rasch, man könnte glauben, die hätten das vorher eingeübt!»

Ein paar andere lachen heiser; doch wie dann plötzlich ein Schrei herüberkommt, da schrecken doch auch diese Krieger auf und fühlen, daß das weder Krieg noch Komödie ist. Da geht's halt doch ums blutwarme, einzige Leben, das einer zu verlieren hat.

«Er hat ihn nicht getroffen, es war der zehnte», murmeln sie vor sich hin. Sie sehen sich nicht an.

Das Schreien vorn verstummt wieder. Ein anderer Henker hat dem müden Arm das bluttriefende Schwert abgenommen! Es hebt und senkt sich nun wieder –, ein paar Augenblicke dauert es, man hört das dumpfe Aufschlagen am Boden: ein Haupt rollt wieder dahin.

Die Nahestehenden wenden sich ab –, so schlachtet man nicht einmal räudiges Vieh ab. Und das sind doch Menschen, waren Kinder.

Blut dampft am Boden. Das Gras und die ersten scheuen Blumen sind zerstampft und gerötet. Starke Arme schleifen die toten Leiber hinweg –, immer schreitet ein neuer mit stierem Blick der Stelle zu, wo im nächsten Augenblick sein Haupt liegt.

Etwas seitab vom großen Haufen der Krieger steht Klaus Leuenbrugger. Von seinem Standort aus kann er den Platz überblicken, wo Gericht und Hingerichtete so nahe beisammen sind. Erst hatte er sich abwenden wollen in Grauen und Entsetzen; dann aber blieben seine Augen doch an dem wüsten Bilde haften, und er meinte, diesen Anblick erleben zu müssen, wie wenn er dazu verurteilt wäre.

Jeder neue Streich trifft nun auch das Herz des jungen Mannes, dessen Seele wie kaum eine andere der Not der Mitmenschen erschlossen ist. Er weiß, dieses Blut muß über sie alle kommen, die sie diesem mordenden Volke angehören. Und da steht die große Frage wieder vor Niklaus: Ist es vor Gott zu verantworten, in einem Heere zu dienen, das solche Kriegsgesetze schafft und so schrecklich ausführt? Ist das das heilige Recht, für welches einst die Vorfahren eingestanden auf dem Rütli und bald darauf bei der Bluttaufe am Morgarten?

Zweifel, Grauen und tiefes Erbarmen mit seinem eigenen Volke wühlen im Herzen des Kriegers. Manchmal, wenn wieder ein so junger, starker Mann sein Haupt unter das Beil neigt, ist ihm, sein Mund müsse sich auftun, die Untat zu wehren. Aber er bleibt stumm, wie einer, der im Traume schreien möchte. Sein Tag ist wohl noch nicht gekommen.

Wie er so steif und reglos stand, den Blick gebannt auf die blutige Richtstätte, trat Erni Rohrer zu ihm. Klaus zuckte zusammen.

Ernis Gesicht war bleich:

«Du, Klaus, wie kannst du zusehen, wie man die Leute hinmordet, – mich bringt's fast um!»

Klaus aber sprach tonlos:

«Wohl, ich muß zusehen, daß ich es nie mehr vergesse.»

Sie standen dann beisammen, und ihre Hände umkrampften die Hellebarden, wenn wieder das blutige Beil sich hob und fiel.

«Du betest, Klaus?»

«Ja.»

«Sie werden es nötig haben –, das ist schon ein schreckbar Sterben!»

Aber Klaus wandte sich dem Freunde zu und sagte:

«Erni, mir ist, wir sollten nicht für die Toten da vorn beten, die den Weg der Pflicht gehen. Beten wir für uns alle, die wir den Tod dieser Männer auf unser Gewissen geladen haben, um Gottes Erbarmen.»

Und während er sprach, wurde sein Auge dunkel und wetterleuchtete. Der einfache Bauer vom Sachsler Berg stand auf gegen die Obrigkeit, was sonst nie Sache der kleinen Leute vom Lande gewesen war. Die Kraft eines Gebets war in ihm.

Jetzt hilf, Herrgott, wenn es wahr ist, daß du mir nahe bist. Mein Leben, mein Glück – alles biete ich dir an, aber sei jetzt mit mir! Und er grollte wie Gottes Zorn:

«Nun ist's genug, Erni! Schau, alte Männer sind das und dahinter bare Jungen, kaum erwachsen. Diese Schmach lade ich nicht auf mich!»

Ehe Erni sich's versah, teilte Klaus die Haufen und setzte mit mächtigen Schritten der Richtstätte zu. Wie Donnerschlag fielen seine Worte in die Verblüffung:

«Männer des Gerichtes, Kameraden und Freunde, haltet ein! Gebt Gnade den wenigen, die noch übrig sind. Herrgott, vergreift euch nicht am Alter und an der Jugend!»

Unwillig blicken die Richter.

«Wer gibt Euch das Recht, das Urteil anzufechten, und wer seid Ihr?»

Da reckt sich Klaus.

«Das Recht nahm ich mir selber. Den Mut gab mir Gott! Wer ich bin! Ein Eidgenosse und ein Christ, dem es um das Wohl seines Volkes geht!»

Das rüttelt an den tausend Männern. Sie werfen die Arme hoch und stehen ein für den mutigen Kameraden, zum Schutze der armen Feinde. «Laßt sie laufen, die armen Teufel, er hat recht, Blut haben wir nun genug gesehen.»

Die Richter zaudern noch. Aufatmend steht der Henker. Vor ihm das kniende Opfer hebt scheu die Augen zu Klaus. Sie begegnen sich, ihre Augen kommen nicht mehr voneinander los. Dank und Verwunderung liegt im einen Blick – stumme Abbitte und heiße Scham in den Augen Niklausens. Haben sie nicht vielleicht alle noch einmal so geschaut, die sechzig Augenpaare, ehe sie erloschen, – ob nicht einer aufstehe im Haufen der Zuschauer, um Gnade zu fordern für ein armes Leben?

Kaum hörten die beiden den Richter, der nun verkündet, daß der Kriegsrat beschlossen habe, huldvoll dem Rest die blutige Strafe nachzulassen und die zum Tode Verurteilten als Gefangene abzuführen.

Kein Laut kommt über die Lippen der zehn, die plötzlich dem Leben wiedergeschenkt sind. Halb waren sie schon drüben gewesen in einer andern Welt. Nur über eines Trommlerbuben junge Wangen rollen die Tränen groß und klar. Sein Nachbar schämt sich seiner und gibt ihm einen Stoß. Aber der Junge achtet's nicht und starrt auf den letzten Leichnam. Sein Vater liegt dort kopflos im Gras.

Während die Gefangenen wieder gebunden werden, geht Niklaus Leuenbrugger davon. Mit Erni Rohrer geht er durch die Wiesen. Der andere weiß, daß er nun nicht reden darf. – Klaus ist ein Eigener – und danken darf man ihm schon gar nicht. Sie spüren beide, daß mit dieser kleinen Begnadigung das große Unrecht nicht aus der Welt geschafft ist.

Derweil geht ein Fragen um in der Mannschaft. Ein Richter hat sich unter die Soldaten gemischt und erfragt den Namen des Mannes, der Gnade heischte für die Verurteilten.

«Wer ist es, der so sprach?»

Sie geben die Frage weiter, bis er zum Zuge kommt, dessen Venner Klaus ist.

Da fahren sie hoch, die Männer alle:

«Unser Venner ist er, der Klaus Leuenbrugger, ein Mann, gerade und gerecht wie kaum einer!»

Der Hauptmann forscht weiter:

«Also ein Unterwaldner?»

«Ja, Obwaldner ist er, von Flüe gebürtig und ein Bauer!»

«Niklaus von Flüe», murmelt der Richter, «den Namen wird man sich merken müssen. Der hat das Zeug, ein Volksführer oder ein Volksverhetzer zu werden!»

Seinen Kollegen vom Kriegsrat gibt er seine Entdeckung bekannt:

«Diesen Niklaus von Flüe sollten wir unauffällig aus der Mannschaft schaffen –, so etwa, daß wir ihn nicht mehr einberufen.»

Ein grauer Haudegen sprach dagegen:

«Meint Ihr? Solange ich etwas zu sagen habe, kommt gerade dieser Mann die nächste Zeit zu jedem Feldzuge mit. Der ist ein Besonderer. Strahl und Hagel, der Mann hat Art und solche können wir beim Eid in dieser Zeit brauchen!»

Dann bliesen die Trompeten zur Entlassung der Mannschaft. Was von Greifensee übrig blieb, das ist Schutt und Asche.

Beuteleer und unmutig zogen die Männer dahin. Da und dort trennten sich einige von ihnen, als sie auf Schwyzerboden waren. Der Abschied war mürrisch. Leute liefen ihnen entgegen, um die Sieger von Greifensee zu begrüßen. Doch wenn sie in die Gesichter der Soldaten sahen, erstarb auch ihre Freude in der Frage:

«Ja, ist's denn nicht gut gegangen?»

«Wohl schon –, aber – –.»

«So habt ihr viel Leute verloren?»

«Wir gerade nicht –.»

So kam es, daß die Meinung durchs Land lief, der Sieg von Greifensee sei nicht so wie andere Siege; denn das habe man noch nicht erlebt, daß ein siegend Heer wortkarg und verstört aus der Schlacht heimkam.

Die Kunde lief gar voraus.

Und wo nun ein Weib auf den heimkehrenden Gatten wartete, war auch die Angst bei ihr. Sie forschte in seinen Augen; wenn er es merkte, wandte er sich ab. Sie hielt seine Hände, und er entzog sie ihr – «mußt nicht, – es klebt noch übriges Blut daran.»

Klaus Leuenbrugger mähte das Gras für seines Vaters Kühe. Die Mutter war daran, das taunasse Futter in den Tragkorb zu sammeln.

Einmal, als sie sich ganz nahe waren – Klaus wetzte gerade seine Sense –, sagte die Mutter:

«Ich denke, du wirst heute noch hinüberwollen in die Schwendi –, könntest dann von Sarnen herauf das Mehl heimnehmen; es liegt schon so lange beim Müller, der Vater hat's halt nicht mehr herauftragen mögen.»

Klaus prüfte mit dem Finger bedächtig die Schärfe der Sense und sah seine Mutter nicht an, als er sagte:

«Ja, ich sollte wohl einmal zur Dorthee gehen, sie wird plangen.»

Frau Hemma fragte:

«Du gehst also ungern hinauf?»

Der junge Mann besann sich eine Weile, dann sagte er:

«Mutter, du bist halt nicht dabeigewesen zu Greifensee –, du weißt nicht, wie groß die Untat ist, die wir dort begangen haben; wie kann ich da der Dorthee in die Augen schauen, ihr, die glaubt, einen Helden zum Manne zu bekommen?»

Die Mutter wehrte:

«Klaus, du wirst das überwinden müssen, du warst jedesmal so ernst und traurig, wenn du aus dem Kriege kamst. Denk, daß deine Braut sich um dich sorgt!»

Die beiden schafften nach diesem kurzen Zwiegespräche weiter. Die Mutter litt mit dem Sohne. Sie ahnte all das Schreckbare, das die Männer noch verschwiegen; sie wußte auch durch Erni Rohrer von der Einsprache Niklausens beim hohen Kriegsrat. Daß aber Klaus in den Nächten, seit er von Greifensee zurück war, nicht schlief, das gab ihr zu denken. Darum hatte sie ihn zu Dorthee gewiesen –; irgendwie bangte ihr vor dem Wesen des Sohnes, der seine Trauer wohl wieder hinuntertragen würde in die Einsamkeit der Melchaaschlucht, wenn nicht das Leben und die Liebe ihn zurückgewannen.

Am Nachmittage ließ Klaus auch wirklich die Arbeit liegen und stieg dem Tale zu.

Dorthee saß vor dem Hause und säumte Bettücher, als sie Klaus den Weg heraufkommen sah. Da fielen Tuch und Schere zur Erde, sie flog den Pfad hinunter und ihre Seele und ihr Ausruf waren ein einziger Jubel:

«Klaus!»

Er blieb stehen, als er sie kommen sah. Eben noch waren seine Gedanken weit weg gewesen bei Krieg und Not –, das aber war das lebendige, leibhaftige Glück, das da auf ihn zukam. Er vergaß auf einmal Schuld und Grauen –, weit breitete er seine Arme aus und hielt gleich darauf das Mädchen an seiner breiten Brust.

Es war das erstemal, daß sie sich so nahe waren. Die Freude des Wiedersehens hatte die Scheu von ihnen genommen. Sie fühlten beide zugleich, daß, wie ihre Seelen eins waren in herzlicher Liebe, nun auch ihrer beider Leben zueinander drängte. Klaus beugte sich über Dorthees blonden Scheitel und seine Lippen berührten ihre reine Stirne.

Dorthee erschauerte unter diesem ersten Kusse, tiefer senkte sie das Haupt und ging dann an der Hand des Geliebten durch die blumige Matte dem Garten zu.

Die Liebe hatte nun wirklich den jungen Mann zurückgewonnen.

«So werden wir also bald hinaufziehen ins Flüeli, Dorthee?»

Sie hielt im Nähen inne und sagte:

«Ja, Klaus, sobald du willst, zu Sarnen und Sachseln sind wir verkündet worden an den vergangenen Sonntagen, es steht unserm Ehebunde nichts im Wege.»

«Du – dann muß es recht bald sein; wir wissen ja nicht, wann wieder ein Aufgebot kommt, und diesmal möcht' ich dich als mein Weib daheim lassen!»

Dorthee spürte, wie die Liebe und Sehnsucht nach ihr in Klaus groß geworden war, – glücklich lächelte sie ihn an.

Was hatte doch jemand zu ihrer Mutter gesagt? Der Leuenbrugger freie nur aus Zwang –, er habe wollen Mönch oder Pfarrer werden, sei schon zeitlebens ein sonderbarer Eigenbrötler gewesen, und wenn sein Vater nicht so sehr darauf gehalten hätte, wär' dem Klaus das Heiraten ewig nicht eingefallen.

Eine Zeitlang hatte Dorthee wirklich darüber nachgegrübelt und der Stolz hatte sich in ihr aufgebäumt. Was? Nur darum? Um einem Vater den Willen zu tun, – um ein altes Geschlecht dem Leben zu erhalten und der Zukunft? Konnte ein edler Mann eines jungen Mädchens Leben an das seine ketten, wenn keine Liebe in ihm war? Durfte er daran denken, sie zur Mutter einer neuen Generation zu machen, wenn er sie nicht liebte? Ein neues starkes Geschlecht konnte doch nur aus einer tiefen, heiligen Liebe herauswachsen. So aber, wenn ihr schönstes, heiligstes Amt des Mutterwerdens nur ein Handel war, dann ekelte ihr vor der Zukunft.

Nicht lange aber hatte der Zweifel angehalten. Obwohl Klaus fern von ihr war, sah sie seine treuen guten Augen, die stets mit einer scheuen Liebe und Verehrung sie angeblickt hatten, – sie dachte an die Stunde oben im Flüeli, wo er so schön vom Hause sprach, das er seinem Glücke baute. Und dann war da auch seine Mutter, die selber das Beispiel lebte einer wahren, gottgewollten Ehe! Nein, es konnte nicht wahr sein!

Nun, da sie seine blutwarme Nähe fühlte und der erste Kuß der bräutlichen Liebe ihre Stirne geweiht hatte, war Frohlocken in ihr! Das war Klaus, wie sie ihn wünschte. Kein Mönch und Einsiedler war er, aber ein lebensnaher junger Mann, dessen Liebe ihr ganzes Leben besonnte, – ein Mann, der aus gesundem Empfinden heraus Heim und Herd schuf und das Weib zu sich nahm, dessen Seele und Jugend und Schönheit er liebte!

Sie fragte sich, ob Klaus das alles mitempfinde.

Es schien so; denn Klaus legte seine Hände auf die emsig schaffenden Finger seiner Braut und sagte:

«Gelt – und das wissen wir doch, daß unser Leben und unser Glück auf Gott gestellt ist und auf unsere Liebe; daß daneben gar nichts Platz hat als der häusliche Friede, der aus Glück und Liebe erwächst?»

Dorthee legte ihre Rechte einfach in die seine und sprach:

«Ja, Klaus, ich weiß, was ich Gott und dir versprochen habe, – ich weiß, was ich euch schuldig bin!»

Wieder mußte Dorthee denken, ob wohl ein anderes Mädchen so viel an tiefer wahrer Liebe besessen habe, wie sie aus den Worten ihres Verlobten vernahm, von dem sie behaupteten, er heirate nicht aus Liebe?

Sie wurden einig, die Hochzeit in drei Tagen zu halten. Ein stilles Fest sollte es werden, wie es sich für diese ernste Zeit geziemte.

Mutter Wyß war zu den beiden getreten und ihr fiel gleich das frohe Leuchten in ihres Kindes Augen auf. Irgend etwas mußte das Mädchen geweckt haben –, ob es die Freude war am Wiedersehen mit dem Bräutigam oder die Erwartung des großen Tages der Hochzeit?

Die Mutter freilich dachte auch an das leibliche Wohl der beiden Glücklichen und geschäftig sagte sie:

«Aber das ist doch keine Art, so dazusitzen! Was meinst, Maitli, der Klaus habe nicht Hunger und Durst bekommen vom langen Kiltgang? Ich will doch gleich Käse und Brot rüsten und einen Most –, kommt dann etwa nach!»

Fort war die Frau, ehe Klaus etwas einwenden konnte. Sie hatten doch in ihrem Glück nicht an Essen und Trinken gedacht!

Doch der Ruf der Mutter tönte bald schon aus dem Fenster:

«So kommt nun doch herein in die Küche, wir müssen ja eineweg noch die Hochzeit besprechen!»

Als dann Klaus am Tische saß und das Zeichen des Kreuzes machte als kurzes Tischgebet, da schaute er mit einem Male erschreckt auf Mutter und Tochter. Seine Hände, die das Brot ergreifen wollten, sanken hart auf die Tischplatte, und tiefe Blässe überzog sein Gesicht.

Besorgt sahen die Frauen den Mann an.

«Es ist eine Übelkeit», meinte Frau Wyß, «das kommt davon, wenn einer nicht ißt!»

Doch Klaus sprach stockend, fast finster:

«Nein, es ist etwas anderes. – Schaut, alle die Tage her, wenn ich mich zum Essen setze, dann kommt mich das Grauen an! Wie kann einer Brot essen, der Ackerland und Kornsaaten verwüsten half, daß nun Hunderte Hunger leiden müssen ob dieser Untat? Und wenn ich einen Bissen zum Munde führe, dann spüre ich den Blutgeruch auf der Zunge, der dem Boden entströmte, in den das Blut von sechzig Männern scheffelweise eindrang. Es würgt und quält mich, wenn ich satt bin, – ich höre oft wie eine Anklage die Stimmen der Witwen und Waisen, die jetzt den Tod ihres Gatten und Vaters beweinen, – den Tod, den wir über sie verhängten, als ihr Leben in unserer Hand lag. Sagt selbst, ob das nicht zum Himmel um Rache schreit?»

Zwei große Tränen standen in Dorthees Augen. Sie sah, wie es den Mann quälte und wie er litt! Oh, daß sie nun zu ihm gehen könnte, ihn zu trösten, ihm zu helfen! Aber die Mutter war da und die sagte:

«Du liebe Zeit, ein schrecklich Ding ist halt so ein Krieg. Wir wissen nie, wo das Recht aufhört und das Unrecht beginnt, – und was kann schließlich ein Volk dafür, wenn die hohen Herren ein Unrecht befehlen? Eßt jetzt, Niklaus, und der Herr g'segne Euch die Speis'!»

Klaus und Dorthee sahen sich an.

Beide dachten wohl dasselbe: sie dürften die einfach-schlicht denkende Frau nicht beleidigen. So griffen sie zu Brot und Käse; aber es wurde ein recht trauriges Mahl, denn auch dem Mädchen schmeckte es nicht, nun, da es wußte, wie es um Klaus stand.

Von Krieg und Mord sprachen sie den Abend lang nicht mehr; die Mutter ordnete dafür die Sache für die Hochzeit.

Sie sollte zu Sachseln stattfinden, in der Pfarrkirche Niklausens, gleich bei der stillen Morgenmesse des Pfarrherrn. Die wenigen Verwandten waren bald geladen, man wollte sich nach dem Gottesdienst in der Taverne am Dorfbach treffen zu einfachem Imbiß. Morgen aber würde Toni Imboden die Brautfuhre nach dem Flüeli bringen, Dorthee mußte gleich heute abend noch den Handbuben hinunterschicken mit der Meldung.

Im Garten vor dem Hause lagen die Schatten der Dämmerung, als Niklaus Abschied nahm.

«Nun bin ich das letztemal bei dir zu Besuch gewesen, Dorthee! Wenn ich dich wiedersehe, ist's zur Trauung – du, ich freue mich!»

In holdseliger Verwirrung stand das Mädchen. Auch ihm kam zum Bewußtsein, daß das der letzte Abschied war vor dem großen Tage und daß sich Klaus freute; es tat ihr so wohl, von ihm wieder die Versicherung seiner Liebe zu hören. Warm drückte sie seine große Hand und lächelte:

«Klaus – und ich komme ja auch so gerne zu dir!»

Da küßte er sie wieder mit derselben zarten Scheu wie mittags, dann gingen sie still auseinander – er Sarnen zu, das im

Schatten des Abends lag, sie in den Garten, darin die Salbei duftete.

Aus dem Fenster aber hatte Mutter Wyß den beiden zugesehen, wie sie Abschied nahmen voneinander. Daß da die Leute noch behaupten konnten, Klaus sei ein erzwungener Hochzeiter! So herzte keiner ein Maitli, dem er nicht gut war! Eine tiefe Freude und geheimer Stolz beseelten die alte Frau. Die Dorthee würde die glücklichste Frau sein zu Sarnen und weit übers Flüeli hinaus –, das hatte sie doch schon lange eingesehen!

Der Hochzeitsmorgen stieg mit frühem Glanze über die Berge des Obwaldnerländchens. Schon mit dem ersten Scheine des Tages erhoben sich im Schwendihause und im Flüeli die Leute, sich zu rüsten für die Feier.

An beiden Orten stand eine fromme Mutter vor der Kammertüre des Sohnes, der Tochter, und sie wunderte sich, daß eines so ruhig schlafen konnte, derweil doch heute ein so wichtiger Tag war! Aber dann trat auf ihren leisen Ruf die Dorthee fertig angezogen unter die Türe, und Mutter Hemma im Flüeli sah ihren Klaus aus der Tiefe des Melchaatobels kommen mit dem abgeklärten Gesicht eines Menschen, der mit Gott und der Welt eins geworden ist im Gebete.

Sie hatten nichts darüber gesprochen, doch Dorthee fühlte, daß sie diese letzte Nacht im Elternhause wachen und beten müsse, – Klaus war der Lautheit des Lebens ausgewichen für eine Nacht noch, ehe ihn ebendieses Leben aufnahm in seinen Dienst.

Als das erste Zeichen ertönte von der Sachsler Pfarrkirche, stand Niklaus Leuenbrugger schon wartend am Wege, der von Sarnen dem See entlang führt. Am schlichten dunklen Gewand trug er den Maien, den er auf dem Wege ins Tal gepflückt hatte. Taufrisch war er noch –, die Sonne glitzerte auf den feuchten Blüten.

Auf allen Weglein kamen Leute zur Kirche. Sie grüßten den jungen Mann mit schlichtem Wohlwollen, und sein Gegengruß war froh wie sein Herz, das der Braut entgegenschlug.

«Tag auch!»

Hinter einer Wegbiegung hervor kam nun der kleine Zug der Gäste mit der Braut. Fröhlich plaudernd schritten die Leute daher – ganz still und in sich gekehrt Dorthee.

Nur auf den Gruß Niklausens antwortete sie mit lebhaftem Erröten und nahm dankend die Blumen an aus seiner Hand.

Wie sie dann zur Kirche schritten, mußte Klaus nur immer verstohlen seine Braut ansehen. Die blühte gleich einer seltenen Blume unter dem Kränzlein und das lange schwarze Gewand umschloß ihre Gestalt hoch und züchtig. Der Rosenkranz schlang sich um ihre Finger, und vor der Kirche, wo Weiber und Kinder neugierig ihnen entgegensahen, senkte sie den Kopf mit der bräutlichen Zier tief über die Blumen in ihrer Hand.

Stolz und aufrecht aber führte Klaus seine Braut über den Vorplatz in die Kirche. Unter dem Läuten der Glocken knieten sie sich nieder am Altare, wo schon der Pfarrer mit Stola und Weihbronn ihrer wartete.

Der Pfarrer war erst kurz in dieser Gemeinde, kaum, daß er das Paar kannte, das er mit dem Segen der Kirche für ein ganzes Leben verband. Mutter Wyß war ein wenig enttäuscht, daß nun der Herr Pfarrer keinen schönern Zuspruch wisse für die Brautleute, die doch beide aus so guten, angesehenen Familien stammten. Die es aber anging, Klaus und Dorthee, erlebten das geheimnisvolle Sakrament in seinen tiefsten Tiefen. Sie hörten die Quellen ewigen und zeitlichen Lebens rauschen, fühlten den Geist Gottes, der niederstieg in ihre Seelen; den Segen des Herrn von Sion aus empfingen sie und hofften auf die Hilfe aus dem Heiligtume! Sie nahmen die Verheißung entgegen mit vor Ehrfurcht zitternden Herzen: «Deine Söhne sind wie des Ölbaumes junge Zweige um deinen Tisch! Also ist gesegnet, wer den Herrn fürchtet!» Sie opferten mit dem Priester am Altare, hoben die Hände bittend empor:

«Auf dich, o Herr, hoffe ich und sage: Mein Gott bist du –, in deinen Händen ist mein Schicksal!»

Sie verlangten nicht nach den Worten eines Menschen, wo Gott selber im heiligen Opfer nahe war und des Ewigen Wortes Weisheit und Verheißung zu ihnen sprach. Das Wunder Gottes war eingefangen in diesem Kelch, aus dem sie Fleisch und Blut dessen genossen, der fortab Ziel und Weg ihres Lebens war.

Mit Allgewalt wurden sie inne, wie tief die christliche Ehe verankert ist in der Gnade und den Gesetzen Gottes –, es war ihnen, es falle alles dahin, was zeitlich und menschlich sei an ihrem Bunde, als wüchsen sie kraft ihrer reinen Liebe hinein ins Mysterium dieses Sakramentes! Der Friede, den des Priesters Mund so oft über sie herabflehte, erfüllte ihre Herzen. Tief bereit waren sie, ihren Bund heilig zu halten nach dem großen Vorbilde des Bundes Christi mit seiner Kirche.

Lang war das letzte Gebet des Priesters verklungen, als sich die Brautleute erhoben und Hand in Hand, wie selige Kinder, durch die Kirche hinausschritten.

Die Sonne und die vielen Glückwünsche von Eltern und Freunden empfingen sie. Vom Sachsler Berg herunter dröhnten ein paar Böllerschüsse, und die Schulkinder jauchzten und sangen. Lächelnd schaute Dorthee im Kreise herum, sie war eben aus einem ganz anderen Lande zurückgekommen in die Wirklichkeit. Gottes Segen war mit ihr, ihre Hand lag in der des Mannes, der fortan nicht mehr von ihr ging, und der Tag lag so sonnig und schön vor ihnen, gleich als ob nach ihm des ganzen Lebens Tage ein einziges Fest und eine nie versiegende Freude brächten! Dazu läuteten noch immer die Glocken, und jetzt hörte sie ihren Klaus sagen:

«Ich dank' dir, Dorthee, daß du mir vertraut hast, wie schön muß das doch sein, ein Leben mit dir!»

Beim einfachen Mahl im «Engel»-Wirtshause, wo Verwandte und ein paar Freunde geladen waren, kam es Klaus und Dorthee erst recht zum Bewußtsein, daß ihre Liebe etwas Besonderes, Einmaliges sei. Die frohen Zusprüche der Gäste und der heitere Gesang erfreuten sie wohl; doch sie beide meinten, das sei nun doch gar nicht so lustig, wenn man vor einem neuen Leben stand, – wenn man, eben erst mit dem Segen des Allerhöchsten geweiht, durch ein Tor schritt, das eine Vergangenheit abschließt und die Zukunft eröffnet!

Je fröhlicher und lauter die Gesellschaft wurde, um so öfter schauten sich Klaus und Dorthee in die Augen. Es lag darin noch die Weihe des Sakramentes, und Klaus glaubte, das Kränzlein auf Dorthees Stirne müsse zur Krone geworden sein, so eigen schön zierte es die junge Braut. Ihre Hände lagen still ineinander. Keine Unruhe quälte sie –, es war, als seien sie nur eingegangen in ein Reich, in dem ihre Seelen Heimat hatten.

Mutter Hemma sah als erste, wie fern die beiden Brautleute waren, trotzdem sie da mit ihnen am Tische saßen. Mehr denn je fühlte sie die Liebe zu diesem ältesten Sohne in ihrem Herzen. Jetzt, wo sein Leben in der Pflicht der Ehe gehalten und verankert war, mußten sicher auch seine Sonderlichkeiten verschwinden.

Als sich die ersten Gäste erhoben, stand auch der alte Leuenbrugger auf –, ihm war es schon lange zu laut und zu eng gewesen da drinnen. Sein Sinn verlangte heim nach der Stille des Flüeli, die Arbeit drängte, und er sprach deshalb laut:

«Liebi Liit, – bleibt, solang es Euch da gefällt, ich dank' auch allen für die Ehr', die Ihr meinem Sohn angetan habt, – aber haltet es nicht für ungut, wenn ich nun heimgehe! Hochzeit ist Fest für junges Volk, die Alten machen da gern Platz. Was meinst, Mutter, kommst etwa mit?»

Frau Hemma erhob sich sofort und nahm ihr Tuch an sich:

«Ja natürlich, ich komm' mit, b'hüet Gott miteinander und kurze Zeit!»

Dann sah sie noch mit einem langen lieben Blicke nach dem Brautpaar und folgte dem Manne in den schönen Tag hinaus.

Klaus, der den Eltern durch das Fenster nachsah, meinte nachdenklich:

«Dorthee, es ist doch etwas Großes, wenn zwei Menschen nach mehr als dreißig Jahren zusammen heimgehen, – gleich wie's in der Schrift heißt: Wo du hingehst, da will auch ich hingehen!»

Dorthee lächelte:

«Das wird eben der Segen des treu gehaltenen Wortes und des heilig verlebten Standes sein, Klaus!»

Eins ums andere von den Gästen folgte dem Beispiele der Flüeli-Leute. Die einen schützten Heu-Arbeit vor, die andern wollten das Rübenfeld hacken –, bald waren nur noch Mutter Wyß, die Margret und der Toni um die Brautleute, und als es Mittag läutete zu Sachseln und Sarnen, drängte auch Margret heim:

«Ich muß gehen, 's Büblein wird lange Zeit haben!»

Und dann standen sich auf einmal Klaus und Dorthee vor dem Wirtshause allein gegenüber. Es waren nun alle fort, und auch sie machten sich daran, den gemeinsamen Weg heimzugehen.

Erst führte sie der Gang an den sonnenbraunen Holzhäusern des Dorfes vorbei, hinter deren Fenstern die Weiber verstohlen nach den «Hochzeitern» sahen. Sie spürten Blicke und Neugierde nicht –, sie gingen aus dem Dorfe wie zwei Kinder, die irgendwo eine seltene Blume wissen und sie nun pflücken wollen.

Wo der Pfad zum Flüeli am steilen Hang in den Laubwald einbog, nahm Klaus Dorthees Hand in die seine und sagte:

«So wollen wir's also fortan halten –, Hand in Hand gehen und keinen Schritt auf besonderen Wegen tun, gell, du?»

Sie sagte einfach:

«Das kann man doch gewiß gar nicht anders machen, Klaus, denn wenn zwei ein Leben sind, wie könnte dann das eine ohne das andere sein?»

Klaus erwiderte:

«Es kann aber sein, daß ich schon bald wieder von dir weg muß, – und trotzdem.»

Dorthee unterbrach ihn:

«Klaus, ich meine, wenn die Seelen eins sind, so wie wir es heute morgen gefühlt haben, dann tut das ja nicht viel, ob du hier oder dort bist, – schön ist es, dennoch jeden Augenblick zu wissen, daß du mein bist!»

Der junge Mann zog das Mädchen fest an sich, und mit einem Jauchzen in der Stimme sagte er:

«Dorthee, wenn du wüßtest, wie lieb ich dich habe und wie

ich mich freue, nun einen Menschen zu haben, dem ich alles anvertrauen kann.»

Dorthee konnte nicht anworten, zu tief bewegte sie das Bewußtsein, dieses Mannes Vertrauen voll und ganz zu besitzen. Nein, nun war auch das andere, Sonderbare an Klaus nicht mehr zu fürchten –, wenn sie um seine tiefsten Geheimnisse und Begebenheiten wissen durfte, dann war alles gut!

Das Dörfchen Flüeli lag schon fast im Abend, als Klaus und Dorthee hinaufkamen. Und als sie im Leuenbruggerhause nach den Eltern fragten, erfuhren sie von Peter, dem Jüngsten, der Vater sei noch im Feld und die Mutter habe sich gleich aufgemacht, eine Wallfahrt zu tun nach Maria-Einsiedeln im Finstern Walde.

Da gingen die beiden still hinüber ins eigene Haus, darin kein Laut und keine Stimme noch war, – das Haus, das sie beleben sollten und das Seele annehmen sollte von ihnen beiden.

Lange saßen sich Klaus und Dorthee gegenüber am neuen eichenen Tische. Er war noch so fremd, trug keine Spur von Familiengemeinschaft, wie sie die Tische daheim an sich hatten; und die große Stube war schmucklos, gleich als warte sie noch eines schöpferischen Wortes, das ihr die Trautheit und Heimeligkeit der vielen Obwaldner Stuben bringen würde.

Nur in der Ecke über dem Tische hing ein Kruzifix –, das suchten und fanden Dorthees Augen, als sie bange die Leere der Stube gewahrte. Kunstlos, fast plump waren die Glieder des Gekreuzigten geschnitzt, doch Dorthee schien es, sie habe nie in ihrem Leben von einem Bildnisse solch tiefen Eindruck bekommen. Das Kreuz an der Wand bedeutete hier Heimat –, war altvertrautes Gut mitten im neuen Heimet. Es würde ihr Ziel sein, und von ihm, das fühlte sie deutlich, müßte Odem und Leben ausströmen in die Leere dieser Stuben und Kammern.

Klaus spürte wohl die Not der jungen Braut –, aber das wußte er: Das Haus hatte er mit seiner Hände Fleiß und Kraft erbaut. Sache des Weibes war es nun, den Geist darin zu wecken, der es beherrschen sollte bis ans Ende, wo es einst alt und morsch zusammenfallen würde. So wie seine eigene Mutter daheim die Stube der Ahnen wie ein Heiligtum rein und gut erhielt mit ihrem Gebete und ihrem Beispiele, so mußte nun Dorthee aus diesem seelenlosen Raume die Stube schaffen, in der Kinder und Kindeskinder Heimat und Zuflucht finden würden.

Der Abendwind sang leise in den alten Bäumen, deren Blüten schon am Vergehen waren. Durchs offene Fenster drang die Stimme der Vögel, die in den sonnigen Abend hinaussangen. Und drinnen unter dem Kreuze saßen Klaus und Dorthee Hand in Hand. Auch ihre Seelen fühlten den Zauber des Maiabends, sie hörten die Sehnsucht im Liedlein der Vögel und wußten, daß ihr Sehnen und Wünschen am Ziele war, nun, da sie Mann und Weib sein würden im heimlich-stillen Neste.

Mutter Hemmas Reise hatte länger gedauert, als sie gemeint hatte. Sie konnte sich fast nicht trennen vom Gnadenorte und glaubte, ein Teil ihrer selbst müsse zurückbleiben an der friedlichen Stätte, wo das Gebet nie verstummte und die himmlische Mutter den Segen ihres göttlichen Sohnes so überreich ausschüttete. Sie hatte das Sakrament der Buße empfangen, ernst wie eine, die sich auf den Tod vorbereitet, und später war sie am Speis'gitter gekniet, so ganz Liebe und Hingabe an den verborgenen Gott, daß der Pater gedacht hatte, diese alte Frau bete sicher um eine ganz besondere Gnade.

Es war schon so. Mutter Hemma wußte, daß die beiden jungen Leute, die in diesen Tagen die Wunder irdischer Liebe erlebten, gar bald aus dem Traume erwachen würden. Klaus war nicht der Mann, der sich im warmen Neste behaglich fühlte, – er drängte in ungestümem Tatendrange vorwärts, und wenn ihn etwas ergriff, konnte er nicht darüber reden –, er verarbeitete es mit sich und seinem Herrgotte in geheimer Zwiesprache. Daß in solchen Stunden eine Frau nicht Platz hatte neben ihm, das würde Dorthee vielleicht trotz allem guten Willen nicht verstehen, und es konnte eine Gefahr werden für die junge Ehe. Diese Sache mußte Frau Hemma immer wieder in stillem Gebete vor den Gnadenaltar tragen; sie mußte um die Gnade flehen, daß am Ende gerade des Sohnes Eigenheit der Schlüssel ward zum Glücke der beiden. Oh, die Mutter Gottes konnte da schon helfen; es ging doch um Wohl und Wehe einer künftigen Familie!

Gestärkt und getröstet hatte Mutter Hemma den Heimweg angetreten.

Doch schon am See der Waldstätte, als sie an den Mythen vorbei nach Brunnen gekommen war, hörte sie eine Kunde, die ihr Herz erschrecken ließ. Man erzählte sich in der Herberge, daß die Eidgenossen wieder rüsteten, um diesmal die Stadt Zürich einzunehmen. Wenn endlich diese Stadt in ihren Händen war, dann mußten doch die Zürcher das Unrecht einsehen und die unselige Streitsache aus der Welt schaffen. Die Eidgenossen hofften, das böse Beispiel von Greifensee habe den Zürchern und ihren Verbündeten doch den tollen Wagemut genommen, sich noch einmal gegen eine solche Übermacht ernstlich zur Wehr zu setzen.

Frau Hemma hörte das alles als schöne, begeisterte Rede aus dem Munde junger Männer, die die Tage zwischen dem einen und dem nächsten Streifzuge in den Schenken bei Wein und Spiel verbrachten. Ihr schauderte vor dem Abgrunde, in den eine solche Jugend versank, wenn die Zeiten weiter so unfriedlich und entsittet sein würden. Kampflust und Beutegier leuchteten als glosendes Feuer aus den Augen dieser Männer, die vom Kriege sprachen wie von einem ergötzlichen Turniere.

Sie wagte an den Wirt die Frage, wann denn die Sache etwa losgehen solle. Der schaute die Frau forschend an, und als sie seinem Blicke tapfer standhielt, sagte er laut:

«Bald wir es losgehen, Mutter, müßt Euch nur beeilen, sonst kommt Ihr am End' noch mitten in den Krieg hinein!»

Die Männer lachten schallend auf, Mutter Hemma aber nahm ihr Bündelchen von der Bank auf, und wie sie nun so groß in der niedern Stube stand, verstummten sie doch. Herrgott! war das ein Weib, man spürte gleich etwas wie Ehrfurcht vor dieser stolzen Gestalt.

Die Leuenbruggerin aber sagte laut:

«B'hiet Gott mitenand, ja, ich muß wohl schon pressieren, daß meine Söhne beizeiten bereit sind!»

Der Wirt wollte begütigen:

«Nein, nein, man wird doch ein Späßlein machen dürfen, ich hab' beim Eid nicht gewußt, daß ihr Söhne in den Krieg zu schicken habt!»

Frau Hemma wollte wortlos an den Männern vorbei zur Türe, da ging diese auf und ein Reitersmann kam staubbedeckt herein. Seine Meldung war kurz, und man hörte am Tone, daß er sie wohl schon hundertmal wiederholt hatte:

«Übermorgen, am Tage von Sankt Servatius, sollen sich alle wehrpflichtigen Männer an ihrem Platze besammeln zum Ausmarsche nach besonderer Weisung!» Da kam Bewegung unter die Männer:

«Sitz ab, armer Teufel, und trink einen Schluck, verdient hast's mit der guten Meldung!»

«Habt Dank, aber ich muß weiter, heut nacht noch um den See herum und morgen nach Obwalden. Hab' keine Zeit!»

Einen Schluck nimmt er aber doch aus dem gereichten Becher und verschnauft ein wenig. Da will Frau Hemma an ihm vorbei. Sie möchte vor dem Reiter in Obwalden sein.

Ein Wort hemmt ihren Schritt.

Des Sohnes Name ist gefallen:

«Die Obwaldner läßt man vorläufig daheim –, aber, den Klaus von Flüe muß ich aufbieten, den will der Schwyzer Hauptmann!»

Da faßt sich Frau Hemma noch einmal ein Herz und fragt jäh:

«Sagt, ist's wahr? Und warum nur ihn?»

Sie schauen alle die Frau an und scheuen sich fast, Antwort zu geben. Der Bote nur sagt:

«He, freilich ist's wahr, und daß man den von Flüe holt, wird eben dem Tag von Greifensee zuzuschreiben sein!»

Da weiß die Mutter, daß Klaus etwas ganz Besonderes mit jenem Tage von Greifensee verbindet, und sie sagt laut:

«Wenn's so ist, dann braucht Ihr nicht nach Obwalden zu reiten, ich kann meinem Sohne den Bericht auch bringen!»

Sie staunen.

«Ihr seid seine Mutter? Des Niklaus von Flüe?»

«Ja», nickt sie. Es ist ihr, es klinge etwas wie von Achtung in dieser erstaunten Frage. Froh kann sie sich zu ihm bekennen, denn was der Sohn tat, daß sein Name bekannt ward im Lande, das kann nur etwas Gutes sein.

Der Bote zögert noch. Aber die Soldaten rufen ihm zu:

«Wenn diese Frau seine Mutter ist, dann darfst ihr schon vertrauen, sie wird ihn schicken. Klaus von Flüe ist ein Ehrenmann, wir haben ihn kennengelernt in mancher Schlacht und zuletzt bei Greifensee!»

Da zieht der Bote die staubige Kappe ab und steht fast klein vor der Pilgerin, wie er sagt:

«So lege ich den Auftrag in Eure Hände, Frau, daß Ihr den Sohn aufbietet an meiner Statt. In Schwyz soll er einrücken übermorgen, am Servatiustage, zu Abend!»

So kam Mutter Hemma heim – im Herzen den Frieden mit Gott und die harte Pflicht, den zwei glücklichen Menschen dort drüben die böse Kunde zu bringen.

Der alte Leuenbrugger erschrak, als er den Bericht vernahm. Er teilte den Glauben der Frau nicht, die in dieser Berufung zum Heere wenigstens eine Ehrung sah. Er fürchtete das Gegenteil. – Mit dem Mißtrauen, das in jener Zeit die Bergler gegen Obrigkeit und Kriegsführer hegten, sah er nur ein böses Spiel in dieser Absicht, seinen Sohn besonders einzuberufen. Er wollte auch gleich hinüber, um zu erfahren, was denn Klaus bei Greifensee getan habe. Aber da trat ihm Frau Hemma mit einer Bestimmtheit entgegen, die er selten an ihr sah.

«Heinrich, da laß mich machen. Ich habe den Auftrag übernommen und will ihn auch ausführen. Schwer wird es auf alle Fälle sein, aber Klaus ist ein Mann, der so etwas allein ausmacht. Bedenke, daß nun die Jungen am eigenen Herde sind und deshalb auch verantwortlich sein müssen für ihr Tun und Lassen.»

Der alte Mann setzte sich schwer auf die Ofenbank. Die Kappe war ihm vom Kopfe gerutscht, das weiße Haar lag wie ein Kranz um seine Stirne. Er sah zu Boden. Hemma kam es vor, als habe er doch recht gealtert. Seine Stimme aber war noch voll und klar, als er nun sagte:

«Die Jungen machen lassen –, das ist schon lang die Losung im Land! Drum laufen sie so zu Hunderten von Heimat und Arbeit weg. – Ich mein', grad in diesen bösen Zeiten müßte man eine strenge Hand und ein wachsames Auge haben auf die Jugend, daß ihr nicht die Freiheitsflausen in die Köpfe fahren.»

Mutter Hemma lächelte.

«Dann müßtest du halt die Buben anbinden wie die ‚Gusti' im Stall und ihnen die Augen verbinden, daß sie nicht sehen, was um sie her vorgeht. Schau, die Zeit ist so bewegt und so ernst, daß es mir gefällt, wenn auch unsere Söhne bewußt in ihr stehen und an ihren Schäden und Unvollkommenheiten lernen für die Zukunft. Gottlob haben sie den gesunden Verstand von dir geerbt, der wohl unterscheiden kann, und das gute Herz, das sie leitet, das erkannte Bessere zu tun! Aber nun laß mich hinübergehen, – es steigt Rauch aus dem Dach, mir ist, sie könnten beim Vespern sein!»

Als Frau Hemma in die Laube eintrat, die sich vor den Fenstern der Stube hinzog, hörte sie Dorthee singen. Ein ganz einfaches Kinderlied war es, mit Worten von blühendem Klee und lächelndem See.

Ihr Fuß stockte. So glücklich waren die da drin –, die eigene Mutter sollte in diesen Frieden hinein die böse Kunde tragen von Trennung, wo noch kaum das Band geknüpft war zu ewigem Bunde! Aber hart ging sie weiter. Es war Pflicht, und die tat man am besten gleich.

Das Singen erstarb –, aber ein freudiger Ruf löste das Liedlein ab:

«Mutter, grüeß Gott!»

Und ein erglühendes Gesicht barg sich am mütterlichen Herzen, und Frau Hemma fühlte, wie die Freude und das Glück das junge Wesen erbeben machten. Sanft löste sie Dorthee aus ihren Armen, und wie sie vor ihr stand, sprach sie:

«Ja, grüeß di Gott auch, Dorthee, wie geht's denn?»

«Mutter!»

In dem Worte lag alles, was Dorthee empfand. Die jauchzende Freude, die Liebe und vielleicht auch etwas von der Sorge, die sie um Klaus trug.

Sie gingen zusammen in die Küche. Dorthee hatte Milch im Kessel über dem Feuer, und auf dem Tische lag ein Laib Brot.

«Das erste, das ich im eigenen Hausstand gebacken habe», sagte Dorthee, «ich habe gleich so viel gemacht, daß es für die strenge Zeit langt. Wir wollen halt morgen mit der Mahd beginnen!»

«Wo ist Klaus?» fragte Frau Hemma.

«Er muß gleich hier sein; er ist im Rohrerhaus drüben, den Erni möcht' er haben zum Heuen.»

Die Leuenbruggerin hustete und sagte dann:

«Ja, es wird gut sein, wenn der Erni hilft, – Dorthee, was sagst du dazu, daß Klaus morgen einrücken muß?»

Die Hand Dorthees, die eben den Brotlaib heben wollte, sank langsam herab. Die Augen schauten groß die Mutter an, und aller Frohsinn, alle Freude war mit einem Male aus dem blühenden Gesichte geschwunden. Die Lippen formten fast ohne Ton die Frage:

«Morgen schon?»

Es schnitt Frau Hemma in die Seele, diese Traurigkeit und Enttäuschung ansehen zu müssen. Sie glaubte aber ihren Sinnen nicht, als auf einmal über das gequälte Gesicht der Jungen eine jähe Bewegung lief, – urplötzlich, wie von anderer Macht angetrieben, sagte Dorthee mit entschlossener Stimme:

«Dann muß ich doch gleich die Montur rüsten – und Ihr könntet derweil den Klaus heimrufen, es wird ihm recht sein, wenn er's gleich weiß.»

Die alte Frau mußte doch fragen:

«Dorthee, hast du davon gewußt?»

Die sah sie erstaunt an und sagte:

«Nein, Mutter, aber es ist nun doch meine Pflicht, dafür zu sorgen, daß alles bereit ist; es wird eben nun so sein müssen!»

Da ging Mutter Hemma fast beschämt aus dem Hause –, sie fühlte, die junge Gattin hatte schon so viel von der Art ihres Sohnes angenommen, daß sie da kaum mehr eines Trostes bedurfte. Ja, Gott wußte, die zwei hatten die Hilfe der Alten nicht mehr nötig, die schöpften an der Quelle der Kraft, die jenen offensteht, die sie mit Gebet und Vertrauen suchen – –.

Klaus kam der Mutter entgegen. Er sah aber gleich, daß ihr Gesicht ernst und traurig war. Mit der ihm eigenen geraden Art fragte er:

«Mutter, was hat's gegeben?»

Sie nahm seine dargebotene Hand und sagte:

«Krieg – Klaus! Du sollst morgen in Schwyz zum Heere stoßen, das gen Zürich zieht, ein Bote gab mir den Auftrag mit von Brunnen her!»

Klaus staunte:

«Ein Bote – dir? Ist's nicht der Mühe wert, die Obwaldner gehörig zu laden, wie's Brauch ist?»

«Sie wollen nur dich, Klaus!»

Erst stieg der Unwille wie eine jähe Welle in seine Stirne,

dann besann er sich und sagte: «So, nur mich! Dann wird das die Antwort sein auf den Tag von Greifensee!»

Ohne Abschied, in seinem Innersten aufgewühlt, lief Klaus von seiner Mutter weg und ging ins Haus.

Dorthee kam eben aus den obern Räumen über die Stiege herab. Sie trug auf dem einen Arm die Rüstung, in der andern Hand die Hellebarde. So trat sie ihm entgegen, auf den Lippen ein tapferes Lächeln.

«Dorthee!»

Er nahm ihr die Last ab, zugleich zog er sie mit dem freien Arm an sich und küßte ihre heiße Stirne. Sie hätte in diesem Augenblick so gerne aufgeweint, hätte geklagt über die Härte des Schicksals; aber irgendwie spürte sie noch, daß diese Liebkosung ihrer Tapferkeit galt.

Es gab so wenig Zeit mehr an diesem Abend, vom Abschied zu reden. Doch war jeder Blick und jede Verrichtung ein Abschiednehmen. Klaus hatte sich überlegt, ob er nicht gleich den Weg unter die Füße nehmen sollte. Aber wie er ausrechnete, konnte er zeitig in Schwyz sein, wenn er nach Mitternacht auszog, – und er war es Dorthee schuldig, diese letzten, vielleicht allerletzten Stunden daheim zu sein. Wie er aber in die Schlafkammer trat, um noch ein wenig zu ruhen, fand er Dorthee am Boden kniend, im Gebete. Der Anblick ergriff ihn. Sie stand nicht auf, als sie ihn eintreten hörte, und still kniete sich auch Klaus neben sein Weib. So verbrachten sie die halbe Nacht. Sie hatten sich nichts mehr zu sagen –, alles legten sie dem in die Hände, der sie zu seinem Dienste und zu diesem ersten Opfer auserwählt hatte.

Als das Stundenglas abgelaufen war, das den Beginn des

neuen Tages anzeigte, erhob sich Klaus. Er zog die leichte Rüstung an und trat dann zu seinem Weibe. Sanft hob er sie zu sich empor und sagte:

«Dorthee, so geh' ich denn. Will's Gott, komm' ich ja bald wieder –, sei stark und glaube und vertraue. Leb wohl!»

Im ungewissen Scheine der Unschlittkerze sah sie ihn an – so lang und fest, als wollte sie sich seine Züge für ewig einprägen. Ein paarmal wollte sie sprechen, aber sie fand das Wort nicht, das sie ihm sagen wollte.

«B'hüet Gott und sein heiliger Engel sei mit dir», sagte sie einfach. Es war ein Abschied, der Tage und Wochen, der auch ein langes Leben ausfüllen konnte, – sie hatten sich alles gegeben, er nahm ihre Liebe und ihr Herz mit, wenn er ging. Mehr hatte sie nicht.

Im Dunkel der Nacht hörte Dorthee noch eine Zeitlang den schweren Schritt ihres Mannes, dann verlor er sich, und jetzt auf einmal kam es ihr zum Bewußtsein, daß sie allein war. Das Haus lag still und dunkel, sie hatte bei seinem Weggehen das kleine Licht ausgeblasen. Eine tiefe Mutlosigkeit wollte sie überkommen, die Augen füllten sich mit lange verhaltenen Tränen und – da sah sie durch das Dunkel ihres Klaus Augen auf sich gerichtet, spürte wieder den Kuß des Dankes, daß sie stark ertrug, was nicht zu ändern war, und da zwang sie noch einmal das Leid nieder und beugte die Knie; der Geist aber erhob sich auf den Schwingen der Gnade, daß sie groß wurde in dieser einen Nacht, groß und stark, um klaglos Angst und Leid zu tragen um den enteilenden Gatten.

Zu Schwyz auf dem Dorfplatze lärmten die Soldaten. Es ging auf den Abend –, viele von ihnen, die weither gekommen waren, verzehrten den mitgebrachten Imbiß und tranken dazu aus den Mostkannen, die ihnen die Schwyzer Maitli immer wieder füllten. Auf zehn Uhr war der Nachtmarsch durch die March nach Zürich angesagt worden – hei, da konnte man noch allerhand Stärkung einnehmen, bis dahin!

Freilich, es sollte nicht so ein gemütlicher Streifzug nach Beute werden, wie man anfangs vermutet hatte. Zehntausend Mann würden beisammen sein. Es ging um nichts Geringeres als um den erneuten, diesmal endgültigen Marsch auf Zürich. Gegen ein solches Heer vermochten wohl die Verbündeten nicht aufzukommen, und so konnte ein neuer glorreicher Sieg winken, der den Tag von Greifensee würdig krönte.

Hauptleute gingen unter der Mannschaft umher, musterten und tadelten da und dort eine Ausrüstung. Der allgemein lustige, fast verwegene Ton unter den Soldaten gefiel den Führern, mit einem solchen Heere konnte man etwas anfangen! Diese Leute vergaßen über Waffenklirren und Kriegslärm Haus und Hof daheim und gingen unbesonnen in den wildesten Kampf. Wohl – die Stimmung war noch gut; sie hatten also unrecht, die Mahner, die behaupteten, das Volk in eidgenössischen Landen werde allgemach kriegsmüde, – es wäre schon an der Zeit, endlich Frieden zu machen.

Daß das laute Treiben bei vielen der Soldaten Maske war, das gestanden sich die Offiziere nicht ein. Sie deuteten alles auf ihre Weise und schürten die Begeisterung mit schönen Worten und Zurufen an die Bürger von Schwyz, den Most ja nicht zu vergessen.

Klaus Leuenbrugger meldete sich dem Kommandanten der Schwyzer.

«Da bin ich, Herr Hauptmann, – Niklaus Leuenbrugger aus Flüeli in Obwalden.»

Der Hauptmann schaute den Mann an. Es störte ihn, daß

der andere so groß vor ihm stand. Nichts von Unterwürfigkeit dem Vorgesetzten gegenüber war in diesen Zügen, die Augen blitzten unter dem Helm hervor; der war jeder Zoll ein freier, stolzer Mann!

«Es ist gut, Leuenbrugger, reiht Euch in die Mannschaft ein, die Befehle werden gleich ausgegeben.»

Klaus grüßte und überschaute den Platz und die Männer vor ihm. Wieder wie immer, wenn er eine gerüstete Mannschaft sah, überkam ihn ein eigenes Gefühl des Unrechtes, das man diesen Leuten antat. Immer mehr war er überzeugt, daß diese gewollten, manchmal sogar gesuchten Kriege ein Unrecht seien. Mit Freude und Begeisterung war er selbst dabeigewesen, wenn es galt, das Land gegen einen verwegenen Feind zu schützen, – er hatte gekämpft gegen Ungerechtigkeit und fremde Machtgelüste und manchen niedergeschlagen, der sich vermessen an Ehre und Gut seiner Landsleute vergreifen wollte. Das war Notwehr; das konnte Gott nicht verlangen, daß man ein liebes Vaterland und die Ehre von Frauen und Kindern antasten ließe. Und war nicht Gottes Hilfe noch stets mit ihnen gewesen, wenn das Recht auf ihrer Seite war? Fast sichtbar bekundete das den Willen des Allmächtigen für sie, sich gegen das Unrecht zu wehren.

Wie aber sollte es nun werden, wenn sich Gottes Hand an ihnen rächte für die Bluttat zu Greifensee? In den letzten glücklichen Tagen hatte er wenig mehr daran gedacht –, nun aber, da er wieder die Waffen trug, glaubte er zu spüren, wie an ihnen der Fluch klebte, trotzdem er sie damals gar nicht gebraucht hatte. Mit diesem Fluche sollten sie nun alle in den Kampf ziehen. Zürcher und Österreicher waren ihre Feinde und der Zorn Gottes ihr Begleiter!

Klaus hatte sich noch keinem Kameraden angeschlossen, als schon das Kommando erscholl.

Im Augenblick standen die Soldaten stramm, Becher und Kannen kollerten zu Boden, in gelben Bächlein rann der Birnenmost übers holperige Pflaster. Das Reden verstummte, nur die Waffen, die in der Eile umgebunden wurden, klirrten da und dort.

Der Hauptmann trat vor seine Leute:

«Ihr wißt, um was es geht, – wir sind ein kleines Glied des großen Heeres, das zum Endkampf gegen Zürich zieht. Laßt uns das möglichste tun und beweisen, daß die Schwyzer treue Eidgenossen sind nach dem Beispiele unserer Ahnen, eines Stauffacher und so vieler, die unsere Fahne von Sieg zu Sieg getragen haben. Wolle Gott, daß wir sie bei unserer Heimkehr mit Ehren geschmückt aufpflanzen können an dieser Stätte! Nun wollen wir den Strauß beginnen –, Tambouren, vor!»

Als häten die Trommler seit langer Zeit auf dieses Zeichen gewartet, tönten jetzt die Wirbel. Es widerhallte von den Häuserreihen rings um den Platz, und bald dröhnte auch der Taktschritt der vielen Hunderte und der Hufschlag Berittener über Platz und Flecken Schwyz. Die Frauen und Mädchen schwenkten ihre Tücher und riefen: «Haarus!» mit strahlenden Augen –, oder waren es gar Tränen, die die Augen so leuchten ließen beim Anblicke der in den Krieg ziehenden Männer? War es wirklich so, daß die Frauen nichts zu sagen hatten, wenn man ihnen den Gatten wegführte und vielleicht nicht wiederbrachte? Jede von ihnen trug doch mit an dem Leide, das der Krieg über das Land brachte, – waren sie da nicht tief hineingezogen in eine Angelegenheit, zu der sie keine Meinung haben sollten?

So schritt mit den wehrhaften Männern ein anderes stilles Heer in die Nacht hinaus. Eine Schar, die keiner sah, deren Nahsein aber jeder fühlte. – Die Liebe ging mit in die ungewisse Zukunft, die Liebe der stillen starken Frauen dieser Männer, der Mütter und Schwestern, die nun daheim die Doppellast der Arbeit trugen und das Herz mitziehen ließen, da der Mann, den sie liebten, in den Krieg ging.

Ein Wille beseelte die vereinigten Eidgenossen, als sie vor den Toren Zürichs standen: «Wir wychen nit, eh daß die Stadt in unseren Händen ist!» Das Wort ging von Mund zu Mund –, grimmig sprachen sie es, man hörte aus dem Ton heraus, daß es allen bitterster Ernst war. Es dünkte sie nun doch, der Hader habe lange genug gewährt, – wenn den Zürchern nach der Greifenseer Niederlage der Mut noch nicht vergangen war, dann half nur ein zweiter, diesmal endgültiger Sieg über diese abtrünnigen Brüder.

Niklaus Leuenbrugger war beim Banner der Schwyzer geblieben. Zwar hieß es, die Unterwaldner würden in kurzem auch eingezogen, aber die Leute waren nun schon eingeteilt. Im vordersten Gliede stand er, da der erste Sturm auf die besetzte Stadt unternommen wurde. Hatte er auf dem langen Marsche mit Widerwillen an den kommenden Kampf gedacht, jetzt trieb ihn doch der Wille, sich zu rächen für die jähe Trennung von seinem jungen Weibe, mitzuhelfen, daß bald der Entscheid fallen mußte und er heimkehren konnte in den Frieden seines Hauses.

Doch es war, als ob sie sich auch diesmal verrechnet hätten. Die Kugeln der Eidgenossen prallten wirkungslos ab an den Mauern der Stadt, und als Antwort kam ihnen ein solcher Hagel von Steinen und Geschütz, daß manch eine Bresche offen ward in der lebendigen Mauer der Eidgenossen. Das konnte aber doch nur der Anfang sein, da gebärdete sich der Feind immer so, als hätte er Armeen zur Verfügung. Schließlich mußten die Zürcher doch einsehen, daß sie gegen ein Heer von zehntausend Mann nicht aufkommen konnten. Man durfte nur nicht nachgeben, je fleißiger man stürmte, um so rascher mußte da drinnen in der Stadt der Widerstand erlahmen. So lange wie vor Greifensee gedachten Führer und Krieger nicht mehr zu warten; zu sehr waren sie von ihrer Übermacht und ihrem Siegesbewußtsein beseelt, als daß sie dieses Häufleins Menschen wegen ihre gute Zeit vertun wollten.

Schon nach ein paar Tagen erfuhren jedoch die Eidgenossen, daß es diesmal anders war als zu Greifensee! Dort waren die Belagerten fast wehrlos, kaum, daß sie einen Angriff abweisen konnten. Hier aber wagten die Zürcher sogar Ausfälle, durchbrachen die Reihen der Eidgenossen, und wenn sie auch die Belagerer nicht zu vertreiben vermochten, so fiel doch manch einer, und langsam wich der wilde Übermut, mit dem die Eidgenossen dem Feind entgegengezogen waren.

Als Niklaus Leuenbrugger sah, wie blutig der Ausgang dieses Streiches wieder werden sollte, überkam ihn aufs neue das Grauen davor. In der Zeit, da weder Sturm noch Angriff zu erwarten war, zog er sich zurück, und wenn ihn keiner seiner Kameraden sah, betete er aus tiefer Not und im Zweifel seines Herzens zu Gott, er möchte doch diesem Morden ein Ende machen. Nicht um Sieg für die eigenen Fahnen betete er, das konnte er noch nicht, zu nah sah sein Auge die Getöteten von Greifensee. Aber er, der als Held ausgerufen worden war, er betete in der Stille eines nahen Waldes, daß doch seine Hände rein bleiben möchten, – daß die Zeit des Krieges abgekürzt werde und alle wieder zu ihren Wiesen und Äckern zurückkehren könnten. Wie ein Hohn klang dann an sein Ohr der Waffenlärm und der Alarm, der auch ihn aus der Besinnung zum blutigen Handwerk rief.

In diesen Tagen war's, daß Klaus einen Späher aus der feindlichen Stadt zur Nachtzeit aufgriff und festhielt. Schon hatte er das Schwert erhoben, den Feind zu töten, wie es einem Spione gegenüber üblich war. Doch wie er die warme Hand des Feindes spürte und das Zucken gewahrte, das den armen jungen Leib erschütterte, – da senkte sich die erhobene Rechte mit der Waffe zu Boden. Fester griff er des andern Hand und langsam sprach er:

«Bruder, verzeih, was ich dir tun wollte, – geh zurück und schweige!»

Der junge Zürcher aber stand und staunte! Immer nur anschauen mußte er den seltsamen Feind, der ihn Bruder genannt hatte, der ihm das Leben geschenkt, das er an ihn verloren hatte! Gab es solches im Kriege? Wer war dieser Mann, der Gnade vor Recht erkannte, der sein Feind war und ihn morgen töten konnte?

Doch unsanft wies jetzt Klaus den Burschen weg, meinte, es schaue ihm da einer bis in die tiefste Seele, und das konnte er nicht leiden; – es gab Dinge im Leben eines Mannes, über die er nicht sprach und die er selber vergessen wollte – –.

Klaus dachte auch schon am nächsten Tage nicht mehr an die nächtliche Begegnung mit dem feindlichen Spion. Und doch wurde er daran erinnert. Einer hatte die sonderbare Unterredung belauscht und dem Hauptmann der Schwyzer vermeldet. Der lud den Soldaten zu sich:

«Ihr seid der Klaus von Flüe – derselbe, der zu Greifensee das Urteil des Kriegsgerichtes anfocht?»

Niklaus schaute den Hauptmann gerade an:

«Ja, der bin ich, aber ich habe nit das Urteil angefochten –, nur um Gnade gebeten hab' ich für die armen Teufel, die schuldlos ihr Leben lassen sollten. Dünkt Euch das Unrecht, Herr Hauptmann?»

Der Vorgesetzte wollte hochfahren. War das die Rede eines Mannes, den er zur Rechenschaft ziehen wollte? Aber sonderbar: Der Soldat vor ihm war so ganz ein Riese an Gestalt und wohl auch an Geist, daß der Schwyzer statt einer harten Antwort fragte:

«Was denkt Ihr denn vom Krieg, – Niklaus von Flüe?»

Einen Augenblick überlegte Klaus.

Er wußte, nun stellte ihm der Hauptmann eine Falle. Aber keine Ausrede kam von seinen Lippen –, das Herz lag ihm auf der Zunge, als er in einem tiefen Atemzuge sagte:

«Herr Hauptmann, der Krieg ist das größte Übel, das man sich denken kann. Er ist schlimmer als die Pest, denn die schickt der Herrgott und sie trifft den, dessen Stunden gezählt sind. Ob aber diese Kriege, die die Eidgenossen jetzt führen, in Gottes Willen liegen, das, Herr Hauptmann, glaub' ich nicht!»

«So glaubt Ihr auch nicht, daß Gott mit uns ist in einem künftigen Siege?»

«Mir ist, er wäre dann nicht gerecht, wenn wir nach solchen Greueltaten einen Sieg haben würden. Ich bange vor der Zukunft, Herr Hauptmann. Aber keiner ist, der das Unheil aufhalten will, – blindlings rennen sie hinein ins Unglück!»

Der Hauptmann vergaß, warum er den Unterwaldner hatte kommen lassen. Etwas Seltsames ging von diesem Manne aus, der aussprach, was ihm zum eigenen Verderben werden konnte.

«Seid Ihr ein Gottesmann, Niklaus von Flüe, daß Ihr so redet?»

«Ein Gottesmann, wie Ihr meint, wohl nicht. Ich hab' seit zehn Tagen ein junges Weib daheim und bin Bauer auf freier Scholle –; doch braucht es Kutte und Strick dazu, einzusehen, daß der Weg schlecht ist, auf dem wir gehen?»

Tiefe Sorge sprach aus Niklaus' Worten –, die Liebe zum kriegerischen, stets aufgewühlten Vaterlande und die Angst um die Zukunft, das Grauen vor der Saat, die bald aufgehen mußte, da man sie mit Blut und Tränen so fleißig düngte.

Dem Hauptmann war, er sollte Rat suchen bei diesem Manne, – es dünkte ihn, der wüßte vielleicht einen guten Weg, dieses ruhmlose Spiel mit den Zürchern zum Ende zu führen. Aber er sah den einfachen Soldaten vor sich, fühlte auf einmal seine eigene Macht und Überlegenheit, und es kam ihm zum Bewußtsein, daß er einen Fehlbaren vor sich hatte.

Er erhob sich. Klaus überragte ihn um Haupteslänge.

«Was war das gestern zur Nacht, als Ihr Wache hieltet beim untern Stadttor, Niklaus Leuenbrugger?»

Jäh erschrak Niklaus. Was er getan hatte, konnte er vor Gott verantworten –, ob es aber auch die Menschen verstehen würden?

Ganz einfach sagte er:

«Herr Hauptmann, daß Ihr darnach fragt, sagt mir, daß Ihr alles wißt. Es ist mir einer in die Hände geraten, ich hätte ihn ausliefern oder töten sollen, ich weiß, was Kriegsbrauch ist!»

«Warum habt Ihr es nicht getan?»

Klaus sah den Hauptmann an. Mußte er nun den Schleier heben von dem Augenblicke, da das Geheimnis echter Menschenliebe ihn erfaßt und bewogen hatte, Gnade vor Recht zu üben?

Doch der Hauptmann drängte:

«Ihr habt gröblich die Pflicht verletzt –; versucht Euch zu rechtfertigen, daß nicht die Strafe des Eidbruches Euch treffe!»

Da hob Niklaus die Augen und schaute weit über den Hauptmann hinweg durchs offene Zelt in die flimmernde Bläue des Sommertages. Seine Gestalt und seine Stimme hatten etwas von jenen alten Propheten an sich, die einst im Namen Gottes sprachen. Auch seine Worte schienen aus anderer Welt zu kommen, sie paßten nicht zum Klingen der Waffen und nicht zum lauten Treiben ringsum.

«Herr Hauptmann, – es gibt ein Gebot, das die Menschen aufgestellt haben als Kriegsrecht, – das, jeden zu töten, der in Kriegszeiten unser Feind ist. Und es gibt ein anderes Gebot, das älter ist: Du sollst deinen Nächsten lieben wie dich selbst. – Wie ich den armen jungen Kerl in den Händen hielt und richten wollte, da ging es mir durch den Sinn, welch schweres Unrecht das sein müßte, einem andern Blut und Leben zu rauben und seine arme Seele vielleicht in die ewige Verderbnis zu schicken. Die Liebe, die in unsern Tagen ausgestorben zu sein scheint, da gar die Geistlichkeit Krieg und Raub befürwortet, – sie hat mich bewogen, gut zu sein mit meinem ärmsten Bruder. – Das tat ich, Herr Hauptmann, nun straft mich dafür, daß ich Gottes Gebot befolgte.»

Der Hauptmann stand mit gesenkter Stirne vor seinem Soldaten. Er beugte sich vor dieser einfachen Weisheit und zugleich vor der Größe dieses Mannes, der sein eigenes Glück zu verscherzen imstande war, nur «um gut zu sein mit dem ärmsten Bruder». Es war da etwas, was man nicht mit Worten wegtun konnte; es griff einem an die Seele, wenn man den rauhen, großgewachsenen Sachsler Bauern so reden hörte, wenn man in seine Augen sah, die erfüllt waren von einem überirdischen Feuer, so, als spreche aus ihnen die reine, gottliebende Seele.

Ganz still trat der Hauptmann auf seinen Soldaten zu und drückte hart seine Hand:

«Niklaus von Flüe – es ist gut so. Vielleicht, daß Gott doch noch ein Einsehen hat mit uns allen, da die Liebe nicht erstorben ist im wilden Kriege!»

In der Stadt hatte der junge Späher statt eines Berichtes über erlauschte Pläne die sonderbare Geschichte eines Mannes erzählt, der wohl ein Schwert trug, aber nicht dreinschlug, der groß war wie ein Riese und sprach wie ein Kind, der sein Feind war und ihn Bruder genannt hatte.

Sie schüttelten die Köpfe, als sie das hörten, und lachten:

«So haben sie einen Verrückten ans Tor gestellt –, nun, dann ist die Sache wenigstens nicht gefährlich!»

Der Junge aber lachte nicht. Er sagte ernst:

«Ein Narr ist der nicht –, ihr habt ihn nicht gesehen! Aber wenn wieder Friede ist, dann will ich nicht ruhen, eh daß ich ihn gefunden habe. Er steht unter dem Fähnlein der Schwyzer –, weiß Gott, einen solchen Menschen vergißt man nicht!»

Lang und bang vergingen oben im Flüeli die Tage.

Dorthee ging oft von Stube zu Stube, wanderte den kleinen Pfad durch die Wiesen, die bunt und üppig dalagen, und stand dann lange am Rande des Abhanges, der steil hinunterfällt in die Schlucht der Melchaa. Ihre Augen schauten über Tobel und Wald hinaus, und wenn sie auch die Ferne nicht durchdrangen, – ihre Seele sah die Stätte, an der ihr Klaus jetzt weilte, sie spürte weh die Sehnsucht nach ihm, und die Augen überliefen ihr, wenn sie daran dachte, daß jede Stunde eine neue Gefahr bedeutete, den Mann für immer zu verlieren.

An den Stamm der Linde gelehnt, die eben in diesen Tagen im Bluste stand, durchlebte Dorthee immer von neuem die Angst und Qual ihrer Einsamkeit. Jedes Wort fiel ihr ein, das Klaus in den kurzen Tagen des Glückes zu ihr gesprochen, manchmal glaubte sie, seine Stimme wieder zu vernehmen. Aber nur die wilden Wasser tief unten rauschten, und die Glöcklein weidender Ziegen tönten verloren von irgendeiner fernen Alp herüber. Alles war so wie früher – und doch so ganz anders, daß Dorthee glaubte, es fehle dem Ländli die Seele, wenn der nicht bei ihr war, den sie liebte.

Die Bienen schwärmten schon um die duftenden Lindenblüten. Auf der Südseite des Hauses hatte Vater Leuenbrugger einen Stand errichtet und nun trugen die Bienlein die süße Last emsig in die Zellen. Dorthee konnte lange bei den Bienen stehen und sich dann endlich an ihrem Beispiele aufraffen, ein Gleiches zu tun: zu sammeln und zu ernten, daß die Speicher gefüllt waren, wenn der Sommer ging. Sie half das Heu einbringen, pflückte die Beeren am Hage und kochte sie ein, und mit jedem Ding, das sie ins Haus und in die Scheune trug, wuchs die Sehnsucht nach Klaus, für den sie es schaffte.

Nachdem schon zwei Monde ins Land gezogen und wieder gewichen waren, kam die erste Kunde von Klaus. Es waren nun auch die andern Unterwaldner eingezogen worden, und da fand man es vor Zürich endlich für nötig, die Leute daheim zu benachrichtigen. Ein reitender Bote wurde entsandt, der an allen Orten, wo er durchkam, zu melden hatte, die Sache der Eidgenossen stehe gut, es könne nicht lange mehr dauern, so werde Zürich sich ergeben müssen.

Als sie in Obwalden die Botschaft vernahmen, atmeten sie auf. Auf diese Weise durften sie ja die Männer schon bald wieder daheim erwarten!

Dorthee stellte dem müden Reiter eine Kanne Most hin und nötigte ihn, Brot und Käse zu essen, als er bei ihr einkehrte. Er brachte von Klaus einen besonderen Gruß mit. Es gehe ihm ganz gut und er hoffe, sie schaue recht zum Heimet und lasse sich nicht entmutigen.

Dorthee hörte den Bericht mit Tränen in den Augen. Oh, es war ja schon so viel, zu wissen, daß er lebte und gesund war. Gar nicht genug konnte ihr der Bote erzählen vom Lagerleben bei Zürich, und wenn der in seiner rauhen Art die Dinge gar derb beim Namen nannte, dachte Dorthee wehmütig, wie schlecht diese Lebensweise dem feinfühligen Mann wohl bekomme. Auch wollte es ihr nicht gefallen, daß sich die ganze Belagerung so in die Länge zog. In dieser Zeit hätte sich doch die Sache längst entscheiden müssen.

Als sie diese Bedenken äußerte, verriet ihr der Bote, was er für ganz gewiß von einem Kameraden vernommen hatte:

«Sie wagen nächstens einen Hauptstreich –, sie stürmen die Mauern, denn das Heer ist unzufrieden. Sie sagen, es müsse nun etwas geschehen, und wenn es auf Leben und Tod gehe!»

Dorthee sagte ernst:

«Gnade den Verwegenen –, sicher denkt Klaus nicht so!»

«Ja der», meint der Bote, «wenn alle wären wie Klaus von Flüe – –»

«Wie soll er denn sein?» forschte Dorthee.

Der Bote nahm einen Schluck vom herben Moste und sagte dann bedächtig:

«Es geht die Mär um im Lager, wir hätten einen Heiligen unter uns, – einen Gerechten, der die Feinde schone und bete, wo andere fluchen. Er hat zu Greifensee den zehn Verurteilten das Leben erbeten und letztlich einen ziehen lassen, der unrettbar verloren war. Das sagt man von Klaus von Flüe, der Euer Mann ist!»

Dorthee hatte die Hände auf die Tischplatte gelegt, gefaltet wie beim Anhören des Evangeliums. In ihren Augen stand ein großes Leuchten –, das war der Widerschein der heiligen Freude, die die Worte des Fremden in ihrer Seele wachgerufen hatten. Ja, das war Klaus, der Held! Oh, es konnte schon sein, daß er keine Schlachten schlug und kein Heer anführte; aber er würde mit dem Herzen regieren, seine Güte und Gerechtigkeit machten ihn zu dem großen Manne, den man liebte und achtete!

Der Bote stand auf:

«Vergelt's Gott – und was soll ich Eurem Manne vermelden, wenn ich ins Lager komme?»

Die junge Frau lächelte:

«Grüßen sollt Ihr ihn halt von mir und ihm sagen – – nein. Ihr könnt nichts ausrichten, ich muß es ihm selber sagen, wenn er heimkommt!»

Lieblich errötend stand Dorthee und sah zu Boden. Nein, sie konnte nichts sagen, das mußte er selber wissen, daß sie Stunde um Stunde an ihn dachte und nach ihm verlangte, – und das andere – nein, es durfte keiner außer ihm um das kleine Geheimnis wissen, das sie wie ein scheues Wunder dem Tage entgegentrug, an dem Klaus wieder bei ihr in der stillen Stube sein würde!

So ließ sie den Mann ziehen, der die einzige Verbindung war zwischen Klaus und ihr in dieser langen, bangen Zeit der Trennung. Mit feuchten Augen sah sie ihm nach.

Die kurze Botschaft von Klaus aber bewahrte Dorthee in ihrem Herzen wie einen köstlichen Schatz. Ja, tapfer und stark sein! Das wollte und mußte sie jetzt, da sie fühlte, daß ihres Mannes Liebe in ihr lebendig ward. Ob Klaus es erahnen konnte, daß schon sein Kind unterwegs war, während er draußen stand vor Kampf und Krieg? Nun mußte, mußte er ihr wiederkommen; so hart war der Herrgott nicht, daß er ihn fallen ließ, ehe er sein erstes Kind gesehen hatte!

Fast froh war Dorthee in dieser Zeit. Mutter Hemma freute sich am Wesen der Sohnsfrau, und was sie mit fraulichem Herzen entdeckt hatte, daran rührte sie mit keinem Worte –, sie ehrte die Scheu, mit der Dorthee selbst das große Geheimnis des Mutterwerdens erfaßte. Im stillen aber betete Hemma mehr denn je, Klaus möchte doch bald heimkommen; sie wußte, es kamen noch andere Stunden, in denen aller Mut einer jungen Mutter dahinsank, wo sie es so notwendig hatte, vom starken Arm des Gatten gehalten zu werden.

Und dann kamen Schlag auf Schlag die bösen Kunden aus dem Felde. Kein Bote erschien mehr; sie konnten nicht einmal einen erübrigen, aber Verwundete kamen heim, für die draußen nicht Platz noch Pflege mehr war. Sie schleppten sich tagelang von Dorf zu Dorf, erbettelten Unterkunft und Brot, ließen sich von mitleidiger Hand die Wunden verbinden und kamen dann endlich heim ins Obwaldnerländli; stille, geschlagene Leute, die Tage brauchten, ehe sie von den Niederlagen sprechen konnten, die ihr Heer erlitten hatte.

Dann aber sprach es sich im Ländli herum!

Es ging schlecht, die Zürcher, statt die Stadt zu übergeben, verteidigten sich erfolgreich und überrumpelten sogar eines Tages das bernische Brugg, plünderten es und warfen den

Brand in die Häuser. Wohl waren die Eidgenossen auf die Kunde hin den Plünderern nachgeeilt. Als sie jedoch vor dem brennenden Brugg ankamen, hatten sich die Feinde in die Farnsburg bei Sissach verzogen. In ihrer Wut schworen die Eidgenossen, das Schauspiel von Greifensee zu wiederholen, – zu lange und zu schwer hatte sie das Glück nun getäuscht. Viele von ihnen aber mußten diesen Schwur mit ihrem Herzblut bezahlen! Die Zürcher und Österreicher hatten auch in der Farnsburg die todspeienden Geschütze aufgestellt, und die trafen die verwegenen Belagerer.

Wie ein Sturm ging dann gleich darauf der neue Schrecken durchs Land: Der König von Frankreich schickte den Zürchern und Österreichern seine gedungenen Söldner, um mit den Eidgenossen endlich fertig zu werden. Der Ruf dieser Söldner, die unter dem Grafen Armagnac standen, war im ganzen Lande bekannt: das zuchtloseste Kriegsvolk, das man sich denken konnte, fand sich da zusammen. Gott mochte wissen, wie diese Horden das zerrissene kleine Land bedrängten! Weinen und Wehklagen erfüllte die Stuben, in die die böse Kunde kam. Was möglich war, versteckten die Leute in Truhen und Winkeln; wie aber wollten sie die Ehre ihrer Weiber und Kinder retten, wenn die Männer ausziehen mußten gegen die neue Gefahr?

Gewichen war überall die Zuversicht – bei den Soldaten im Felde und daheim in den lang schon vereinsamten Häusern. Wohl gab es noch Krieger, die mit großen Worten um sich warfen, die prahlten und sich verschworen, sie fürchteten Tod und Teufel nicht, und schlimmer könnten doch wohl auch die fremden Gesellen nicht sein, die der König von Frankreich auf sie loslasse. Aber so recht glaubte niemand an diese Worte. Die Nächte hindurch hörte man doch da und dort ein schweres Seufzen, und durch den unruhigen Schlaf und die Träume der Eidgenossen ging das laute Sehnen nach der Heimat und dem friedlichen Leben im eigenen Hause. Nur wer heimat- und friedlos war, der lobte sich die Zeit, in der er irgendwo unterkam und zu essen hatte. Und es gab viel Unstete und Zügellose in jenen Tagen, da schon die Kinder mit dem Hang nach fremden Abenteuern aufwuchsen.

Es war doch für alle wie eine Erlösung, daß endlich am 24. August die Entscheidung nahte. Zwar wurde die Belagerung nicht aufgegeben, zu sehr hofften die Hauptleute, Zürich doch noch nehmen zu können. Es wurden Freiwillige aufgerufen, die den Feind, der schon vor Basels Toren war, empfangen sollten. Da fuhren sie in die Höhe, die Arme derer, die nach Kampf und Krieg sich sehnten aus der Stille und Ruhmlosigkeit dieser letzten Zeit. Dreizehnhundert Mann waren es, die todesmutig sich meldeten und auch alsbald unter guter Führung abmarschierten.

Klaus Leuenbrugger hatte einen harten Kampf zu bestehen. Wohl zuckte es auch ihm in den Händen, sich zu melden für diesen Strauß –, doch im gleichen Augenblick sah er vor sich Dorthees bittende Augen, so nahe und flehend, daß es ihn wie eine Ahnung ergriff: Hier darfst du nicht mittun –, da ist nun die große Gefahr, vor der dich dein Engel warnt!

Und ob ihm auch der Trommelschlag der Abziehenden wie lockende Musik in den Ohren klang und es ihn mit Gewalt ziehen wollte, dieser großen Gefahr des bedrohten Vaterlandes entgegenzugehen und sie aufzuhalten, – er blieb fest und wußte mit fast hellseherischer Sicherheit, daß es gut war, hierzubleiben. Es war ihm, er müßte aufstehen und seine Stimme erheben, die Leute zu warnen. Aber wer würde auf ihn hören?

Lachen würden sie seiner, und er könnte auch nicht beweisen, daß seine Mahnung begründet war. Ahnungen? Im Krieg galt das nicht; man wagte alles, denn ein Sieg konnte dort warten, wo man ihn am wenigsten wähnte. Es gab nichts anderes, als die Leute ziehen zu lassen, obwohl Klaus wußte, daß sie mit Trommel- und Pfeifenspiel in Tod und Verderben gingen.

Ein Tag ging dahin.

Die Belagerer Zürichs und der Farnsburg lagen mißmutig vor den Mauern und harrten der Kunde, die kommen sollte. Entweder war das mit den aufziehenden Armagnaken ein böses Märchen, oder aber der Ruf nach Hilfe würde bald da sein. Die Dreizehnhundert sollten ja nicht losschlagen –, sie mußten warten, bis das Heer nachkam.

Glühend war die Hitze des Augusttages. Kein Bote kam. Still, unheimlich lagen Stadt und Landschaft –, es konnte am Abend wohl ein Wetter kommen.

Der Abend kam. Die Wolken hatten sich verzogen. Aber die Last der Hitze lag weiter über der Mannschaft. Auch die sonderbare Bangigkeit wich nicht. Warum nur kein Bericht kam?

Vor Zürich warteten sie umsonst! Die Nacht ging hin, und im Morgengrauen empfingen die Kundschafter den übermächtigen, schrecklichen Feind, die Armagnaken, die haufenweise über das Pratteler Feld daherstürmten. Doch zum Kampfe kam es nicht. Die Feinde waren überrascht und zogen sich zurück. Basel sollte Schauplatz des Kampfes sein. Die Eidgenossen aber, siegesfroh, kampflustig, eilten dem Feinde nach und eröffneten vor Muttenz die Schlacht. Furchtbar war sie. Der Tod wütete auf beiden Seiten. Kleiner ward die

Schar der Eidgenossen. Keine Hilfe kam, todgeweiht waren sie nun.

Bei St. Jakob an der Birs war's, daß endlich die Überlebenden der Dreizehnhundert, bedrängt und bedroht vom schrecklichen Feind, im Aussätzigenhause Zuflucht fanden. Gleich Löwen verteidigten sie ihre Festung und sterbend noch rangen sie mit den schwarzen Teufeln. Sie rissen sich die Pfeile aus blutendem, zuckendem Fleische und hieben mit erlahmendem Arm den Feind nieder. Keiner glaubte mehr an Rettung! Alle waren des nahen Todes sicher, und doch nahm kein einziger die Gnade der Übergabe an. Trotzig und stumm erlitten sie den Todesstreich oder verbluteten an den Wunden feindlicher Pfeile. Mann um Mann sanken sie, die brechenden Augen in der Richtung, aus der Hilfe hätte kommen sollen –, wo fern ein Haus stand und ein Weib und Kinder warteten. Mancher dachte in letzter Not und Angst des Tages von Greifensee also, daß er sterbend inneward:

«O Griifensee, o Griifensee,
Wie ruuch ist din Rach!»

Und die es hörten, nahmen das Wort auf, es war wie ein Urteil, eine Verdammnis! Was hatten sie anderes verdient nach jener unheilvollen Tat? War es nicht gerecht, daß auch sie des Lebens verlustig gingen, das sie andern in wilder Siegesfreude genommen hatten am bösen Tage von Greifensee?

So starben sie dahin – niedergemetzelt, durchbohrt, verbrannt oder erstickt im tiefen Gewölbe des Siechenhauses. Keiner entkam, doch ihr Tod war sieghaft, denn es war Opfer, war blutige Sühne für blutige Tat, – war Preis zum Loskauf aus schwerer Schuld. Alle fühlten sie es bis zuletzt: Wir sterben doch für die heilige Sache des Vaterlandes; je mutiger wir sterben, desto größer steht nachher die Heimat da, die kleine bedrängte Heimat. Ob sie auch das noch wußten, daß ihr Tod, ihr ruhmvolles Untergehen das Land vor dem wüsten Kriegsvolk der Armagnaken bewahrte? Daß Frankreichs König seine Söldner zurückrief und den Sonderfrieden schloß mit einem Volke, dessen Söhne kämpften wie die Löwen und starben wie Helden?

Die Trümmer rauchten zu St. Jakob an der Birs. Längst waren die Leiber der Erschlagenen kalt und starr, als die böse Kunde nach Zürich drang. Da läuteten die Zürcher die Glokken und riefen den Belagerern den Grund ihrer Freude zu. Als hätte ein Blitzstrahl sie getroffen, standen die Eidgenossen. Schrecklich war diese Botschaft und die Gewißheit, daß das die Rache des Himmels sein mußte für frühere Schuld. Ein Grauen überkam die Führer. Nein, mehr durften sie nicht aufs Spiel setzen –, es waren doch Menschenleben, die sie da in den Tod trieben – dreizehnhundert an einem einzigen Tage!

Jetzt galt es nur noch, die Heimat zu retten. Wer die dreizehnhundert Mann besiegt hatte, der würde wohl noch weitermarschieren. Mit eingezogenen Fahnen, geschlagen und ernst zogen die ehedem so kriegslustigen Scharen ins Land hinein, den Grenzen zu, die sie als letzte Festung zu verteidigen hatten. Statt eines Sieges mußten sie denen daheim den schrecklichen, schweren Verlust melden, und im Land herum ertönten dumpf und schwer die Totenglocken und die Klage der verblutenden Krieger vor St. Jakob:

«O Griifensee, o Griifensee,
Wie ruuch ist din Rach!»

Den Weg von Sarnen herauf ins Flüeli säumten die ersten Herbstblumen. An den Sträuchern hingen blaue und rote Beeren, manche Bäume trugen schon reife Früchte.

Es dünkte Klaus, wie er so schritt, es müßten Jahre liegen zwischen dem Tage, da er ausgezogen war, und dieser Stunde, wo er nun endlich heimkam. Die Schrecken der letzten Tage waren haftengeblieben an ihm, wie denn alles, was ihn bewegte, das Gute wie das Böse, tief eindrang in seine Seele. Die ehrenvolle Niederlage der Brüder bei St. Jakob an der Birs erfüllte ihn mit Stolz und Weh zugleich. Es war doch etwas Großes, für eine Heimat in den Tod zu gehen, sie zu retten und zu erhalten für ein kommendes Geschlecht. Tief ergriffen hatte er gestern dem Läuten der Glocken gelauscht, das zu Ehren der Gefallenen von allen Türmen erklungen war. Doch eine Frage war in ihm aufgestiegen, bang und schwer: Wo waren nun die Seelen dieser Dreizehnhundert, die so plötzlich an den Pforten der Ewigkeit erschienen waren? Was hatten sie für ein Verdienst als eben ihr armes, geopfertes Leben, ihr warmes Herzblut, vergossen für eine Sache, von der sie glaubten, sie sei gut! Sie trugen daneben aber auch noch die Schuld von Greifensee –, vielleicht war sie getilgt durch diesen bittern Tod, vielleicht auch nicht!

«Herr sei ihnen gnädig!» sprach Klaus immer wieder, sooft er der Toten gedachte. Ein Danken war noch neben dieser Bitte. Hatte ihn nicht sein heiliger Engel gewarnt vor dem Zuge nach Basel? Läge nicht ohne jene Mahnung auch sein Leib tot und erschlagen unter den Trümmern von St. Jakob?

Klaus sah kaum den Weg, auf dem er ging. Erst als ihm ein Büblein den ersten heimatlich-vertrauten Gruß zurief, da ging ein Beben durch seine hohe Gestalt. Es war ja die Heimat, vor der er stand! Nichts hatte sich da geändert, zu fern der Welt, zu nah dem Himmel lag dieses Flüeli, als daß Krieg und Haß und Streit heraufgedrungen wären. Klaus fühlte: Wenn es von diesen grauenvollen Erlebnissen des Krieges noch irgendwo ein Ausruhen gab, dann war es hier, wo der Friede fast fühlbar über den paar Häusern und Matten lag,

Ein tiefer Atemzug hob seine Brust. Beinahe hätte er einen Jauchzer getan, so froh machte ihn der Anblick der kleinen Heimat und die Nähe seines Glückes. Doch er besann sich. Er kam ja nicht als Sieger heim –, sie waren die Gedemütigten, die geschlagenen Eidgenossen, deren Zukunft dunkel vor ihnen lag. Es gab da bei Gott nichts zu jauchzen!

Dorthee stand unter der Türe des Hauses und schaute in den Abend hinaus. Das Tagwerk war getan, ihre Hände waren müde und die Seele auch. Die Angst und Sorge hatten sie still gemacht.

Sie dachte an Klaus.

Die Männer vom Flüeli waren alle da bis auf Klaus. Sie wußte, daß er nicht bei St. Jakob gewesen war, der Erni Rohrer war bis vor Luzern bei ihm gewesen. Unterwegs aber war Klaus allein zurückgeblieben, er würde nun wohl später kommen.

Auf Dorthees Lippen schwebten nun seit zwei Tagen die Worte, mit denen sie ihren Klaus begrüßen wollte, – die Worte, die sie seit Monden täglich geformt und geflüstert hatte in unendlicher Sehnsucht. Sie sollten Willkomm und Freude und Liebe, sollten Sehnsucht und Erfüllung aussprechen, sollten die kleine süße Botschaft enthalten, die sie ihm machen wollte, gleich wenn er kam.

Und dann war alles so anders!

Sie sah ihn um die Hausecke kommen, und Gruß und Botschaft erstarben auf ihren Lippen. Sie lief ihm entgegen, in die Arme hinein, die er nach ihr ausbreitete. Nur ein Wort sagte sie, ein einziges:

«Klaus!»

Er küßte sie.

Da liefen doch die erlösenden Tränen über ihr Gesicht, Tränen, die alles verrieten, was an Kampf und Sieg, an Mut und Verzagtheit in ihrer Seele war, seit vor Monden ihr Mann in den Krieg gezogen.

Klaus blieb still. Nur seine Arme umfingen das Weib fester als je zuvor.

Über die Laube gingen sie dann Hand in Hand ins Haus hinein.

Klaus tauchte den Finger in den Weihbronn an der Türe und mit lauter Stimme sprach er den christlichen Gruß:

«Gelobt sei Jesus Christus.»

Und Dorthee antwortete:

«In Ewigkeit. Amen.»

Sie standen zusammen in der großen Stube. Klaus schaute sich um, seine Augen liebkosten jeden Gegenstand und kehrten dann zu Dorthee zurück. Er zog sie auf die Bank am Fenster und sagte herzlich:

«Du, Dorthee, nun bin ich wieder daheim; weißt du auch, daß ich Tag und Nacht, Stunde um Stunde deiner gedacht habe?»

«Ich spürte es, Klaus!»

Seine Hand strich über ihr blondes Haar, das an der Stirne in weichen Locken lag. Forschend sah er sie an:

«Mir ist, Dorthee, es sei etwas Neues an dir, ich habe dich noch nie so gesehen.»

Dorthee errötete.

«Du bist schöner geworden – anders noch als am Hochzeitstage. Sag, Dorthee, wie ist das denn?»

Da lag sie in seinen Armen, dicht an seinem Herzen, und aus ihrem Herzen floß das Geheimnis ihrer Schönheit, ihrer Würde und Anmut, die Klaus entdeckt hatte:

«Klaus –, es ist –, weil ich dich liebhabe! Weil unsere Liebe so gut und rein war. Sieh, der Herrgott hat sie gesegnet und – wir werden ein Kindlein haben im nächsten Lenz!»

Und nun jauchzte Klaus doch auf!

Krieg und Not waren ja so fern, er war hier bei seinem jungen Weibe, allein mit ihr und dem seltsamen, süßen Wissen um eines Kindleins Nähe. Das Glück wollte Klaus das Herz sprengen, also, daß er jauchzen mußte über die innere Bewegung hinweg.

Dorthee aber schmiegte sich enger an ihn; sie spürte, daß das der Ort war, an dem sie nichts zu fürchten hatte, mochte das Leben bringen, was es wollte. Diese stille Stube und ihres Klaus starke, warme Nähe waren ihr Zuflucht auch in dieser Zeit, die sie so seltsam tief bewegte.

So saßen sie den Abend lang, sprachen von Lieb' und Glück, vom kommenden Kindlein –, alles war so gut und friedlich. Bis dann doch einmal das böse Wort «Krieg» zwischen ihnen fiel. Da war es, als habe jemand mit rauher Hand an eine Wunde gegriffen. Aller Schein erlosch in den Augen des Mannes, jäh sanken die Arme herab, die Dorthee gehalten hatten, und düster war sein Gesicht. Schwer hob sich seine Brust, als er sagte:

«Verdammt sei das Wort –, verflucht alles, was damit zusammenhängt! In den tiefsten Frieden hinein wirft es seine Schatten und scheucht das Glück.»

Dorthee erschrak. So hatte sie den Mann noch nie gesehen, das war wilder Zorn, was aus ihm sprach. Begütigend meinte sie:

«Klaus, das ist nun halt so, und jetzt ist der Krieg ja wieder vorbei und du bist da –, es ist doch alles gut!»

Da stand Klaus auf und ging mit schweren Schritten durch die Stube. Es arbeitete in seinem Innern, und endlich sagte er:

«Wir sollten unsere Stube rein halten von solchen Reden. Einmal habe ich geglaubt, mein Haus müsse ein Tempel werden, darin nichts Unheiliges und Gemeines Platz habe, auch nicht in Worten. Aber das Leben ist anders als unsere schönen Träume. Es zieht uns hinein in den Sumpf der Händel und des Hasses, greift gar hinein in unsere vier Wände und fordert unsere Meinung. Wohlan – du bist mein Weib, und daß du in guten und bösen Tagen alles mit mir teilst, deshalb will ich dir sagen, was ich davon halte. Ein neues Denken muß einsetzen in der Verworrenheit dieser schlimmen Zeit, wo Recht und Unrecht nicht mehr erkannt werden, eine neue Moral müssen wir schaffen im Lande, auf daß Zucht und Sitte besser werden. – Du sollst mir helfen, Dorthee!»

Sie staunte.

«Ich, Klaus?»

«Ja, du! Dann sind wir schon zwei, und wenn uns der Herrgott Kinder gibt, dann werden es immer mehr, die das Leben anders leben, als es heute Brauch ist, – dann schaffen wir von hier aus die Neuerung!»

Dorthee wollte zweifeln.

«Es ist so schwer, gegen den Strom zu schwimmen, du weißt, Klaus, wie tief der Hang zu Krieg und Reislaufen im Volke wurzelt. Wir können dagegen nicht aufkommen!»

Klaus blieb mitten in der Stube stehen. Er sah sein Weib mit dem sonderbaren Blicke an, der so viele im Banne hielt. Ganz langsam kamen die Worte über seine Lippen:

«Der Herrgott muß uns helfen, Dorthee! Nein, wir zwei

können es nicht allein. Aber mit seiner Hilfe sind wir mächtig. Wir müssen beten, Dorthee, das ist die Waffe, die wir brauchen, die Stärke, einem so großen Übel den Kampf anzusagen und zu siegen!»

Da stand auch Dorthee auf.

Sie ging zu Klaus und faßte seine Hand.

«Ich bin dabei, Klaus – komm, so laß uns das Werk beginnen!»

Vor dem Kreuzbilde standen sie und beteten still ein Vaterunser. Betend war Niklaus einst aus dieser Stube in den Krieg gezogen, betend begann er das Leben daheim wieder, das ihm neu geschenkt schien. Wahrlich, nun hatte auch diese neue Stube ihre Weihe empfangen, da betende Menschen in ihr hausten!

Es ging nun kein Tag vorbei, an dem nicht Klaus Leuenbrugger seiner jungen Frau von den Zeitläufen, den Geschehnissen im eigenen Lande und auswärts, erzählte. Auch vom Krieg sprach er zu ihr, von allen seinen Greueln und Schrecknissen. Oft, wenn er sah, wie die hoffende Frau zusammenschrak, hielt er inne. Sie aber raffte die Kraft zusammen und lächelte tapfer:

«Das tut nichts, Klaus, ich muß doch alles wissen, was dich angeht, und auch unsere Kinder müssen so stark werden, daß sie das ertragen können.»

Der Sommer wich vom Flüeli.

Herbstnebel lagen schon oft über dem Tale und dem See von Sarnen. Von den Linden und Birnbäumen fielen manchmal gelbe Blätter, und als später ein Sturmwind kam, wirbelte der so viel der bunten Zier über Dächer und Matten hin, daß

Dorthee erschauernd klagte: «Klaus, schau, nun ist es ja wirklich schon ganz Herbst geworden!»

Er lächelte:

«Das war noch immer so, Dorthee, – es wird auch im Winter gut sein.»

Es fiel ihm wieder auf, wieviel Gemüt seine Frau hatte. Sie empfand den Wechsel der Jahreszeiten, den andere nur bemerkten, weil sich die Arbeit änderte, als etwas, das auch dem menschlichen Schicksal ähnlich war. Sie konnte eine verwelkende Blume betrachten und sie liebkosen wie ein krankes Kind. Dem Rauschen der Melchaa tief unten im Tobel lauschte sie abends, wenn sie still beieinander saßen, – sie staunte in den Sternenhimmel hinauf und sagte:

«Du, wie nah er ist!»

Er wunderte sich dann, daß er eben das gleiche gedacht hatte. Dorthee erlebte das Werden ihres Kindleins mit unsagbarer Freude. Sie sprach wenig davon, doch lag in ihren Augen oft ein so eigenartiger Glanz, daß Klaus meinte, das Glück der Seligen sei darin gespiegelt. Voll Ehrfurcht sah er sie dann an, scheuer wurden wieder seine Zärtlichkeiten, wie einst in den Tagen der Brautzeit. Durch die Mutterschaft, schien es Klaus, war um Dorthee wieder jener Schleier gebreitet, der ihre Jungfräulichkeit beschützt hatte, bevor sie seine Frau geworden war. Gleichzeitig erschloß gerade dieses Geheimnis in ihr die Quellen des Gemütes und der gottnahen Beschaulichkeit. Sie standen sich nun so nahe, ohne Worte fühlten sie, daß die Gnade Gottes ihre Seelen angerührt und berufen hatte.

Vom Land herein freilich störten immer wieder Kunden von Unruhen und Zwisten der beiden stillen Frieden. Zürich und Schwyz versuchten nun allein auszumachen, was vorher den vereinten Kräften nicht gelungen war. Kleine Treffen, Streitereien zu Wasser und auf dem Lande, bald hier ein Sieg, bald dort einer –, so vertrieben sich die Haudegen Herbst und Winter. Wenn es auch nicht schlimm zuging –, es trug doch den Haß weiter und die Sorge schlief nie ein. Man wußte nicht, wann es wieder Ernst werden könnte. Der Respekt vor dem Leben des Nächsten schien erstorben zu sein; man rechnete nicht mehr mit den paar Menschen, die bei jedem Sturm den Tod fanden.

Klaus und Dorthee aber, die in dieser Zeit das Leben eines Menschen in Ehrfurcht und mit geheimen Schauern erwarteten, schraken jedesmal zusammen, wenn diese unseligen Berichte endlich das Flüeli erreichten. Wer weiß, welchem Schicksal sie und das Kleine entgegengingen, das da in unruhvoller Zeit den Weg ins Leben betrat!

Am stürmischen Tage von St. Konrad traten Klaus und sein Weib einen sonderbaren Gang an.

Noch lag die Nacht dunkel über dem Lande, und die Wolken jagten über den Brünig. Die Tannen bogen sich im Winde und die Regenschauer fegten um Haus und Gaden. Ganz fern, hinter den Wolkentürmen, schien der Morgen zu liegen.

Dorthee zitterte in der nassen Kälte, die sie empfing, als sie mit Klaus vors Haus trat.

Er aber nahm ihre Hand fest in die seine und schritt wortlos in das dräuende Wetter hinaus.

Ihre Kleider zauste der Wind –, der Regen klatschte dagegen. Unwillkürlich drängte sich Dorthee an die starke Gestalt des Mannes, der wie ein Fels gegen das Unwetter schritt. Da er es merkte, legte er seinen schweren Mantel um sie, also, daß sie wie ein Kind neben ihm ging, eingehüllt in seine Wärme. Sie spürte die Kälte nicht mehr, auch den Regen nicht, und das Dunkel schreckte sie nicht –, Klaus war ja da!

Als sie bergab stiegen, vom Flüeli gegen das Tal der Melchaa, wurde das Gehen schwerer. Dorthee merkte, wie Klaus oft ausglitt, dann wieder tastend vorwärts ging. Da machte sie sich aus dem Mantel heraus und sagte:

«Klaus, am Ende kehren wir doch um –, ist das nicht Gott versucht, bei Nacht und bei diesem Wetter den gefährlichen Weg in den Ranft zu machen?»

Klaus blieb stehen.

Sie waren nun im Walde drin. Wohl ging hier der Sturmwind durch die Bäume, aber den Regen spürten sie weniger. Doch war weder Weg noch Steg sichtbar. Klaus gab die Hand Dorthees nicht frei, er drückte sie fast schmerzhaft, als er sprach:

«Mach mir den Gang nicht zu schwer, Dorthee! Schau, es muß nun so sein, daß wir gehen!»

Die junge Frau suchte mit ihrem Blicke seine Augen:

«Du – Klaus, aber warum gerade heute?»

Klaus atmete seltsam tief auf. Er schwieg eine Weile. Er kämpfte wohl mit sich selbst um die Antwort. Endlich sagte er:

«Ich kann das nicht genau sagen, Dorthee. Aber eines weiß ich: Ich gehe hinunter, weil Gott rief!»

«Gott?!»

Dorthee erschrak.

Da war es wieder – das Sonderbare, fast Unheimliche! Der Herrgott rief ihn in kalter Sturmnacht aus der Wärme seines Lagers, hinunterzukommen in die Wildnis des Ranfttobels. Gab es so etwas, daß Gott einen Menschen so deutlich rief?

Einen Augenblick wollte Dorthee zweifeln. War er nicht ein Frömmler –, einer, der eigene Wege gehen wollte wie die Pharisäer?

Aber die Zweifel vergingen. Das Versprechen, das sie einst im Frühling Mutter Hemma gegeben, kam ihr in den Sinn. Sie wollte ihm glauben, ihm vertrauen, wissend, daß alles gut war, was Klaus tat. So sagte sie denn in die Stille des dämmernden Morgens hinaus:

«Ich will mit dir kommen, wohin du auch gehst!»

Der große Mann nahm Dorthee in die Arme. Seine Augen gingen über sie hinweg, dem Osten zu, wo fern die Röte des jungen Tages aufstieg.

«So ist es gut, Dorthee, – so ist es gut!»

Dann zog er den Rosenkranz aus der Tasche seines rauhen Kittels, und im Weitergehen betete er halblaut die Geheimnisse des Leidens Jesu Christi. Dorthee antwortete ihm kaum hörbar, ihre Seele war weit weg von diesem Gebete, sie suchte das Geheimnis zu enträtseln, das um ihren liebsten Menschen war.

Der Regen ließ nach.

Der Morgen kam nun langsam über die Berge ins Tal geschlichen. Grau war er und die Nebelschwaden hingen tief in die Tannen.

Dorthee mußte nun auf dem schmalen Weglein hinter Klaus gehen. Sie sah ihn, wie er so leicht und sicher an den Abgründen vorbeiging und dabei gelassen den Rosenkranz betete. Und sie staunte, daß einer dem Rufe Gottes so ruhig folgen konnte, daß Gott gerade ihn rief, der ein Bauer war wie alle im Flüeli, ein Kriegsmann, der Feinde erschlagen hatte. Gab es nicht Einsiedler im Lande herum, Priester und Mönche, die Gott rufen konnte? Warum denn ihn, Klaus, der ihr Mann war und der Vater des Kindes, das sie erwartete?

Der Weg fiel steiler ab.

Dorthee, die es nicht gewohnt war, blieb weiter zurück. Die Entfernung, die anfangs kaum merklich war, wurde größer. Klaus achtete es nicht. Dorthee hätte rufen können; doch wie sie ihn so rasch gehen sah, kam es ihr vor, sie gehöre nicht zu ihm. Die Stimme, die in ihrem Herzen nach ihm schrie, kam nicht über ihre Lippen. Die Hände streckte sie nach dem Enteilenden aus und dann ward sie jäh inne: Jetzt hat er meiner vergessen; in diese Welt, in die er geht, gehöre ich nicht!

Tränen rannen dem armen jungen Weibe über die blassen Wangen. Sie blieb stehen. Sie sah noch, wie er an der Wegbiegung das Zeichen des Kreuzes auf Stirne, Mund und Brust machte; wahrscheinlich hatte er eben den Rosenkranz beendet. Dann entschwand er ihren Blicken.

Eine unsagbare Traurigkeit überkam Dorthee.

War sie darum des Klaus Frau geworden, daß sie so um ihn leiden mußte? Trug sie deshalb sein Kind, daß er hinging und ihrer vergaß, als sei er allein auf der Welt? Da stand sie in Nässe und Kälte und Klaus war so weit weg von ihr. Sie hatte keinen Teil mehr an ihm, sie wußte nichts von der Welt, in die er nun gegangen war. Wie, wenn sie ihn nun für immer verloren hatte? Wenn er wohl wieder heimkam, aber ihr fremd blieb, weil das Geheimnis des Ranftes zwischen ihnen stand?

Dorthee fühlte, sie könnte das nicht ertragen. Ihre Seele war so vollkommen in ihn übergegangen, daß sie nicht mehr ohne seine Liebe sein konnte. Eine örtliche Trennung, vielleicht eine lange Abwesenheit in Krieg und Gefahr, dünkte sie leichter zu tragen als diese Erkenntnis, daß ihr seine Seele, sein innerstes Wesen, unbekanntes Land sein sollte.

Dorthee kehrte um. Eine heilige Scheu hielt sie davon ab, Klaus nachzugehen. Doch wie sie aufwärts stieg auf dem schlechten Wege, kam die Müdigkeit über sie, die körperliche Schwäche. Sie konnte nicht mehr. Zu viel trug sie an leiblicher und seelischer Last, als daß sie hätte ankämpfen können gegen die Versuchung. Sie setzte sich am Wege nieder, lehnte den schmerzenden Rücken gegen eine Tanne und faltete die Hände im Schoße. Kälte und Nässe durchdrangen sie. Sie dachte noch daran, daß es ihr schaden könnte, ihr und dem Kindlein, und daß daheim im Flüeli ein warmes Bett in der Kammer stehe. Dann schwanden ihr die Sinne.

Eine tiefe Ohnmacht war über Dorthee gefallen. Sie deckte gnädig zu, was traurig und schwer war. Der Wind trocknete die kalten Schweißtropfen auf ihrer Stirn, daß sie meinte, Klaus liebkose sie. Ihre Lippen riefen ihn unbewußt:

«Klaus–, Klaus, nun ist's wieder so schön und gut; nun gehst du nicht mehr fort?»

Das Rauschen der Melchaa gab die Antwort. Sonst blieb alles still. Die junge Frau aber lächelte im Schlafe, so, als sei alles Leid von ihr genommen.

Drunten im Tobel, wo nur ein paar Schuh breit Land sind neben der Wildheit des Bergbaches, kniete Klaus im Gebete. Seine Augen waren erhoben zu dem Stücklein blauen Himmels, das zwischen grauen Regenwolken auf einmal auftauchte. Die harten, schwieligen Bauernhände lagen ineinander. Die Haare, vom Regen durchnäßt, hingen ihm in dichten Strähnen in die Stirne. Tiefernst war sein Gesicht, manchmal lief ein Zucken darüber hin, als wühle der Schmerz in ihm.

Doch steif und gerade kniete seine hohe Gestalt auf dem steinigen Boden – ein ganzer Mann, der betend vor seinem Schöpfer erscheint!

Klaus neigt den stolzen Nacken. Eine unsichtbare Macht zwingt das Haupt des Beters tiefer zur Erde. Schwer geht sein Atem. Kein Wort kommt über seine Lippen. Es ist wie ein stummes Ringen zwischen Schöpfer und Geschöpf.

Eine ganze Weile kniet Klaus Leuenbrugger. Dann erhebt er sich langsam vom Boden. Seine Augen suchen das Stücklein blauen Himmel – sie werden groß und weit –, und nun hebt sich der Schleier, der menschlichen Augen das Schauen ins Land der Ewigkeit wehrt: Klaus ist losgelöst von der Erde, er ist mit all seinen Sinnen bei Gott.

Und während Klaus das Mysterium der Dreieinigkeit Gottes schaute, schlief sein Weib. Dorthee hatte nicht teil an dem Wunder, das ihren liebsten Menschen heraushob aus dem Alltag. Es war gut so. Sie wußte dann auch nicht, daß sie mit dem Gang in den Ranft ihren Kreuzweg begonnen hatte.

Die Tannen im Ranft rauschten; es stürzten die Wildwasser von den Hängen herab, die gelben Fluten der Melchaa nahmen sie auf, wälzten sich weiter im felsigen Bette und spülten da und dort vom Ufer mit, was morsch war. Der Regen setzte wieder ein, es war jetzt Schnee darunter, und die Kälte nahm zu.

Da erwachte Dorthee aus ihrem Schlafe. Die eisige Kälte hatte ihre Glieder schier gesteift, kaum konnte sie sich erheben. Es dauerte eine Weile, bis sie begriff, daß sie da tief unten im Ranft war, umgeben von Einsamkeit und Wildnis. Doch die Erkenntnis erschreckte sie nicht mehr. Eine sonderbare Stärke war über sie gekommen, irgendwie fühlte sie eine helfende Macht, die ihr nahe war.

Sie ging mühsam abwärts. Der Regen klatschte gegen ihr Gesicht und der Wind fuhr ihr entgegen. Sie dachte daran, wie vor ihr Klaus diesen Weg gegangen, tief ins Gebet versunken. Da nahm auch sie den Rosenkranz hervor und betete laut den freudenreichen Rosenkranz: «Den du, o Jungfrau, zu Elisabeth getragen hast!»

Dorthee blieb stehen.

Durch die regenschweren Zweige der Tannen hindurch hatte sie Klaus erblickt. Er kam ihr entgegen mit den schweren Schritten des arbeitenden Bauern –, wie einer, der das schwere Tagwerk gut und ehrlich getan hat. Sein Gesicht trug den Ausdruck abgeklärter Ruhe und inneren Friedens; es lag noch etwas vom Glanze ewigen Lichtes über ihm, das Dorthee nicht zu deuten vermochte. Sonst war er wieder der alte, liebe Klaus, wie sie ihn gern hatte, wie er ganz zu ihr gehörte.

Klaus schloß Dorthee in die Arme. Eben noch hatte seine Seele in der mystischen Umarmung Gottes gelegen, und schon wieder nahm er Besitz vom Irdischen, hielt ein junges Weib am Herzen, das er liebte wie sonst nichts auf der Welt.

Wieder wollte Dorthee reden und fragen. Jetzt wäre es so gut gegangen. Klaus würde vielleicht sein Herz aufgetan haben. Aber die Scheu war größer als ihre Begierde, um das Geheimnis zu wissen. Sie schwieg und kostete nur ganz tief die Seligkeit aus, in seiner Nähe zu sein, zu spüren, wie er um sie bangte.

«Du bist erkältet, Dorthee», sagte er und schlug wieder den Mantel um sie. Sie nickte nur.

Klaus aber sah nun sein Weib genauer an. Es fiel ihm auf, wie blaß sie war. Gott im Himmel, was hatte er getan! Was war ihr geschehen in der Zeit, in der er, losgelöst von allen irdischen Dingen, gebetet hatte?

Seine Stimme war voll von Angst und Besorgnis, als er hastig fragte:

«Und wo warst du geblieben?»

Dorthee sah ihn mit einem Blick voll Liebe und Hingabe an, aber auch das Weh um ihn lag darin.

«Ich habe auf dich gewartet, Klaus, und dann – es war so kalt und einsam –, Klaus, da bin ich eingeschlafen. Wir haben halt auch kein Morgenessen gehabt.»

Der große, starke Mann senkte das Haupt. Wie eine Schuld dünkte es ihn, daß das gute Weib um ihn gebangt hatte, daß sie in der Stunde, in der er des Himmels Seligkeit genossen, arm und allein, frierend und hungrig am Wege gesessen hatte! Es würgte ihn das Mitleid mit ihr, Tränen traten in seine Augen und demütig bat er:

«Dorthee, verzeih mir –, ich hätte dich nicht mitnehmen dürfen! – Ich glaubte dich bei mir – – –.»

Er brach ab.

Nein, er durfte das nicht sagen, daß er sie so ganz vergessen hatte, daß er mit keinem Gedanken bei ihr gewesen war. Nur das wußte er noch, daß er für sie gebetet hatte, für sie und das Kleine.

Er sah, daß sie weinte.

Da legte er ihren Kopf in seine großen Hände, und während seine eigenen Tränen auf ihr Haar fielen, sagte er:

«Gott muß dir das Opfer vergelten –, er hat mich von dir gerufen für diese Stunde, in der du einsam warst. Glaube mir, Dorthee, meine Liebe ist immer bei dir! Weißt du das für ganz gewiß?»

Sie hob den Kopf und schaute Klaus ehrfürchtig an:

«Ja, für ganz sicher.»

Klaus gab seiner Frau die Hand, und langsam stiegen sie den durchweichten, schmalen Weg aus dem Walde herauf, durch die Weiden dem Flüeli zu. Wie zwei Kinder gingen sie, Hand in Hand, schweigend, weil der Friede bei ihnen war.

Am Wege, dicht bei den Wiesen Leuenbruggers, stand das schlichte Holzkreuz. Vater Heinrich hatte es aufrichten lassen, weil an jener Stelle seine Mutter, vom Schlage gerührt, verschieden war. Der Pfarrherr hatte es eingesegnet, und seither kamen die Leute oft daher, zu beten.

Als Klaus und Dorthee beim Kreuze ankamen, blieben sie stehen. Ermüdet vom langen Wege, lehnte sich Dorthee an den Stamm des Kreuzes. Da beteten sie ein stilles Vaterunser. Das war der Abschluß des sonderbaren Ganges in den Ranft am Tage von St. Konrad.

Mutter Hemma hatte die beiden beim Wegkreuze stehen sehen. Sie ahnte den Zusammenhang der Dinge, und daß Dorthee mitgewesen war, sagte ihr, daß sie nun um das Geheimnis im Leben Niklausens wußte. Sie mußte das am Abend doch ihrem Manne erzählen. Der schaute sinnend vor sich hin und sagte dann:

«Gottlob, daß der Klaus eine so gute Frau bekommen hat. Wenn zwei gemeinsam beten können, Hemma, dann ist es ganz gewiß, daß das Glück bei ihnen ist. Ich hab' Angst gehabt um den Sohn; aber jetzt scheint es mir, die Ehe mit Dorthee Wyß sei der Weg, auf dem er ein ganz großer, rechter Mann wird.»

Mutter Hemma wischte eine Träne aus den Augen. Oh, wie sie das Lob freute! Wieder ahnte sie, daß ihr Kind wohl ein edler Mann war, daß aber noch etwas in ihm schlummerte, was ihn weit über alle andern emporhob. Sie wußte ihm keinen

Namen –, es war etwas, was nichts mit menschlicher Größe und Ruhm und Auszeichnung zu tun hatte, – es hing mit dem Ewigen zusammen, mit den Dingen, die man manchmal in tiefster Seele ahnt, von denen man aber nicht spricht. Sie hatte den Sohn weggegeben an ein junges Weib, nun hatte Gott die beiden vielleicht erwählt. War es auch ein ungewohnter Weg, zur Vollkommenheit zu gelangen; wenn Klaus ihn ging, mußte er zum Ziele führen.

An ebendiesem Abend, als Klaus mit seiner Frau beim Abendbrot saß, kam Erni Rohrer in die Stube gestampft. Es hatte tagsüber einen rechten Schnee hingeworfen, und es schien, als sei nun der Winter mit Macht ins Obwaldnerländchen eingezogen.

Der Erni schüttelte sich.

«Puh, ist das ein Wetter, kaum fortkommen kann man. Seid froh, daß ihr da am warmen Herd sitzen könnt!»

Klaus lächelte:

«Wenn's dir gefällt, Erni, so sitz zu, die Dorthee hat wohl noch ein Schüsseli Milch und ein Stück Alpkäse. Ich dank' dir dann auch für den guten Dienst, daß du mir die Kühe versorgt hast heute morgen!»

Erni setzte sich an den Tisch. Dorthee holte in der Küche das Essen für ihn.

Da fragte Erni:

«Warst im Melchtal drin?»

Dorthee sah Klaus ängstlich an. Was mochte er nun sagen?

Doch Klaus antwortete gelassen:

«Nein, ich war mit Dorthee im Ranft unten.»

Erni hatte ein Wort auf den Lippen, das sich die jungen Leute im Flüeli zum Gespötte zuriefen, wenn Klaus so ernst daherkam. «Frömmler», sagten sie und erzählten sich, wie der junge Mann nachts stundenlang im Gebete verharre, am Freitag von morgens bis abends faste und überhaupt so ernst und streng sei, daß man meinen könnte, er wolle sich seinen Heiligenschein hier auf Erden verdienen.

Erni taten diese Worte in der Seele weh. War es doch sein bester Freund, den sie trafen. Ganz unrecht hatten sie wohl nicht, die Spötter. Er war schon ein ganz Besonderer, der Klaus. Aber seit er ihn bei Greifensee gesehen hatte, seit er wußte, daß Klaus im tiefsten Herzen fromm war, achtete er ihn mehr denn je. Doch auch das wußte er: Gegen dieses Gespötte kam man nicht auf, es war da, und man mußte warten, bis es verstummte. Bis Klaus bewiesen hatte, daß es ihm Ernst war, oder bis sie sich daran gewöhnt hatten, einen unter sich zu haben, der eigene Wege ging und über sie alle hinauswuchs.

Nein, Erni mochte dem Freunde davon nichts sagen. So meinte er nur so nebenbei:

«Am schönsten war's Wetter nicht grad heute morgen.»

Klaus sagte weiter:

«Weißt, zum Wallfahren kann man halt das Wetter nicht extra auslesen!»

Und Erni darauf:

«Ja, wenn's eine Wallfahrt war, dann ist's anders! Nur weiß ich nicht, was für einen Heiligen wir im Ranft verehren!»

Jetzt wurde Klaus still.

Das Seltsame kam ihm wieder zum Bewußtsein. Er dachte selber, es sei etwas Eigenartiges, was ihn in die Einsamkeit und zum Beten zog. Man konnte am Ende noch Ärgernis nehmen an ihm!

So verschloß er sein Erleben wieder tief in der Seele und fing an, von den alltäglichen Dingen des kleinen Dorfes und den unerfreulichen des weiten Vaterlandes zu reden. Aber er spürte bald, daß Erni nicht bei der Sache war. Dagegen sprach Dorthee über des Landes Angelegenheiten so sicher und klug, daß Erni einmal staunte:

«Ja, des Donners, was hast du denn für eine Frau, Klaus? Die ist mit Krieg und Händeln vertrauter als mancher Mann! Woher habt Ihr das, Frau Dorthee?»

Sie errötete. Das Lob verwirrte sie.

Klaus aber freute sich und sagte:

«Der Verstand lehrt sie, sich um des Vaterlandes Wohl und Wehe zu kümmern, und die Liebe gibt es ihr ein, wie man mancher Not begegnen könnte. Glaub mir, Erni, wir Männer allein bringen den Frieden nie mit den Waffen zuwege, wir brauchen die Frauen dazu, die mit Liebe eine Sache in die Hand nehmen und mit Sanftmut regieren.»

Jetzt war für Erni der Augenblick gekommen, zu reden.

«Du sprichst vom Regieren, Klaus. Dann kann ich dir grad sagen, was mir aufgetragen ist. Heut morgen, als du fort warst, ist der Landammann Heintzli dagewesen. Was meinst du, was er wollte?»

Klaus sagte:

«Etwa wegen dem Wald an der Hohen Füren wird er gekommen sein, er hat ihn schon dem Vater abkaufen wollen, als er noch sein eigen war.»

Erni aber sprach ernst:

«Diesmal geht's um keinen Wald, Klaus –, es geht um dich. Sie wollen dich zum Ratsherrn machen in Obwalden!»

«Das hat er gesagt?» Klaus fragte es erregt.

Der Freund nickte:

«Ja, Klaus, und du sollst ihm Bescheid geben bis morgen zu Mittag, ob du eine Wahl annehmen willst.»

Dorthee war aufgestanden.

«Und warum sind sie in Sarnen drunten auf den Klaus gekommen? Etwa, weil sie meinen, er könnte die verfahrenen Geschäfte ins rechte Geleise bringen, oder vermuten sie in ihm den Mann, der zu allem ja und amen sagt? In beiden Fällen wär' es für Klaus wohl kein leichtes, die Verantwortung zu tragen.»

Klaus sah seine Frau an und lächelte. Glaubte sie so sicher an seine Absage, daß sie ihn dafür verteidigen zu müssen meinte?

Er gab Erni die Hand über den Tisch und sagte:

«Ich dank' dir für die Botschaft, Erni! Sie kommt mir wohl unerwartet, doch nicht ungefreut. Es wird schon so sein, wie Dorthee meint, – sie brauchen einen, der ihnen paßt, so oder so. Und daß sie daherauf ins Flüeli kommen, einen Ratsherrn zu suchen, zeigt mir, daß es den gescheiten Herren wieder einmal am gesunden Bauernverstand fehlt. Ganz gern leih' ich Kopf und Herz, dem Lande zu dienen!»

Dorthee verwunderte sich:

«Aber, Klaus, da kann ich dich nun nicht begreifen. Wie willst du mit deinen strengen Begriffen von Recht und Sitte in einen Rat hinein, von dem man weiß, wie er dieses Recht zu biegen weiß und mit zwei Maßen mißt?»

Klaus aber antwortete:

«Dorthee, vielleicht muß es eben so kommen, daß einer aufsteht und dagegen kämpft, – vielleicht ist das die Antwort auf unser gemeinsames Beten für die Heimat! Und so gut sollten sie zu Sarnen den Klaus Leuenbrugger nun doch auch kennen, daß sie wissen, wes Geistes Kind er ist!»

Erni Rohrer mußte nun doch ein Bedenken äußern:

«Ja, man weiß, wer du bist, Klaus. Aber gerade das kann dir zum Nachteil sein, wenn du im Rate sitzest. Man spricht von dir, und es ist nicht lauter Gutes, was sie sich über dich erzählen. Schau, es hat's noch keiner leicht gehabt, der anders tat als der große Haufe, besonders dann nicht, wenn er unter den Leuten blieb und sein eigenes Leben so offen vor alle hinstellte. Sei mir nicht böse, Klaus, aber ich meine doch, du solltest es mehr vor den Leuten verbergen – –.»

«Was denn sollte ich verstecken, Erni?»

Der zögerte:

«Halt eben –, ich weiß nicht, was es ist, aber du mußt doch zugeben, daß du etwas an dir hast, das dich von uns unterscheidet, etwas, das wir andern nicht haben!»

Klaus fragte langsam:

«Du meinst vielleicht, daß ich mehr bete als ihr, – daß ich keinem geflissentlich ein Unrecht tue. Ist es das, was zu viel ist?»

Erni seufzte. Es war schwer, gegen Klaus anzukommen. Sein Sinn war so gerade und offen, einfältig wie der eines Kindes und doch weise.

«Beten und gut sein, Erni, das müssen wir doch alle, und ich meine, wenn es viele aus uns vergessen haben, dann kann es nicht schaden, wenn dafür ein anderer einsteht, der die Einsicht hat, daß Land und Volk, Friede und Ordnung nur erhalten bleiben, wenn die Macht des beharrlichen Gebetes die Gnade Gottes herabzieht. Ist das zu fromm, Erni?»

«Mir schon nicht gerade, aber wer dich nicht näher kennt, denkt anders!»

Jetzt war es Klaus, der seufzte:

«Es ist so schwer auf der Welt. Wir sind wahrlich weit gekommen, wenn sich das Laster und die Gottvergessenheit breitmachen dürfen in allen Landen; daß aber die Tugend und das Gebet sich verstecken sollten vor den Leuten! Wahrhaftig, Erni, es ist Zeit, sich zu besinnen, wohin unser Christentum gekommen ist!»

Dorthee räumte den Tisch ab. Es bewegte sie so sehr, was sie da vernommen hatte, daß sie draußen in der Küche am Fenster blieb und hinaussann in die Nacht.

Ob es gut war, wenn Klaus das Amt annahm? Es war schon so viel, was er zu denken und zu sorgen hatte. Wenn dazu noch die Pflicht kam, des Landes Angelegenheiten zu beraten, dann war es wohl eine Ehre für ihn und seine ganze Familie. Aber das wußte sie, er würde schwer tragen an der Verantwortung; denn was er übernahm, das tat er mit ganzer Seele, und daß er alles so tief zu Herzen nahm, was Unrecht war, machte ihm sicher dieses Amt schwer. Dorthee bangte auch, die Geschäfte würden ihr den Mann noch mehr von Haus und Hof wegziehen. Wenn sie ihn schon nicht so voll und ganz zu eigen hatte, wie sie wünschte, – tat sich da nicht wieder eine neue Gefahr kund? Würde er nicht vielleicht über der Sorge ums Ländli die Familie zeitweise vergessen, er, der ob seinem Gebete ihrer vergessen hatte?

Bei diesem Gedanken aber schämte sie sich. Nein, das war nun nicht dasselbe. Wenn Klaus betete, dann war er losgelöst von der Erde, so tief versunken, wie sie nie zuvor einen Menschen beten gesehen hatte. Wenn er aber bei weltlichen Geschäften war, so tat er sie mit dem Eifer eines Mannes, der weiß, daß sie zum Leben gehören. Er schaffte mit Fleiß und Ausdauer, bestrebt, den bescheidenen Wohlstand seines Vaters auch in seinem Hauswesen zu erwerben. Dabei war er stets guten Mutes, nahm dankbar an, was Feld und Acker gaben, und verwertete es bis ins kleinste. Eine Freude sondergleichen, auch in den geringsten Dingen, war ihm eigen. Er pflegte und hätschelte ein krankes Kälblein, als ob es für ihn ein Vermögen bedeutete. Mit derselben Liebe hing er an den Bäumen seines Gutes und den Früchten der Felder. Er mußte schon zwei Naturen haben, der große Klaus, – eine, die mit ganzer Kraft nach dem Ewigen strebte, die in Gott verankert war, – die andere, die ihn zu den Dingen der Erde hinzog, die sich in regsamem, praktischem Sinne äußerte, in leidenschaftlicher, treuer Anhänglichkeit an das, was er liebte. Daß da Heimat und Familie in allererster Linie kamen, das wußte Dorthee; wie wollte sie also zweifeln, daß es so war –, daß sie immer und überall den schönsten Platz hatte im Herzen ihres Klaus!

In der Stube hörte Dorthee lautes Reden. Vater Leuenbrugger war gekommen, sie hörte seine tiefe Stimme zwischen jenen der beiden jungen Männer. Eben unterschied sie seine lauten, erregten Worte:

«Und ich sag' dir, ich seh' das nicht gern. Ich selber bin in den kleinen Ämtern der Gemeinde gesessen, da habe ich gesehen, wie's zu- und hergeht. Es ist eine große Unordnung und Rechtlosigkeit allüberall, und wenn einer dagegen aufsteht, macht er sich verhaßt. Sie dulden keinen neben sich, der die Dinge beim rechten Namen nennt. Ich bin ein alter Mann, aber sie haben meine Meinung und Erfahrung gar oft nicht gelten lassen –, wie sollten sie da Respekt haben vor dir, der du noch so jung bist? Beim Donner, da ließ' ich mich nicht ein, Klaus!»

Klaus wartete eine Weile, bis er sagte:

«Vater, es kann schon sein, wie du da sagst. Doch ich meine, ich müsse es wagen. Kann nicht auch einmal ein Junger die

Alten überzeugen, und kann nicht der Geist Gottes mit meinen Worten sein, daß sie einschlagen in dieses Chaos?»

Dorthee war nun auch in die Stube getreten. Heilige Begeisterung klang aus ihren Worten, als sie sagte:

«Wenn du es so meinst, Klaus, mit dem Geiste Gottes, dann sag' ich ja! Alle, die auf den Ratsstühlen sitzen, schwören wohl im Namen Gottes, für das Wohl des Landes zu sorgen, doch meinen sie dabei mehr ihre eigene Ehre und ihre Geldkatze. Drum muß einer kommen, der das Wort Gottes nicht nur im Munde führt, sondern es hineinträgt in jedes Geschäft! Du mußt gehen, Klaus, es wird eben deine Sendung sein!»

Sie schauten alle nach der jungen Frau, die im bescheidenen grauen Rocke am Tische stand.

Vater Leuenbrugger sagte ernst:

«Dorthee, wenn du so redest, kann ich wohl nichts dagegen haben. Nur das sag' ich euch noch: Ich bin auch mit guten Vorsätzen und bestem Willen in den Rat gegangen und habe doch nicht das erreicht, was ich wollte. Es ist manchmal, als sei der Segen Gottes von uns gewichen, seit man Kriege führt, die eine Schmach sind. Aber ja, probiert's halt, ihr Jungen, ob ihr die Hand Gottes noch einmal zurückhaltet von unserm zerrissenen Vaterlande.»

Klaus reichte dem Vater die Hand:

«Ich dank' dir, Vater, ich hätt' es ungern getan, wenn du dagegen gewesen wärest. Aber den Weg, den mir Gott weist, muß ich gehen.»

Da schwiegen sie alle.

Sie fühlten wieder, daß alle ihre Ratschläge und Worte an Klaus nichts nützten, – es war stets ein anderer, der zu ihm sprach und dessen Weisungen er folgte. Sonderbar aber war es schon, wenn Gott einen bestellte, Ratsherr zu werden. Nur

Dorthee ahnte, daß alles, was ihr Klaus begann, geheimnisvoll sich einfügte in ein Schicksal, daß alles nötig war zu dem Werke, das Gott aus der Seele und den Fähigkeiten dieses Mannes schuf. Das Wort kam ihr in den Sinn:

«Denen, die Gott lieben, gereicht alles zum besten!»

Warum sollte nicht auch dieser Entschluß in Gottes Willen liegen?

Sie sprachen an diesem Abend nicht mehr weiter von der Ratsherrenwahl. Vater Leuenbrugger, der sich dagegen hatte wehren wollen, daß sein Sohn dieses Amt annehme, sah ein, daß er gegen Klaus und Dorthee nicht aufkommen konnte. Die beiden hatten alles so sehr auf Gott eingestellt und seinen heiligen Willen, daß es schwer war, sie anders zu überzeugen. Nun denn, wenn sich Klaus diese Last aufladen wollte, – er konnte nichts dafür!

Für Dorthee aber war es doch zuviel gewesen, was ihr dieser Tag an körperlichen und seelischen Strapazen gebracht hatte. Sie saß am Tische bei den Männern und fühlte auf einmal eine große Müdigkeit und Schwäche. Es flimmerte ihr vor den Augen, und tiefe Blässe überzog ihr Gesicht.

Klaus, der es bemerkte, konnte sie noch aufhalten, als sie bewußtlos vornüber sank. Mit starken Armen nahm er sie auf und trug sie hinüber in die Schlafkammer. Als er zurückkam, waren die beiden Männer aufgestanden und fragten besorgt nach Dorthee.

Klaus sagte ernst:

«Sie hat Fieber, geb' Gott, daß es nichts Böses ist.»

Vater Leuenbrugger konnte nicht umhin zu sagen:

«Ich mein' halt, du hättest vernünftiger sein sollen. Ein hoffend Weib führt man nicht bei Nacht und Nebel in eine Wildnis.»

Klaus traf dieser Vorwurf um so schwerer, als er selber das nämliche gedacht hatte.

«Vater», sagte er, und seine Stimme war voll Weh, «Vater, sie ist halt so eine Gúte und ihre Nähe tut mir wohl. Sie hat mitkommen wollen in den Ranft, und ich konnte nicht nein sagen.»

«Du wirst noch lernen müssen, nein zu sagen – zu deinen und ihren Wünschen, mein Sohn, denn das Leben gestattet nicht alles, was einen schön und gut dünkt. Wir sind nicht so stark, daß wir dem Geiste folgen können, der Leib hindert uns so oft daran!»

Klaus sah am Vater vorbei.

«Ja, ich hab' das schon oft gespürt. Es ist auch ein rechtes Elend, daß man dem Körper so viel Zeit widmen muß. Er braucht viel mehr als die Seele. Ist das recht, dem sterblichen Hause mehr zu geben als der unsterblichen Seele, die es bewohnt?»

Erni Rohrer meinte:

«Das war halt immer so, mein Lieber –, und was der Herrgott eingerichtet hat, können wir nicht ändern.»

Klaus aber sagte darauf:

«Es ist nicht sicher, daß der Herrgott es gerade so will, wie wir es nun machen. Es bliebe doch zu prüfen, ob unser Leib wirklich so viel braucht, als wir ihm geben. Wer weiß, vielleicht schuf uns Gott anders, als wir es aus Bequemlichkeit geworden sind!»

Erni nahm den nassen Kittel von der Wand. Es war ihm nie recht gemütlich, wenn Klaus so sonderbar sprach. Er liebte die Menschen, die froh und einfach waren. Er lebte recht und ging zur Kirche. Ihn dünkte, er tue seine Pflicht. Doch wenn dann Klaus so sprach, kamen ihm Zweifel, ob sein Rechtsein auch genüge. Vielleicht war es doch schwerer, selig zu werden, als die Leute so allgemein annahmen. Aber von Klaus kam er nicht los. Er liebte ihn als Freund, und dazu kam noch die Verehrung für den Mann, der in Krieg und Frieden gerecht war gegen Freund und Feind.

So gingen der Leuenbrugger und Erni Rohrer nach kurzem Abschied nach Hause.

«Schau gut zu ihr», rief der Vater zurück, als er schon über die Laube hinab in den frischen Schnee stapfte.

Aber Klaus hörte ihn nicht mehr. Er stand schon am Bette seiner Frau. Ein Frost schüttelte sie jetzt, der Kopf glühte auf dem Kissen. Die Ohnmacht war gewichen, aber die Schwäche dauerte an.

Dorthee schlug die Augen auf, als sie des Mannes Nähe spürte.

Sie lächelte ihn an und ganz leise sagte sie:

«Klaus –, es wird schon besser –, keine Angst haben, gell?»

Da mußte er sich abwenden, denn die Angst um sie lag wirklich wie ein Alp auf seinem Herzen.

Später legte er sich neben sie auf das breite Bett. Er hatte überlegt, ob er den Bader holen sollte zu Kerns. Aber er getraute sich doch nicht, die Frau allein zu lassen. Einen Trunk aus Stechpalme und Lindenblust hatte er gekocht und nun schlief Dorthee.

Der Wind heulte ums Haus und drang durch die Fugen in die Kammer. Das eintönige Rauschen der Melchaa, des Windes Heulen und die eigene Müdigkeit schläferten auch Klaus ein. Durch seinen Traum ging noch einmal alles, was der Tag gebracht hatte, – vom Gang in den Ranft bis zum Abend. So fest war er nun entschlossen, dem Ruf in den Landrat zu folgen, daß er im Traume schon sich selber sah, wie er zu Sarnen über den Platz ins Rathaus schritt.

Dorthee erwachte tief in der Nacht. Sie war nun wirklich klar im Kopfe, die Hitze hatte abgenommen. Klaus hatte das Öllichtlein brennen lassen, und so sah sie ihn im schwachen Scheine, wie er friedlich lag und schlief. Seine Rechte lag auf der Brust – sie hob und senkte sich mit seinen ruhigen Atemzügen. Da überkam Dorthee das heiße Verlangen, diese Hand zu küssen, die ihr Leben führte, die schaffte und werkte für ihr Wohl, – die Hand, die sich im Gebete zu Gott erhob und die nun bald ein Kindlein kosen würde. In diese Hand sollte auch ein Teil von des Landes Sorge gelegt werden, mit ihr würde er den Schwur tun, der ihn vor Gott und dem Gewissen für das Land verpflichtete.

Ganz leise beugte sie sich über Klaus, und ihr Mund ruhte für eines Herzschlages Dauer auf seiner Hand. Und als sie wieder still in ihren Kissen lag, kam es ihr zum Bewußtsein, daß nicht nur die Liebe sie an Klaus band, sondern daß es viel mehr noch die Achtung vor ihm war, und eine heilige Ehrfurcht vor seinem reinen Wesen.

Sie mußte die Hände falten und dem Himmel danken, der ihr diesen Mann geschenkt hatte, der ihr diese Seele an ihre Seite gegeben, die schöner und edler war als alle, die sie kannte.

Als später auch Klaus erwachte, war er glücklich, sein Weib gebessert zu sehen. Er stand aber sogleich auf und wärmte in der Küche den Tee. Dorthee trank ihn gehorsam und schlief auch wieder ein, nachdem seine Hand leise und gut ihre Stirne gestreichelt hatte. Noch im Schlafe spürte sie die Liebkosung. Sie fühlte ihren Traum mit einem tiefen Glücksempfinden –, es war so gut, dieses Mannes Frau zu sein, seine Nähe war Gewähr, daß alles gut ging.

Der Morgen kam mit Sonne über das verschneite Land. Sie zauberte tanzende Lichter auf die Schneehalden und ließ den Wald ringsum wie ein Märchen erscheinen.

Klaus sah die Schönheit des Wintermorgens, als er von der Stallarbeit dem Hause zuschritt. Er spürte wieder tief in seinem Innern die Liebe zu diesem Fleck Erde, der im Sommer herb und schön war und seine ganze Arbeit und Kraft erforderte, – den im Winter Ruhe und Frieden umschloß, da ihn gar nichts mehr mit der lauten, raschen Welt zu verbinden schien. Der Schnee lag da immer in so hohen Wächten um die paar Häuser und Gaden, daß er sie fast zudeckte. Es war dann kein Weg zu sehen – verwischt waren Grenzen und Marksteine –, es schien, als seien auch aller Zwist und Hader ausgelöscht ringsum! Wo einer mit groben, schmutzigen Schuhen ging, fiel gleich darauf Schnee, daß alle Spuren von menschlichem Dasein überdeckt wurden.

Ganz still wurde Klaus – fast andächtig. Er fühlte den Wunsch in sich, jetzt ganz allein zu sein, tief unten im verschneiten Ranft, wo nun der Herrgott im heiligen Schweigen der Natur zu seiner Seele reden würde. Oder er hätte niederknien mögen in den Schnee, der auf seinen Matten vor dem Hause lag. Das Tedeum schauerte durch seine Seele, nicht in Worten, aber in jenem seltsamen Empfinden, das Menschen ankommt, wenn sie die Größe Gottes erahnen und ihrer eigenen Kleinheit innewerden.

Doch der Zauber zerrann.

Ein Büblein stapfte durch den Schneewall. Fast konnten seine kurzen Beine nicht weiterkommen, manchmal versank es und mußte sich dann mit den Händen aus dem weißen Gefängnis herausschaffen.

Klaus sah den Buben. Mit zwei Schritten war er bei ihm und hob ihn leicht aus dem Schnee. Der schlang seine nassen Ärmchen um Klausens Hals und jauchzte.

«Da oben ist's aber fein, ich kann über Euern Kopf weg bis nach Vaters Alp hinübersehen. Sagt, freut ihr Euch, daß Ihr alle Tage so weit hinausschauen dürft?»

Klaus lachte:

«Ja, weißt, das ist halt so –, wenn man groß ist, dünkt es einen gar nichts Besonderes mehr. Da meint man gar, man sollte immer noch höher sehen können!»

«Bis in den Himmel, wo die Englein sind?»

«Ja, bis dorthin, Andresli!»

Des Bübleins Augen wurden groß. Es schmiegte seine kalte Wange an des Mannes Gesicht und schaute wundergläubig in den klaren Winterhimmel hinauf. Auch Klaus folgte dem Kindesblick.

Da fragte Andresli:

«Ist das wahr, daß Ihr manchmal bis in den Himmel schauen könnt?»

«Wer sagt denn das, Andresli?»

Das Büblein schaute den Mann groß an:

«Halt alle Leute sagen es, aber viele glauben es nicht. Sie meinen, Ihr habet einmal ein schönes Geschichtlein vom Himmel geträumt und nun glaubet Ihr, ihn wahrhaftig gesehen zu haben. Geltet, die großen Leute sind halt manchmal noch recht dumm, sonst müßten sie das doch glauben. Wißt, ich glaub' es sicher und heilig und meine Großmutter auch!»

Klaus stellte das Büblein auf den Boden. Er mußte tüchtig aufatmen –, er glaubte, die reine starke Bergluft mache den Nebel verschwinden, der sich ihm über Augen und Sinn legen wollte. Nein, daß die Leute von seinem Wunderblicke in die ewigen Geheimnisse sprachen, daß sie um die schwersten Stunden seines Lebens wußten, da himmlische Gnade wie ein Feuerbrand in seine arme Seele fiel, – das war Klaus so unsagbar leid, daß er sprachlos stand und weit in die Ferne sah, als entschwinde dorthin die Weihe, die bis heute sein tiefstes Erleben wie ein zarter Schleier umhüllt hatte.

Der Andresli zog Klaus am Kittel:

«Was habt Ihr nun? Seht Ihr jetzt auch den Liebgott und die Engeli?»

Klaus sah das Büblein mit wehem Lächeln an:

«Nein, Kind – –.»

Er wollte noch sagen, daß er überhaupt noch nie den Liebgott und keinen einzigen Engel gesehen habe. Doch im Anblicke dieser reinen, vertrauenden Kinderaugen, in denen noch der Glanz der Unschuld und die Unberührtheit der Taufgnade lagen, konnte er es nicht tun.

Und als der Andresli weiterfragte: «Sieht man das halt nur im Ranft unten?» da lächelte Klaus wieder und sagte einfach:

«Ja. Büebli!»

Scheu wandte sich das Kind und schaute hinüber, wo der Weg steil abfiel in die geheimnisvolle Tiefe der Melchaaschlucht.

Jetzt war es Klaus, der das Büblein aus dem Sinnen weckte:

«Du, warum bist denn du eigentlich zu mir gekommen –, mußt etwas ausrichten?»

«Ja – ja, nun hätt' ich's aber bald vergessen, und der Vater hat doch gesagt, ich müsse sofort wieder umkehren. Herrjeh, jetzt schimpft er aber sicher. Sagt, haben wir lang geschwätzt?»

«Aber nein, mußt dem Vater nachher nur schön folgen und lieb sein, dann schimpft er nicht. Was mußt nun berichten, sag?»

Der Andresli machte ein ganz wichtiges Gesicht und leierte:

«Der Vater hat gesagt, Ihr müßt nicht nach Sarnen hinuntergehen. Der Heintzli sei eben noch einmal heraufgekommen heute morgen, und nun möchtet Ihr so gut sein und – und –.»

Der Kleine stockte, hustete verlegen und fuhr dann mit feuerrotem Kopf zu reden fort:

«Und möchtet hinüberkommen in unsere Stube.»

Klaus zog die Stirne kraus:

«Warum zu euch hinüber, der Landammann weiß denk' auch, wo ich daheim bin.»

Da lachte der Andresli:

«Ja, wißt, der Landammann hat sich einen Fuß vertreten. Man sieht halt nicht, wo die Straße durchgeht, und da ist er in den Graben gefallen – denkt, ein Landammann!»

«Ja –, das ist schon nicht zum Lachen, Andresli!»

Der lachte aber wieder und sagte:

«Der Landammann mußte hinken, und dann hat er stark geflucht, daß im Flüeli die Straßen so schlecht sind, – geltet, fluchen darf man doch nicht?»

«Nein, Andresli.»

«Auch der Landammann nicht?»

«Der erst recht nicht! Aber nun wollen wir gehen, Büebli, wenn das so ist.»

Klaus ging noch rasch ins Haus und verständigte seine Frau. Die stand am Herd und der Schein der Glut spielte mit ihrem Haar. Sie war noch etwas blaß. Als sie hörte, daß Klaus mit Heintzli zusammenkommen sollte, sagte sie einfach:

«Es wird da nicht mehr viel brauchen. Du weißt ja, was du tun mußt!»

«Ja, Dorthee, es ist gut, das zu wissen.»

So ging er.

Draußen gesellte sich das Büblein zu ihm. Er nahm es bei der Hand und hob es später auf die Schultern, daß es «Riteroß» machen konnte. Hellauf ging da des Bübleins Jauchzer in den Wintertag hinaus, daß es gar widerhallte. Da wurde Andresli nachdenklich und meinte:

«Wenn ich sonst jauchze, klingt es nie so stark; sagt, ist das nur so, weil ich bei Euch bin?»

Wieder ging das Erschrecken über Klaus. Mein Gott, wenn schon die Kinder meinten, es sei etwas Besonderes, was mußten dann die Großen für Märchen erzählt haben! Er wehrte sich innerlich gegen das Gefühl, als sei er jetzt ein anderer geworden, einer, der im Glauben des Volkes gestiegen oder gesunken war. Es konnte das eine oder das andere sein –, beides war für ihn schwer.

Sie waren vor des Remigi Von Zuben Haus gekommen. Der Andresli lief Klaus voran über das Stiegenbrücklein und polterte mit den schneeschweren Holzschuhen in die Stube hinein.

«Vater, da ist er – und denk, der Klaus Leuenbrugger meint, ein Landammann dürfe am allerwenigsten fluchen – und – –.»

Eine Ohrfeige klatschte auf des redseligen Buben kalte Wange. Der Schmerz trieb ihm die Tränen in die Augen, aber er gab keinen Ton von sich. Er fühlte in seiner armen jungen Seele zum ersten Male die Ungerechtigkeit der erwachsenen Leute. Was hatte er doch getan, daß ihn der Vater schlug? Es war die grundlautere Wahrheit, die Worte des großen Klaus, die er gebraucht hatte. Und wurde dennoch geschlagen! Oh, das wollte er sich gewiß merken –, man durfte halt einfach nicht alles sagen, auch wenn man es noch so gut wußte und wenn es ganz wahrhaftig war. Jetzt schlich er sich mit dieser bittern Lehre hinaus in den Gaden, wo die Kühe in dumpfer Ruhe lagen. Zu ihnen gesellte er sich, kauerte sich zur alten braunen «Liese» hin und drückte seinen Schopf auf ihr warmes, glattes Fell. Wie eine Liebkosung fühlte er die trauliche Wärme, und dann brach der Jammer aus ihm heraus, den er vor den Menschen verborgen hatte. Der Liese klagte er ihn wortlos, die ersten bewußten Tränen rannen aus seinen Augen, es schütterte der kleine Körper –; doch soviel auch an Tränen kamen, sie wuschen nicht alles aus dem kleinen wehen Herzen. Es blieb darin ein wenig vom Gifte zurück, das die ungerechte Strafe hineingeschlagen hatte.

Derweil hatten sich die Männer begrüßt. Der Landammann erhob sich mühsam, fiel aber gleich wieder auf die Ofenbank zurück. Des Andresli Ausspruch hatte ihn wild gemacht. Nein, wenn dieser Klaus meinte, ihm Predigten zu halten, dann konnte das ja gut werden.

Remigi Von Zuben, ein Verwandter Heintzlis, ging bescheiden aus der Stube, nachdem er Klaus herzlich «Gott willkommen» geheißen hatte.

Klaus setzte sich nicht. Groß stand er vor dem Landammann und sagte:

«Ich weiß, warum Ihr mich gerufen habt, und überlegt habe ich mir die Sache auch.»

«Und?»

Die Spannung lag in der Frage. Nein, es war nicht einmal sicher, ob dieser Bauer annehmen würde!

Klaus sagte einfach:

«Ja, ich gedenke in den Rat zu kommen, so das Volk mich will.»

Heintzli stand mühsam auf.

«Dann ist's uns recht. Das Volk wird Euch schon wählen. Wir können eine junge Kraft wohl gebrauchen.»

Er reichte Klaus die Hand. Der legte die seine zögernd hinein und sprach:

«Herr Landammann, ich kann nicht sagen, daß es mich freut – –.»

«Und sagt doch ja?»

«Ja, weil ich es als meine Pflicht erkannt habe, alles zu tun, was dem Vaterlande nützlich sein kann. Ich stelle mir aber diese Pflicht nicht leicht vor, besonders in dieser verworrenen Zeit.»

Heintzli versuchte zu lächeln:

«Oh, so schwer kann man sich die Sache eben auch nicht machen. Man tut sein Mögliches – und das andere – – –.»

«Dieses Mögliche zu tun, wird schon schwer sein, der Herrgott hat dann sicher noch allerhand zu besorgen.»

Heintzli ging nicht auf den ernsten Ton ein. Es widerstrebte ihm, aus des Jüngern Munde die Rede zu hören, die fast wie Zurechtweisung klang. Und doch fiel ihm nichts ein, was er hätte sagen können, diesen seltsamen Mann zu demütigen. Irgendwie fühlte er, daß der ihm überlegen war.

Dieses Gefühl wurde er auch nicht los, als sie später, zusammen mit Von Zuben, am Tische saßen.

Klaus sprach wenig, doch was er sagte, war klar und bestimmt. Konnte es sein, daß dieser Bauer vom Sachsler Berg, der weder zu lesen noch zu schreiben wußte, so war, wie ihn die Mär schilderte im Lande herum: ein gerechter Mann, groß vor Gott und seinem Volke? Nun, es würde sich weisen!

Bis zur ersten Ratssitzung – die Landsgemeinde hatte Klaus

Leuenbrugger in Ehren zum Ratsherrn erwählt – verging der Winter. Er brachte noch viel Schnee und große Kälte über das Land. Droben im Flüeli aber gedieh aus Glück und Liebe jene heimelige Wärme, die die große Leuenbruggerstube anfüllte mit traulicher Behaglichkeit. Klaus freute sich der Stille, die ihn einschloß, des vorläufigen Friedens im Lande herum und der zeitweiligen Ruhe. Dorthee hätte es in dieser Zeit gewiß kaum ertragen, wenn er hätte ausziehen müssen. Sie litt unter der Schwere ihres Zustandes und war so dankbar, wenn Klaus ihr nahe war. – Nicht, daß er sie verwöhnt hätte, aber er erwies ihr stets jene Rücksichtsnahme, die beinahe ehrfürchtige Fürsorge des Mannes, der sein Teil mittragen möchte an der Last, die dem geliebten Weibe auferlegt ist.

So wurde auch dieses bange Warten und Hoffen für die beiden jungen Leute eine Quelle, an der ihre Liebe erstarkte, wo sie stets reiner, selbstloser wurde.

Einmal war auch der Kernser Pfarrherr heraufgekommen ins Flüeli. Mit Klaus verband ihn eine schöne Freundschaft. Sie sahen sich wenig, doch das gegenseitige Verstehen litt nicht unter der Entfernung; es war eine Freundschaft, die in Gott ruhte, – und Gott war beiden so nah, daß sie in ihm sich fanden.

Jetzt war Pfarrer Im Grund gekommen, Klaus zu danken. Es hatte ihn gefreut, zu vernehmen, daß er künftig im Rat sitzen werde.

«Du weißt nicht, was du alles tun kannst für die Heimat, Klaus, – ich glaube, dir sind große Dinge anvertraut. Des Landes Wohlfahrt liegt im Ratssaale, mein Freund, bedenke das!»

Klaus sagte ernst:

«Ich bete zu Gott, daß er mir helfe. Ich sehe ein Ziel – die kleine liebe Heimat im Frieden! Das möchte ich bauen helfen, das Werk des Friedens, Heini!»

Sie sahen das Leuchten in seinen Augen, der Pfarrer und Dorthee. Und dachten wohl dasselbe –, ob es ihm gelingen würde, den Vorsatz auszuführen.

Dem Pfarrer aber war es, als er später heimwärts ging, er komme aus einem Heiligtume, – so weihevoll dünkte ihn des Freundes stille Stube, so zart das Glück, das heimlich darin blühte. Ja, er begriff nun, daß Klaus geheiratet hatte, – er hatte es so gut verstanden, die ewigen Werte in die Weltlichkeit eines eigenen Hausstandes zu tragen. Und nun ging er gar noch daran, seine Fähigkeiten dem Lande zu schenken, seinen Geist den Geschäften des Rates zu leihen. Wahrhaftig, der Klaus machte seinen Weg –, der schaute nicht rechts und nicht links –, so wie die Zeit es forderte, ging er.

«Wir sollten viele solcher Männer haben», seufzte Heini Im Grund, «wir könnten sie brauchen!» Er wußte noch nicht, daß Leute wie Klaus von Flüe nur zu allen großen Zeiten erstehen und Beispiel sein müssen für ein ganzes Volk, für viele, viele Generationen.

An dem Tage, da Klaus Leuenbrugger zum ersten Male zu Sarnen im Rate saß, – gerade in der Stunde, in der er den Eid schwor auf die Verfassung des Landes, kam daheim im Flüeli sein Kind zur Welt. Ein Knabe war es. Es dünkte die junge Mutter, das hätte gar nicht anders sein können. Ihre Augen ruhten in stillem, großem Glück auf dem Kinde, das, klein und rosig, ihr im Arme lag, und ihre Seele empfand die Nähe eines Wunders. Ein Stück Himmel war da in die arme Kammer gekommen, von Gottes Geist ein Funke, ein Zeichen seiner Liebe. In scheuer Ehrfurcht küßte Dorthee die Stirne des Bübleins und tat einen heiligen Schwur, die kleine Seele zu hüten und zu bewahren, sie dem Herrn zu erziehen, der sie so rein und schön erschaffen hatte.

Eine heiße Sehnsucht nach Klaus kam sie an. Oh, es gab doch keinen Menschen auf der Welt, den dieses kleine Wesen, dieses große Glück mehr anging als ihn. Wie lange so eine Ratssitzung nur dauern mochte? Ob es Abend würde, bis er kam?

Sie lauschte angestrengt. Doch nichts drang durch die wohlverschlossene Türe, kein Laut, kein Schritt. Die Marie-Seppe trank nun in der Küche die warme Milch und schaute zur Weinsuppe. Dorthee mußte daran denken, wie alles so ähnlich war, wie damals bei der Schwester im Mösli –, nur daß es diesmal sie war, die litt und die das Glück im Arme hielt.

Die Marie-Seppe mochte das gleiche gedacht haben, als sie nun in die Kammer schlurfte, denn sie sagte:

«He ja, – wer hätt' auch gedacht, daß ich so rasch schon ins Flüeli hinaufkommen müßte? – 's dünkt mich doch, es sei gestern gewesen, daß du der Margret ausgeholfen hast im Kindbett. He ja, 's geht eben alles seinen Weg und unsereins wird alt dabei. Aber schau, was das für ein strammes Büblein ist; 's wird dir gewiß schwer im Arm, Dorthee?»

Die lächelte müde:

«O nein, Marie-Seppe», und dachte, sie möchte lange so liegen, mit dem Kind im Arm und zufrieden mit Gott und der Welt – –.

Es gab aber da schon Pflichten, kaum, daß sie den schönen, schweren Sieg errungen hatte. Sie mußte die Weinsuppe ausessen, die ihr die Marie-Seppe löffelweise eingab, mußte nachher gehorsam die Augen schließen und einschlafen. Doch, ob auch die Marie-Seppe alle Läden an den Fenstern aufzog und dicht verschloß, – der Schlaf wollte nicht kommen. Immer lauschte Dorthee hinaus, hörte manchmal nebenan das leise Wimmern des Kindes oder seine ruhigen kleinen Atemzüge und wartete und sehnte sich, bis endlich doch die Schwäche sie überfiel und ihre Seele auf den Schwingen des Traumes Klaus entgegenging.

Klaus vernahm die frohe Kunde, als er ins Dörflein schritt. Die Marie-Seppe war auf einen Sprung ins Nachbarhaus hinübergelaufen, weil dort die Elsbeth Ming ihr siebtes Kind erwartete. Sie rief Klaus von weitem zu:

«Lauft doch schnell –, der Bub ist da! Aber seid schön still, die Dorthee schläft!»

Klaus aber lief nicht. Er mußte stehenbleiben, so wuchtig traf ihn die Nachricht. So war es da, was er die lange Zeit her erwartet und erbangt hatte. Das Wunder war geschehen! Und wieder, wie immer, wenn etwas Großes seine Seele bewegte, faltete er die Hände und dankte Gott.

Die Marie-Seppe schaute sich noch einmal um. Daß der nicht heimlief auf diese Kunde hin! Ein Besonderer war er eineweg schon, dieser junge Leuenbrugger!

Als Klaus später ins Haus trat, empfing ihn des Kindes Weinen. Am Ofen in der Stube stand die Wiege, und darin lag er nun, sein Sohn und Erbe, sein Fleisch und Blut, vielleicht auch ein Stück seines Geistes, der sich fortpflanzen würde von Geschlecht zu Geschlecht.

Ein Sohn!

Klaus kam sich an der Wiege seines Kindes auf einmal so klein vor. Es fiel ihm ein, daß er so manchmal in früheren Jahren mit Freude ausgezogen war in den Krieg. Ja, er hatte wie seine Kameraden es als Ehre empfunden, ein wackerer Kriegsmann zu sein. Und wenn er auch keinen aus Lust am Morden erschlagen, so hatte er doch oft auch einen getroffen, dem er den Tod hätte ersparen können. Überwältigt von der Macht seiner Empfindungen bereute Klaus aus tiefstem Herzen alles, was seine Seele beschwert hatte. Die Sehnsucht kam ihn an, wieder so rein und unschuldig zu sein wie dieses Kind, Hände zu haben, so schuldlos wie diese kleinen da, und zwei Augen, darin noch der Glanz der Ewigkeit liegt.

Aus der Kammer nebenan kam eine schwache Stimme:

«Wann kommst du, Klaus?»

Noch waren seine Augen feucht, als er sich über sein Weib beugte:

«Du!»

Ganz still lag Dorthee. Ihr Blick verlor sich in den Augen des Mannes. Sie las darin, was ihn bewegte. Es war nicht allein Freude –, nein, es stand daneben wieder das Rätsel, die große Frage –, die Ewigkeit hatte wiederum an das Herz dieses Mannes gerührt.

Da Dorthee das erkannte, traten auch in ihre Augen die Tränen. Irgendwie erahnte sie das Schwere, das mit der Elternschaft verbunden ist, die Last, die die Verantwortung um eine neue Menschenseele einem auf die Schultern legt.

Klaus aber küßte mit unendlicher Zartheit und Vorsicht die feuchte Stirne seines Weibes und sagte dann einfach:

«Ich danke dir, Dorthee!»

Es kamen die sonderbaren Tage, an denen sich alles um das Glück der jungen Eltern und das Gedeihen des kleinen Bübleins drehte. Mutter Hemma sprach den ersten Segen über ihr Sohnskind und hob es aus der Taufe. Johannes nannten sie den Kleinen. «Das klingt so stark und schön, ich meine, es liege eine gute Vorbedeutung darin», hatte Klaus gesagt und Dorthee war so zufrieden.

Als Dorthee aufstand und eben die ersten Arbeiten im schneefreien Land begannen, rief die Kriegstrommel wieder. Dorthee erschrak. Sie hatte mit dem Herrgott gerechtet: Laß ihn mir, bis das Kind da ist! Und nun – nein, wieder war sie nicht bereit, das größte Opfer zu bringen, wieder bat sie vor dem Bilde des Erlösers:

«Schau, mein Gott, ich kann nicht ohne ihn sein, gib ihn mir doch wieder zurück, wenn's nur ist, bis der Bub größer ist, – gelt, Herrgott, nur jetzt nicht!»

Klaus trat in die Stube und hörte die Bitte.

Als Dorthee ihn gewahrte, zog sie ihn vor das Kreuzbild.

«Klaus, hilf mir beten; bitt auch du den Herrgott, daß du wiederkommen darfst. Schau, ich ertrüg' es nicht!»

Der Mann betete mit.

Dann aber sah er Dorthee ernst an und sagte:

«Du müßtest es doch ertragen, Frau! Und verdienstlich wäre die Trennung nur, wenn du dich aufraffen könntest zu sagen: Herr, nimm ihn von mir – –.»

Dorthee schrie auf:

«Klaus, sprich das Wort nicht aus, nein – ich kann, ich kann es nicht!»

«Noch nicht, mußt du sagen, Dorthee, denn das müssen wir wohl alle einmal sagen lernen. Denn sieh, die Bitte geht so: Mein Herr und mein Gott, nimm alles von mir, was mich hindert zu dir!»

Dorthee fragte erregt:

«Du solltest mich hindern auf dem Wege zu Gott – du?»

Klaus sah nebenaus und sprach:

«Du kannst das nicht so wörtlich nehmen, Dorthee, im Grunde ist es halt die Anhänglichkeit an alle irdischen Dinge, die ein Hindernis ist zu Gott.»

«Aber Gott hat uns zusammengeführt, die Ehe ist ein heilig Ding.»

«Sicher, Dorthee, aber vielleicht müssen wir doch mit der Zeit uns loslösen können von dem, was uns am liebsten ist; es bleibt die Liebe dann doch bestehen, denn die ist von Gott und in Gott verankert.»

Dorthee sann angestrengt und fragte dann beklommen:

«Wie meinst du das vom Sichloslösen, Klaus?»

Der Mann antwortete nicht sogleich. Es war, er suche die Antwort in weiter Ferne. Auch als er dann sprach, schien es, es sei nicht das, was er eigentlich sagen wollte.

«Dorthee, es ist schwer zu sagen, ich weiß auch nur, daß es einen Weg geben muß, der uns aus all dem weltlichen Treiben aufwärts führt. Du und ich, wir müssen ihn finden – ja, ich glaube, wir finden ihn.»

Die Frau spürte, daß Klaus etwas verschwieg. Ob er ahnte, daß er nicht wiederkam? Das gab es doch, daß einer es fühlte, wenn er in den Tod ging!

Sie klammerte sich an ihn und schluchzte:

«Klaus, nein, sprich nicht von Trennung, sag, daß du mich liebhast, daß du wiederkommen wirst! Wir lieben Gott aus ganzem Herzen, leben recht und tun niemandem ein Leides! Sind wir da nicht auf dem guten Wege zum Himmel?»

Klaus Leuenbrugger strich der Weinenden übers Haar.

«Aber gewiß, Kind! Das ist der gewöhnliche Weg –, es gibt aber noch einen kürzeren, einen ganz sichern. Und der heißt: Opfer! Doch laß mich ein andermal davon erzählen, Dorthee, – mir ist, es mache dir heute sonst schwer!»

Doch sie beharrte:

«Warum sollten denn gerade wir den außergewöhnlichen Weg gehen? Es ist doch kein Gebot, es zu tun!»

Klaus schwieg. Und Dorthee fühlte seinen stummen Vorwurf und hatte bei sich die Gewißheit, daß sie mit Klaus bereits auf diesem ungewöhnlichen Wege ging.

Ungewönlich?

Sie taten wie alle andern. Sie liebten einander, freuten sich des Lebens und ihres Kindes, schafften und sorgten für des Leibes Wohlergehen, beteten und gingen sonntags nach Sachseln zum heiligen Amt. So lebten alle Leute im Flüeli; es gab kaum einen, der sich in grober Art an Gottes Geboten verging.

Bei ihnen, das wußte Dorthee, mußte noch etwas anderes sein! Es war, als sei Gott selbst bei ihnen, – als ob alles Geschehen, jede geringste Tat um seinetwillen sich vollziehe. Sie gehörten sich nicht unmittelbar an, sondern ihre Liebe handelte immer im Hinblick auf Gott. Das war es, was Dorthee oft fast bitter empfand bis in die geheimsten, glücklichsten Stunden hinein: Er gehörte ihr nicht ganz! Aber durfte sie klagen, da es Gott war, mit dem sie teilte?

Der Weg war beschritten – es mußte nun so weitergehen!

Es hatte keinen rechten Kampf mehr gegeben. Was noch an Haß umging, bekämpfte sich in unbedeutenden Fehden zwischen Schwyzern und Zürchern. Die Unterwaldner, die im frühen Lenz hatten einrücken müssen, konnten anderntags wieder heimkehren – es war ein Gerücht gewesen, weiter nichts. Zornig waren die Männer heimgekommen; man ließ doch nicht mit sich spaßen! Erleichtert aber hatten die Weiber aufgeatmet. Vielleicht gab es nun doch endlich für längere Zeit Ruhe.

Die Eidgenossen waren kriegsmüde. Sie sahen doch ein, daß sie sich selber in den Untergang trieben, wenn es so weiterging. Einsichtige Männer warben für den Frieden, und es schien, als ob die Vernunft die widernatürliche Sucht nach Krieg und Abenteuern besiegt hätte.

Aber die Sorge blieb dennoch.

Teuerung und Hungersnot schlichen wie bleiche Schemen durchs Land. Die Felder, die das Kriegsvolk zerstampft und verwüstet hatte, trugen kein Korn. Die Scheunen, die der sengende Haufe der Plünderer verbrannt hatte, bargen keine Vorräte mehr, und sorglich gehütete Spargelder waren von fremden Horden entdeckt und mitgenommen worden. Dazu wurde der Sommer 1445 so heiß und trocken, daß viel Saatgut gar nicht aufging und das wenige, das wuchs, dünn und elend blieb. Voll Sorge standen die Bauern vor den Äckern, dringlicher beteten die Frauen:

«Gib uns heute unser tägliches Brot!»

Aber der Herrgott hörte sie nicht. Da die Eidgenossen seine Gebote nicht geachtet, schlug sie nun der Zorn des Herrn, daß sie sich besannen und erkannten, wie ehern die Gesetze sind, nach denen Gott die Menschen richtet.

Droben im Flüeli wuchs auch wenig. Klaus hatte einen Kornacker, der in guten Jahren für einige Monde Brot trug für eine kleine Haushaltung. Dies Jahr aber hatte er nach der Ernte nur ein paar armselige Garben mit dünnen Ähren. Betrübt stand Dorthee dabei, den Kleinen auf dem Arm. Sie rechnete aus, daß der Hunger bald kommen mußte. Es war schlimm, denn diesmal traf er auch das unschuldige Leben des Kindes.

Sie legte den Kleinen in die Wiege, die vor dem Haus in der Sonne stand. Dann band sie sich das große Fürtuch um und ging hinüber zum abgeernteten Acker. Sorglich nahm sie jede abgefallene Ähre auf, hob das kleinste Körnlein vom Boden und legte es in die Schürze. Die Sonne brannte auf ihren Rücken –, sie schien es nicht zu achten. Ein Gedanke beseelte sie: Du mußt das Kleinste und Geringste sammeln, alles gibt Brot, Brot für das Kind!

Mühselig war die Arbeit, gar dürftig und arm der Gewinn. Doch immer noch bückte sich Dorthee. Sie merkte nicht, daß Stunde um Stunde verrann, sah auch nicht, daß Klaus schon eine ganze Weile beim großen Birnbaum stand.

Als er sie anrief, erschrak sie fast.

«Klaus – bist du da?»

Er ging zu ihr hin.

«Was machst du da?»

Da öffnete sie das Fürtuch und hielt ihm die kleine Ernte hin:

«Schau, das habe ich gefunden –, Brot gibt das für den kleinen Johannes!»

Ehrfurcht lag in dem Blicke, mit dem Dorthee auf das Bündelchen Ähren niedersah. Von ihrer Stirne rann der Schweiß in kleinen Tropfen nieder.

Die Arbeit hatte Dorthee ermüdet. Kaum trugen sie die Füße noch. Klaus bemerkte es und sagte:

«Komm nach Hause, es wird wohl nichts mehr zu finden sein.»

Während sie neben ihm ging, sagte sie:

«Doch, Klaus, ich muß morgen noch einmal suchen gehen, das letzte Korn muß herein, der Hunger tut so weh!»

Er sah sie an.

«Armes Ding, – meinst du, daß wir dem Hunger zuvorkommen können mit ein paar Ähren?»

Sie wischte mit der einen Hand über die heiße Stirne, mit der andern hielt sie mühsam das Bündel, als sie sagte:

«Aber ja, Klaus, wir müssen uns dagegen wehren; wenn wir jetzt nicht vorsorgen, können wir später nicht leben, der Winter ist lang.»

Sie waren beim Gaden angekommen. Klaus wies auf die Garben hin:

«Das ist unsere Ernte –, ist das, was uns Gott gab für ein Jahr. Wenn es nicht reicht, – meinst du, die paar Ähren machen es besser?»

Dorthee wurde traurig.

«Schau, nun habe ich so lange gesucht, und du tust, als nütze alles nichts. Ein wenig ist doch immer besser als gar nichts!»

Er sprach ernst:

«Dorthee, du weißt, daß ich das nicht sagen wollte. Aber du spürst doch sicher selber, daß wir mit einer Schürze voll Korn die Not nicht aufhalten. Ich meine halt, nie müßten wir mehr auf Gott vertrauen als in diesen Zeiten. Uns wehren müssen wir, hast du gesagt. Wir können uns eines Unrechtes erwehren, können Diebe und Räuber verjagen –, aber gegen die Hand des Herrn dürfen wir nicht aufstehen. Schau, es ist Brauch in Obwalden, daß die abgefallenen Ähren den Armen gehören, die keinen Acker haben. Nun bist du hingegangen und hast sie geholt, weil du meintest, der Herrgott habe uns die Ernte zu klein bemessen. Was tun nun die, die weniger haben als wir?»

Dorthee sagte nichts. Der Trotz wollte in ihr hochsteigen. Man kam dem Klaus gar nie an! Einmal könnte das Recht doch auch auf ihrer Seite liegen.

Klaus fühlte den Widerstand. Da begann er wieder:

«Nicht einen Augenblick zweifle ich daran, daß Gott uns mit diesem wenigen erhalten kann. Ja, er brauchte nicht einmal dieses wenige, um uns zu sättigen, denn er ist allmächtig!»

«Du bist vermessen, Klaus!»

Eine Weile schwieg er.

Dann sagte er:

«Wenn man seine Pflicht getan hat, den Samen ausgestreut, geackert, gedüngt und betreut hat, dann darf man schon voll und ganz auf Gottes Gnade bauen. Sündhaft wäre es nur, die Hände in den Schoß zu legen und vom Herrgott zu verlangen, daß er helfe! Vermessen bin ich nicht, Dorthee!»

Sie sah ihr Unrecht ein.

Ganz leise ging sie aus der Tenne und schritt dem leeren Acker zu. Dort faltete sie ihr Fürtuch auseinander und ließ die gesammelten Ähren und Körner zur Erde gleiten. Eine Träne fiel darauf –, sie war noch nicht überzeugt, daß nicht dieses Korn des Kindes Hunger hätte stillen sollen. Aber tief im Herzen war sie dann doch froh – es war etwas so Eigenes um die Beweise ihres Mannes –, es war einfach gut, ihm zu folgen.

Am nächsten Tage humpelte die alte Grete nach Klaus Leuenbruggers Acker. Als sie des Häufleins Ähren ansichtig ward, rief sie aus:

«Mein Gott, was ist denn das? Entweder tut der Herr Wunder – oder gar der Klaus ist hingegangen und hat einer armen Haut die Arbeit abgenommen. So oder so, das kann halt eben nur auf diesem Acker geschehen!»

Und je größer das Bündel ward, um so mehr verdichtete sich in Gretes altem Kopfe die Gewißheit, es geschähen Zeichen und Wunder. Abends lief denn auch die Mär im Flüeli um, auf des Leuenbruggers Acker liege das Korn haufenweise für die Armen bereit. Was könne das anders sein als ein offensichtliches Wunder, zumal jetzt, wo der Hunger vor den Türen lauerte?

Mit seltsamen Augen staunten die Leute zum neuen Hause hinüber. Doch sahen sie nichts Besonderes. Aus der Tenne klang der Takt der Dreschflegel und dünn stieg das Räuchlein aus dem Dache –, Dorthee kochte wohl das Habermus. Es war sonderbar, wie dort drüben alles zum besten gedieh. Ganz wie andere Leute war der Klaus halt einfach nicht, das wußten sie alle. Nur das, was ihn von ihnen unterschied, fanden sie nicht. Er wurde ihnen zum Rätsel, das sie lange nicht lösen konnten.

Es kamen im nächsten Winter wirklich Tage, an denen auch Klaus sich fragte: Was werden wir essen? Nicht für sich bangte er, aber für Dorthee. Die nährte das Büblein noch und hatte doch kaum mehr das nötige Brot. Blaß und schmal war sie in der letzten Zeit geworden. Sie klagte nie über ihren Hunger, und doch schien es Klaus manchmal, es liege ein beredter Vorwurf in ihren Augen. Dann schob er oft seinen Anteil am Essen verstohlen zu ihr hinüber. Er freute sich, wenn sie die Speise aß, die er sich versagt hatte.

Aber es reichte dennoch nicht.

Die Kühe gaben wenig Milch, weil der trockene Sommer nicht viel Gras und Heu ergeben hatte. Die Rüben kochte man jetzt für die Menschen; früher waren sie fürs Vieh gewesen!

Gar traurig waren die dunklen kalten Tage. Wenn nicht die Liebe warm gemacht hätte, Dorthee hätte es nicht gut ertragen. Inniger schloß nun die Not die beiden zusammen. Ihre Weihnachten feierten sie still und glücklich, das Lachen des Bübleins war ihnen Musik und der Friede der Herzen das köstlichste Gut, ein Abglanz des himmlischen Lichtes von Bethlehem. Als Klaus am Heiligen Abend mit lauter Stimme die Botschaft von Christi Ankunft sprach, fühlten sie sich in ihrer eigenen Dürftigkeit enger verbunden mit der armen Gottesmutter. Sie waren noch reicher als sie. – Sie hatten eine warme Stube, ein Haus, das sie beschützte. Dorthee empfand das wie eine Gnade, sie dankte im Herzen Gott, der es doch so gut mit ihnen meinte.

Tief in der Nacht aber, als sie einmal aufwachte, merkte sie, daß Klaus nicht da war. Sie sann. Nein, im Stall war nichts los, Schnee lag auch nicht viel, daß er hätte räumen müssen. Wo war er nur?

Ihre Hände tasteten im Dunkel über das Linnen seines Bettes. Es war kalt. Also mußte er schon lange aufgestanden sein. Jähe Angst preßte ihr das Herz. Oh, sie ahnte, es mußte wieder etwas Schweres kommen, ein Leid, dem sie nicht entgehen und nicht begegnen konnte, das aber ebendarum so groß war, weil es um ihren liebsten Menschen ging. Sie riet noch hin und her, forschte nach einem Grunde für sein plötzliches Fortgehen – und wußte doch mit ganz deutlicher Gewißheit, wo Klaus war. Sie hätte auch das noch besser verstanden, wenn er es ihr anvertraut hätte, wenn er Abschied genommen hätte von ihr.

Aber so! Da lag sie nun in dunkler, kalter Kammer in der heiligen Weihnacht, und ihr Mann war von ihr gegangen, weit weg in ein unwirtlich Tal, und ihr schien, größer als die leibliche Entfernung sei die geistige; – er war wieder in jener Welt, die sie nur dunkel erahnte, in der er aber daheim war. Ob sie je so weit kam, ihn ganz und gar zu verstehen?

Es wollte Dorthee der Wunsch ankommen, einen Mann zu haben, wie andere Weiber ihn hatten, einen einfachen, gewöhnlichen Menschen, der schlicht und recht seine Pflicht tat, einen, den sie ganz und gar kannte und verstand. Aber sie erschrak. Nein – so war es doch nicht! Wenn sie ehrlich sein wollte, mußte sie sich sagen, daß sie Klaus eben um seines sonderbaren, tiefen, seltsamen Wesens liebte, und daß sich mit dieser Liebe die höchste Achtung verband, die sie je für einen Menschen empfunden hatte. Nur schwer war es, recht schwer, dieses geliebten Mannes Frau zu sein!

Dorthee stand leise auf, sie wollte den kleinen Johannes nicht wecken. Es litt sie nicht mehr in der Wärme des Bettes, da sie daran dachte, wie nun Klaus in tiefer Dunkelheit, in Nacht und Einsamkeit im Gebete kniete. Die Sehnsucht kam sie an, jetzt bei ihm zu sein, zusammen mit ihm zu beten. Doch auch wenn sie gekonnt hätte, sie wäre nicht zu ihm gegangen. Damals beim gemeinsamen Gange in den Ranft hatte sie erkannt, daß sie in diesen Stunden nicht zu ihm gehörte.

Aber nun kniete auch sie sich hin, vor das Kreuzbild in der Stubenecke und begann zu beten. Sie wußte plötzlich, daß ihre eigene Einsamkeit nichts war im Vergleich zu dem, was Klaus nun durchmachen mußte. Es gab nur noch eines für sie: Still und stetig mit ihm zu beten, daß es ihm leichter wurde, den Weg zu gehen, den Gott ihm wies. Es war eine Mission geworden, die eigenen Interessen aus dem Spiele zu lassen, – sich selbst und alle ihre Gedanken einzuordnen auf das Ziel, dem Klaus entgegenging.

Die stille Weihnacht ging dahin.

Einmal schrie das Büblein.

Dorthee erhob sich vom harten Fußboden und deckte den Kleinen besser zu. Er griff nach ihrer Hand und schlief wieder ein. Eine Weile stand sie so. Die nahe Wärme des Kindes tat ihr wohl. Doch sie löste sich vom Kinde und ging in die Stube zurück.

Der Morgen dämmerte, als Dorthee Klaus kommen hörte. Er trat in die Stube und sah sie knien.

«Du solltest schlafen, Weib», sagte er.

Dorthee sah ihn ernst an.

«Wie könnte ich schlafen, wenn du betest, Klaus?»

Da gab er ihr die Hand und sprach einfach:

«So hast eben auch du erkannt, daß wir beten müssen!»

Mehr sprachen sie nicht.

Klaus zog die schneenassen Schuhe aus und wechselte in der Kammer die Kleider. Den kleinen Johannes hob er lachend auf, als er eben erwachte, und gab ihn Dorthee:

«Schau, nun glaub' ich gar, das erste Zähnlein ist diese Nacht gekommen.»

Ja, es war so. Sie lachten sich alle drei an, aber Dorthee spürte doch, daß diese Nacht sie ernster und älter gemacht hatte. So würde es wohl immer sein –, ernster und älter mußte sie werden, bis sie ganz tief eingedrungen war in das Leben des Opfers.

Der Hunger kam bis zum Frühjahr wie eine böse Woge des Unglücks über das arme Land. Das war eine Not, die man nicht mit Wehr und Waffen aus dem Lande jagen konnte; es war ein Feind, der in der eigenen Stube saß mit hohlen Wangen und dürren Gliedern. Er ließ sich nicht verdrängen, wenngleich die Kinder schrien und die Frauen mit gerungenen Händen vor dem leeren Spinde standen. Da liefen dann die Männer aus den Stuben, fluchten über die harte Zeit, etwa auch auf die Regierung, die es nicht verstand, ein so kleines Volk vor Hunger zu bewahren. Daran, daß sie selbst zu Kriegszeiten über sprossendes Korn und wogende Halme gestampft waren, daß sie im frevlen Übermute den Brand in volle Scheunen geworfen hatten, dachten sie nicht.

Klaus Leuenbrugger hatte in dieser schlimmen Zeit einmal im Rate die Stimme erhoben. Es gebe Leute, sagte er, die beizeiten vorgesorgt hätten, die nun von den Vorräten zehrten, während viele Kinder dahinstarben vor Hunger. «Wir müssen ein Gesetz erlassen», rief er, «das jeden verpflichtet, dem Bruder zu helfen, soviel er kann. Wir dürfen nicht dulden, daß einer darbt und sein Nachbar vor vollen Schüsseln sitzt.»

Die Ratsherren nickten, sie sahen einander an, und Landammann Heintzli meinte schließlich:

«Wenn Klaus von Flüe einen Malter Korn nach Sarnen bringen will, – wir sind gewiß die letzten, die ihn zurückweisen. Aber – wie ich sehe, ist er auch leer angekommen!»

Ein stilles Lachen ging im Saale um.

Klaus aber stand auf. Es schien, seine Gestalt wachse zur Decke empor, als er sprach:

«Das kann ich vor Gott beschwören, Leute, daß in meinem Hause und Gaden kein Lot Mehl mehr ist. Wir essen seit Wochen nur noch Rüben und die Kräuter des Feldes, die jetzt hervorkommen. Hätte ich mehr, – bei Gott, er sollte mich strafen, wenn ich es nicht verteilte an die andern!»

«Er redet wahr», sagte einer, als Klaus geendet hatte. «Und etwas sollte man schon tun, vielleicht, daß es im Lande draußen besser ist als bei uns in den Bergen.»

Sie kamen überein, es sollte eine Abordnung des Rates von Obwalden nach Luzern reisen, um wo möglich etwas Korn zu bekommen für die Ärmsten.

Klaus meldete sich als erster:

«Laßt mich gehen, es ist ein weiter Weg nach Luzern, man kann da allerhand sehen und erfahren –, will's Gott, finden wir Brot auf dem Wege!»

Sie verstanden ihn nicht. Der Landammann schüttelte den Kopf: «Natürlich wird's am Wege liegen und auf einen warten, der es aufhebt!»

Klaus ging noch am selben Abend die Straße von Sarnen auswärts gen Luzern. Er hielt sich an die schönen großen Höfe, schaute in Scheunen und Ställe und erbat sich da und dort einen Imbiß. Da sah er gleich, wie an vielen Orten noch Brot war zur Genüge. Er erhob seine Stimme für die hungernden Bergler, und wenn einer gar verstockt war, nahm er das Wort Gottes in den Mund von der Nächstenliebe und dem kommenden Strafgerichte, daß viele geheime Truhen sich auftaten und das Almosen floß für die ganz Armen.

Die Bauern wunderten sich. Wer war er nur, der so sonderbar sprach? Hatte man das schon gehört, daß einer für andere betteln ging? Und dazu ein so starker, gerader Mann? Als sie gar hörten, er sei Ratsherr von Sarnen, da ging das Staunen vor ihm her. Wie? Klaus Leuenbrugger, der Krieger und Hauptmann, den sie zum Ratsherrn erkoren hatten, der lief um Brot für die Hungrigen? Wahrhaftig, es mußte schon so sein, wie man sich zuraunte: Klaus von Flüe war ein Besonderer, einer, der ganz nach dem Gesetze Gottes lebte. Ob er dabei bleiben würde, wenn er sah, daß ein solches Leben wenig einträglich war?

Als nach zwei Tagen Klaus Leuenbrugger nach Sarnen zurückkam, lächelte der Landammann nachsichtig:

«Ja, Leuenbrugger, – ich kann mir denken, daß nicht viel herausgeschaut hat, – die Luzerner – –.»

Aber Klaus Leuenbrugger unterbrach ihn:

«Bei den Luzernern war ich gar nicht –; aber Ihr könnt jetzt einen Fuhrmann bestellen, der das geschenkte Korn, die Rüben und etliche Laib Brot bei den Bauern einsammelt. Es ist alles auf Unterwaldner Boden – sozusagen an der Straße.»

Der Heintzli wollte sich verwundern, aber Klaus sagte «B'hüet' Gott!» und ging aus der Stube.

Dorthee wußte schon um die sonderbare Reise ihres Mannes, als er heimkam. Sie ging ihm entgegen und sagte ernst:

«Wie gut du bist, Klaus, wo hätte das ein anderer getan!»

Da lachte Klaus sein frohes Lachen und sagte:

«Das fehlt noch, Dorthee, daß du mich zu rühmen anfängst! Was ist da schon Großes dabei, wenn ich einmal ein wenig im Land herumgehe?»

Seine gute Laune hielt viele Tage an. Es war, als sei die Freude, die er mit der Fuhre Lebensmittel ins Ländli hereingebracht hatte, auf ihn selber gekommen, wie wohl er doch kein Körnlein davon für seinen eigenen Hunger gebrauchte.

Das wußte Klaus freilich nicht, daß die Leute diesen neuen Beweis seiner Güte mit in die Sage verflochten, die um seine Person ging. Nur kam es ihm vor, die Menschen machten eine zu große Sache aus der Erfüllung einer einfachen Christenpflicht. In Zukunft würde er das Werk still und im geheimen tun.

Ein gutes Erntejahr folgte der Hungerzeit. Es schüttete mit vollen Händen die Gaben der Felder und Wiesen aus, daß viel Not und Elend sich wandten. Doch lagen auch viele Opfer des Hungers unterm Rasen, und manch junges Leben erholte sich nie mehr recht von dieser bösen Zeit. Alle aber freuten sich der Zeit, die gut und friedlich über das kleine Land zu kommen schien.

Im Leuenbruggerhause war mittlerweile neues Leben eingekehrt. Aus Not und Sorge, Hunger und Entbehrung war ein Reislein gewachsen, dem die Liebe einen warmen Platz schuf, das die Freude zweier Herzen mit stillem Jubel aufnahm. Ein Mägdlein lag im Weidenkorb, den eben kurz vorher der kleine Johannes verlassen hatte. Elisabeth nannten sie das Kind.

Dorthee blühte auf. Wenn auch die Arbeit in Haus und Feld ihre ganze Kraft erforderte, sie fühlte sich stark, dieses wachsenden Hausstandes sorgende Mutter zu sein. Die wenige Zeit, die ihr und Klaus blieb, mit den Kindern zu spielen, war so schön, daß Dorthee einen ganzen Tag mit seiner Mühe froh ertrug. Es kam ihr auch vor, als sei Klaus nie so heiter und glücklich gewesen als jetzt, wo die Früchte seiner Liebe um ihn aufwuchsen.

Doch eben, als Dorthee zu hoffen anfing, die Sorge um die Familie möchte Klaus aus dem Bereich des Übersinnlichen mehr an die Erde binden, ging der Mann wiederum fort. Nur ein paar Stunden lang war er weg –, doch sie genügten, Dorthee aufs neue zu zeigen, daß sie stets bereit sein mußte, auf ihn zu verzichten. Und wenn er auch nachher lieb zu ihr war, sie spürte doch wie eine Kluft die Zeit zwischen ihnen, in der sie allein gewesen. Da betete sie mehr und inniger zu Gott, er möge doch alles zum Guten lenken.

Frau Hemma wurde in diesem Sommer krank. Sie wußte nicht, was ihr fehlte. Schmerzen hatte sie keine; doch rief sie eines Tages ihre Söhne zu sich und sagte ihnen, daß sie bald sterben werde. Peter, der jüngere, meinte, dazu müsse man doch wohl krank sein. Klaus aber glaubte daran. Er kam spätabends noch einmal ins Vaterhaus hinüber und blieb lange allein bei seiner Mutter.

Sie sprachen wenig. Frau Hemma sagte einmal in die Stille hinein:

«Eines möchte ich doch noch wissen, bevor ich sterbe: Klaus, ist es wahr, was sie von dir sagen?»

«Was sagen sie, Mutter?»

Sie suchte lange nach Worten. Dann fragte sie gequält:

«Klaus, muß ich als deine Mutter so ferne von dir stehen, daß du mir nicht einmal vor dem Tode etwas anvertraust?»

Er wußte, was sie meinte. Seine Augen blickten tief in die ihren. Es schien ihm, es sei darin schon etwas von den Weiten der Ewigkeit.

Da sagte er schlicht:

«Mutter, ich weiß gar nichts anderes, als daß ich Gott aus ganzem Herzen liebe und daß er gut zu mir ist. In dieser Liebe habe ich erkannt, daß es nur einen Weg gibt, sicher zu Gott zu kommen, – den des Opfers und des Gebetes.»

«Klaus!»

Die alte Frau beugte sich über des Sohnes große rauhe Hand und weinte.

«Ein Opfer, Klaus? Was meinst du damit?» fragte sie später.

Da lief ein Zittern durch den hageren Körper des Mannes und er sah über die Mutter hinweg, als er sagte:

«Frage nicht weiter, Mutter, es ist ja alles noch so ferne –, vielleicht auch will der Herrgott das Opfer nicht.»

Und nach einer Weile fügte er bei:

«O daß er es nicht wollte!»

Mutter Hemma wußte genug. Der Sohn litt. Noch einmal wollte sie ihm helfen. Es war der letzte Liebesdienst, den sie ihm anbot:

«Wenn ich drüben sein werde – Klaus –, soll ich den Herrgott bitten, daß er dir das Opfer – –.»

Aber Klaus wehrte ab:

«Man soll tun, was Gott einem auferlegt, es ist nicht gut, etwas zu wünschen, nachdem man sich mit Leib und Seele dem Herrgott geschenkt hat!»

Das also war es!

Klaus gab der Mutter still die Hand. Er fühlte, daß sie nicht mehr lange leben würde.

«B'hüet Gott, Mutter», sagte er einfach und wußte doch, daß es ein Abschied auf immer war.

Als er gegangen, saß Frau Hemma aufrecht im Bette und sann über ihren Sohn nach. Sie wußte nun, daß er etwas Großes, Gewaltiges anstrebte, etwas, was wohl jedes Menschen Ziel war, das aber selten einer hier auf Erden erreichte: die Vollkommenheit! Er tat es nicht nur seiner eigenen Seligkeit zuliebe –; nein, er war so tief durchdrungen von der Liebe Gottes, daß er auch ohne Aussicht auf den himmlischen Lohn den Weg gegangen wäre. Ein Strahl der ewigen Liebe mußte sein Herz getroffen haben, daß es entbrannt war in heiligem Feuer. Er nährte es mit dem Gebete, darob es immer heller und schöner zündete, so, daß wohl bald auch sein ganzes äußeres Leben davon durchdrungen und durchglüht wurde.

«Mein großer, – lieber – Bub!» flüsterte Frau Hemma vor sich hin. Ihre ganze Liebe lag in den Worten, auch das Gefühl der Ehrfurcht vor dem Geheimnisvollen, das um dieses ihr Kind war. Und dann fühlte sie auch, daß es schwer sein mußte, erwählt zu sein.

«Armer, armer Klaus!»

Sie wollte ihren Himmel damit zubringen, für ihn zu beten, – nicht um Abwendung des Schweren, aber um Kraft, auszuhalten in diesem gigantischen Kampfe um die Heiligkeit.

Als tief in der Nacht Vater Leuenbrugger von der Alp heimkam, fand er sein Weib tot. Sie lag still und friedlich, die Hände gefaltet, ein Lächeln auf den Zügen. Es ergriff den harten Mann bis ins Innerste. Doch kein Laut kam über seine Lippen. Er durfte den Frieden nicht stören. Jetzt, wo sie so still und feierlich dalag, kam es ihm vor, es sei ein Traum gewesen, daß er schier vierzig Jahre lang mit ihr gelebt, geschafft und gesorgt hatte. War nicht etwas an ihr, das er durch alle die lange Zeit hindurch unbeachtet gelassen hatte? Gab es noch etwas im Wesen dieser Frau, das ihm fremd geblieben war, ihm, der ein Leben mit ihr geteilt hatte?

Ein jähes Heimweh kam den Mann an. Nun hatte er sie für immer verloren. Es war keine Zeit und keine Gelegenheit mehr, ihr etwas Liebes zu sagen, ihr zu danken für all das, was sie so still und tapfer für ihn getan hatte.

Das Kalte, Fremde an der toten Frau erschütterte ihn. Er wollte ihre Hände anfassen, die waren ihm doch so vertraut gewesen. Aber kaum, daß er sie berührte, spürte er die eisige Kälte. Nein, es waren nicht mehr dieselben Hände, die einst weich und lind in den seinen gelegen hatten. Es war einfach nichts mehr von ihr geblieben –, ein toter Körper war ein trostloses, schreckliches Nichts. Es war doch gut, wenn man ihn begraben konnte.

Jetzt fielen Tränen aus den Augen Leuenbruggers. Er wandte sich von der Leiche ab und gedachte der lieben, schönen Seele, die diese tote Hülle bewohnt hatte. Die Seele war es also gewesen, die er an ihr geliebt hatte, ihr gutes, reines Wesen, das ihm sein Leben reich und warm gemacht. Die Sehnsucht kam ihn an, jetzt auch so zu liegen wie sie, bei ihr zu sein im ewigen Frieden, wo nur noch das, was unsterblich war, Wert und Bestand hatte. Es war ihm, das Leben sei für ihn nun öd und leer. Sein Weib war doch irgendwie sein besserer Teil gewesen.

Die Kunde vom Tode Mutter Hemmas lief durchs kleine Dorf. Da kamen sie alle, die sie im Leben geliebt und ein wenig auch gefürchtet hatten, besprengten ihre Leiche mit Weihwasser und beteten für ihre Seelenruhe. Sie wunderten sich auch, daß Klaus, der Sohn, so ruhig bei dem Bette stand. Er betete still, doch lag in seinen Augen keine Trauer, eher schien es ihnen, er freue sich. Dorthee allein, die neben ihm stand, wußte, wie sehr ihn der Verlust schmerzte, wie er aber ihren Tod als die Pforte ansah, durch die sie in die ewige Freude eingegangen war.

Eine neue Sorge ward den beiden jungen Leuten anvertraut, als nach der Mutter Begräbnis der alte Vater hilflos und allein blieb. Peter hatte sich vor dem Tode der Mutter eine Frau ins Haus genommen. Die war zu jung, um nun den Schmerz des Alten zu begreifen. Ihr Lachen tat ihm weh. Es zog ihn wie mit Gewalt in die Nähe seines Sohnes Klaus und der lieben, umsichtigen Dorthee. Er sagte freudig zu, als sie ihn einluden, zu ihnen ins Haus zu kommen. Doch wenn er auch noch rüstig war und versuchte, den jungen Leuten zu helfen, – der Tod seines Weibes hatte ihn zum sonderbaren, schwer zu verstehenden Manne gemacht. Es brauchte alle Liebe des Sohnes, die Geduld und Fügsamkeit Dorthees, daß der schöne Friede, der die Zierde ihres Hauswesens war, erhalten blieb. Jahre gingen ob dieser Sorge dahin, bis endlich der Vater ganz verwachsen war mit der jungen Familie.

Diese Jahre waren für Dorthee eine Prüfung. Es war nicht leicht, Tag für Tag mit einem wunderlichen Menschen zu leben, daneben all die Arbeit und Pflichten zu erfüllen, die immer größer wurden. Kinder kamen, füllten Tage und viele Nächte mit Sorge und Unruhe an. Des Landes Not und Zwietracht machte auch das Leben der Bauern schwer, da sie wieder oft von Arbeit und Familie weg zu den Waffen gerufen wurden. Klaus brachte das Amt im Rate doch mehr Arbeit und Sorge, als sie gedacht hatten. In diesen schweren Zeiten gab es so vieles, was besprochen, abgewendet oder eingerichtet werden sollte. Klaus konnte vor einer Ratssitzung oft nächtelang kein Auge schließen, so sehr lastete die Verantwortung auf ihm. Es war so weit gekommen, daß der ganze Rat samt seinem Obmann auf die Rede Klaus Leuenbruggers wie auf etwas Sicheres, Bestimmtes hörte. Seine Beweise waren immer so klar, daß es oft schien, nicht er habe sie ersonnen, sondern eines höheren Geistes Kraft spreche aus ihm.

«Er ist der gescheiteste Kopf in Unterwalden», sagte Heintzli, der ihm anfangs mit Mißtrauen begegnet war. Seine Frau aber wagte zu meinen:

«Ob es nicht sein Beten ist, das ihm all die guten Gedanken eingibt? – Das Gebet vermag halt gar viel!»

Da murrte der Landammann irgend etwas in seinen dichten Bart –, die Frau wußte nicht recht, ob das nun Zustimmung oder Verweis sein sollte.

Die Ansicht verdichtete sich im Volke, daß einer unter ihnen sei, der gerecht war. Auch die Spötter, die Klausens Beten und Fasten verlacht hatten, wurden allgemach stiller. Es war doch etwas Großes um einen Mann, der der öffentlichen Meinung zum Trotz seine Stimmer erhob im Ratssaale, unerbittlich tadelnd, was ihn Sünde dünkte gegen Gottes Gebot. Dabei aber war und blieb er der nüchterne, scharf beobachtende Mann, der sich wehrte für den Unterhalt seiner Familie, der schaffte und werkte wie kaum ein zweiter. Er konnte im Kreise der Bauern froh und heiter sein; doch vergaß er nie die Grenzen, die sein strenger Sinn und seine lautere Seele zwischen Frohsinn und Ausgelassenheit gezogen hatten. Immer mehr erkannten die Leute seinen rechten Wandel und priesen den Einfall, ihn in den obersten Rat des Landes gewählt zu haben. Was anfangs vielleicht noch Mißgunst und Neid gewesen war, das wandte sich in Achtung und Verehrung. Nein, wenn einer sein Amt so ernst auffaßte und ausübte, dann war es auch sicher, daß bei ihm eines jeden Sache gerecht gerichtet wurde.

Dorthee sah ihre Kinder heranwachsen. Johannes war nun schon des Vaters Hilfe in Stall und Feld. Elisabeth betreute die jüngeren Geschwister. Jedes Jahr fast brachte der tapferen Frau ein Kleines, das sie freudig und liebevoll aufnahm. Die Wiege war nun seit des ersten Kindes Geburt nie mehr leer geworden –, die Stube widerhallte oft genug vom lauten Lachen der sieben Geschwister, die sie anfüllten. Wenn Klaus und Dorthee mit den Kindern zu Tische saßen, konnte es vorkommen, daß sie sich verstohlen ansahen. Jedes wußte dann, daß sie der Zeit gedachten, wo diese Stube öde und leer gewesen, wo sie gewartet hatten auf diese Jugend. Und abends, wenn endlich alle die Kinder auf ihren Laubsäcken schliefen und Klaus und sein Weib zur Ruhe gingen, dann legten sie still die Hände ineinander. Das war der Augenblick, wo sie sich ungestört des Tages Begebenheiten anvertrauen konnten, wo sie so recht innewurden, was es um die schöne Zweisamkeit einer guten Ehe ist.

Dorthee erschrak nicht mehr, wenn das Bett neben ihr leer war. Längst hatte sie gelernt, sich zu bescheiden. Sie hatte nun eingesehen, daß Gott, der Herr, es ihr tausendfach ersetzte, wenn er Klaus zu sich hinzog. Und nie noch hatte er ob seinem Beten und Fasten eine Pflicht versäumt –, er tat alles mit einer Gründlichkeit sondergleichen.

Freilich, mit den Jahren dünkte es Dorthee, Klaus sei noch ernster und stiller geworden. Aber das war sie wohl selber auch. Das Leben legte einem so viele Dinge auf die Schultern, daß man sich schon ein wenig beugen mußte, denn abladen konnte man diese Lasten ja nicht. Doch Klaus trug nicht so sehr an den irdischen Sorgen, viel mehr bewegten sein Herz die ewigen Geheimnisse. Immer öfter trieb es ihn, allein zu sein mit seinem Herrn und Gotte. Nachts stand er auf und kniete sich zu Füßen des Bettes hin. Dorthee hörte manchmal sein Beten wie ein fernes Rauschen an ihr Ohr dringen. Dann überkam sie tiefe Ehrfurcht vor dem großen, betenden Manne; sie faltete im Dunkel die Hände und ihre Fürbitte half ihm durch die sonderbaren Stunden hindurch.

Einmal bemerkte Klaus ihr Beten. Da sagte er bewegt:

«Ich danke dir, Dorthee, daß du mir hilfst! Ja, ich weiß nun, daß du alles mit mir teilst – Gebet und Opfer!»

Von da an wachte Dorthee jede Nacht auf –, sie wollte wirklich immer bei ihm sein mit der Hilfe ihres Gebetes –, sie wußte nun, daß er es notwendig hatte.

Oft wenn Klaus zu einer Ratssitzung nach Sarnen ging, nahm sein Weib die größeren Kinder, führte sie hin in die Christusecke der Stube und betete mit ihnen.

«Der Vater hat's gar schwer –; denkt nur, wie das ist, wenn man eine Sache richten muß, von der man nicht genau weiß, wie sie eigentlich hergegangen ist. Das kann ein Mensch nie und nimmer aus sich selbst, es muß ihm der Herrgott beistehen.»

Schier andächtig schauten dann die Kinder den großen Vater an, wenn er heimkam. Ja, so ernst und schweigsam war er –, es mußte schon so sein, daß ihm der armen Gerichteten Not und Elend ans eigene Herz ging, und daß die Gnade Gottes mit ihm war, wenn er ein Amt ausübte.

Wieder einmal rüstete sich Klaus zum Gange nach Sarnen. Länger als sonst hielt er Dorthees Hand in der seinen. Sie wußte, wie schwer ihn die Pflicht heute ankam.

«Der Herr sei mit dir und deinem Geiste», sprach Dorthee, «tue, wie du mußt, wir haben ja alles in die Hände dessen gelegt, der die Herzen wie Wasserbäche lenkt. Grüß mir die arme Margret, wenn du sie etwa siehst.»

Klaus ging.

Auf dem ganzen Weg dachte er an die Geschichte, derentwillen der Rat heute zusammenkam.

Sein Schwager, Toni Imboden, hatte seinem Nachbar Inglin ein Stück Wiesland abgekauft. Als er kurz darauf das Heugras schnitt, entdeckte er, daß der Markstein zu seinen Ungunsten versetzt war. Er klagte den Nachbarn ein –, der allein konnte doch nur Interesse gehabt haben an der Sache. Doch dieser verwahrte sich entschieden gegen eine solche Anschuldigung und klagte wiederum den Imboden an, er selbst habe den Stein gerückt, um ihn in diesen Verdacht und um Ehre und guten Namen zu bringen. Das Gericht hatte in einer früheren Sitzung den Fall beraten und das Urteil auf den heutigen Tag verlegt, da einige Zeugen noch einvernommen werden mußten. Niemand konnte Inglin die Tat nachweisen; hingegen sagte er aus, er habe Imboden selber gesehen, wie er nachts mit einer Hacke auf die Wiese gegangen sei. Imboden wußte nichts zu sagen, als daß er um jene fragliche Nachtstunde daheim gewesen sei. Zeugin war seine Frau Margret.

So stand die Sache, als Klaus in das Rathaus trat. Viel Volk hatte sich gesammelt, den Ausgang des Handels zu erfahren. Sie grüßten Klaus laut und ehrerbietig.

Der Obmann eröffnete die Sitzung mit einem Gebete. Dann schilderte er kurz noch einmal den Vorfall und gab bekannt, daß unter den obwaltenden Umständen, wo das Zeugnis versage, der Eid abgenommen werde.

Ein Murmeln lief durch die Reihen. Die Scheu des Volkes vor dem Schwure wurde laut. Es konnte sein, daß in der nächsten Stunde die schrecklichste Sünde geschah: Daß einer einen Meineid tat im Namen des höchsten Gottes!

Der Weibel brachte Kruzifix und Lichter. Mit feierlicher Umständlichkeit legte er alles bereit, während tiefe Stille herrschte im Saale.

Aller Augen schauten auf den einfachen Bauern, der vor dem Tische stand. Eine herbe Entschlossenheit lag um seinen Mund. Als ihn der Richter fragte:

«Anton Imboden, ist es wahr, daß Ihr in der Nacht vom dritten auf den vierten Tag des Heumonats den Grenzstein in der Wehrwiese gerückt habt?», da reckte er sich hoch auf und donnerte ein gewaltiges Nein über die Köpfe der Richter und Bauern hinweg.

Der Obmann aber fuhr weiter:

«Nach altem Gesetze sollt Ihr nun die Aussage beschwören. Besinnt Euch noch einmal, ob Ihr das mit gutem Gewissen könnt. Wenn Ihr das glaubt, so hebt die Schwörfinger empor und tut den Eid im Namen Gottes.»

Eine Frau schrie auf.

Anton Imboden aber schritt ohne Zögern zum Richtertische, wo neben dem Kruzifix die zwei Kerzen brannten. Die Linke legte er auf das Evangelienbuch und die Rechte hob er hoch zum Schwure:

«Ich schwöre bei Gott, dem Allmächtigen, daß ich das nicht getan habe!»

Frei und hoch stand er dann, seine Brust weitete sich, als habe er eine Fessel gesprengt. Er empfand diesen Schwur wie ein Bad, das ihn abgewaschen hatte von einem schweren Verdachte.

Der Ratsschreiber protokollierte.

Der Richter wandte sich an den Kläger Inglin. Wie der zugleich aller Augen auf sich fühlte, stand er auf und sagte:

«Merkt denn niemand, daß soeben einer falsch geschworen hat? Wo ist Recht und Gerechtigkeit, wenn es einem Meineidigen gelingen sollte, einen Unschuldigen zu verdächtigen? Ich bleibe dabei, er hat's getan!»

Das Volk wurde unsicher. Als der Imboden geschworen hatte, glaubten sie alle an seine Unschuld. Nun aber stand einer auf und hieß ihn einen Meineidigen –, was war nun Wahrheit?

Toni Imboden blieb ruhig.

Der Herrgott, in dessen Namen er die Wahrheit bezeugt hatte, mußte ihm nun helfen.

Der Obmann aber stand auf und sprach ernst:

«Ihr wißt, Inglin, daß auch Euch das Recht des Eides zukommt. Bedenkt aber wohl, was es heißt, einen andern des Meineides zu zeihen!»

Inglin sagte barsch:

«Laßt mich schwören –, was soll mir der lange Vorspruch?»

Er schritt zum Tische.

Da erhob sich der Richter Klaus Leuenbrugger. Fahl war sein Antlitz, seine Stimme donnerte, als er rief:

«Im Namen Gottes und um Eurer unsterblichen Seele willen haltet ein, Inglin! Was wollt Ihr tun? Seht Ihr nicht, daß die Hölle nach Euch langt, sobald das Wort heraus ist? Besinnt Euch, solange es Zeit ist, es ist furchtbar, den Namen des Herrn zu mißbrauchen!»

Noch stand Niklaus Leuenbrugger. Seine Augen bohrten sich in jene Inglins. Er wollte ihn zwingen, von seinem Vorhaben abzustehen.

Doch da wandte sich der und höhnisch rief er:

«Seit wann haben wir Prediger im Rathause zu Sarnen? Ist er ein Narr, daß er so redet?»

Dann geschah das Furchtbare.

Mit erhobenen Fingern sprach Inglin die Worte:

«Ich schwöre bei Gott, daß ich wahr gesprochen ...»

Er vollendete nicht. Schwer schlug sein Körper hintenüber, dumpf fiel das Haupt auf den Boden, und aus dem Munde des Unglücklichen ergoß sich alsbald ein Strom von Blut.

Entsetzen packte die Leute. Tumult erfüllte den Saal.

«Das Gottesgericht!» riefen sie und bekreuzten sich, als sei die beleidigte Majestät des Himmels herabgestiegen, das Verbrechen zu rächen.

Die Männer, die den Körper Inglins aufhoben, hielten eine Leiche in den Händen. Als das Blut, das unaufhaltsam dem Munde des Toten entströmte, wie ein Bächlein durch den Saal floß, liefen die Leute wie gehetzt davon. Das Grauen vor dem schrecklichen Gerichte überkam sie, lief mit ihnen und sie schrien es in die Gassen und Häuser hinein:

«Gott hat gesprochen, ein Zeichen vom Himmel hat kundgetan, wem das Recht gebührt! Klaus Leuenbrugger hat es gewußt, und weil Inglin ihm widerstand, hat ihn der Tod ereilt!»

So lief die seltsame Kunde. Das Volk hatte nun mit eigenen Augen gesehen, daß Gott mit den Worten des Richters von Flüe war.

Vor dem Rathause warteten Toni Imboden und sein Weib auf Klaus. Sie drückten ihm herzlich die Hand. Alle aber waren so tief ergriffen vom furchtbaren Ausgang dieses Handels, daß sie eine ganze Weile stumm nebeneinander hergingen.

Endlich fragte Margret:

«Hast du es aus dir selber gewußt, daß der Inglin falsch schwören würde?»

Klaus stand still, schaute die beiden ernst an und sagte:

«Daß der Toni Imboden einen Meineid tun könnte, war für mich zum voraus unmöglich. Aber seht, ich weiß nicht, woher es kommt, doch all die Tage her war es mir, es müsse etwas Schreckliches passieren. Ich habe den Inglin im Traume gesehen, wie ihm eine schwarze Schlange aus dem Munde kroch. Ich wollte eine himmelschreiende Sünde verhindern, drum bin ich aufgestanden und hab' meine Stimme erhoben, ihn zu warnen. Daß es mir nicht gelungen ist, mußte wohl so sein, damit das Volk wieder einmal inneward, was es heißt, auf das Kreuz Gottes falsch zu schwören!»

Die Margret aber dachte, es könnte auch sein, daß der Herrgott seinen treuen Diener dem Volke näherbringen wollte, indem er seine Weisheit und Gerechtigkeit offenbar machte.

Still gingen sie auseinander. Klaus zog es heim, hinauf in die Ruhe und den Frieden seines Hauses, darin nichts war von der Sünde und dem Verbrechen, das er eben geschaut hatte.

Toni und Margret aber sprachen an diesem Tage von Klaus als einem großen Freunde Gottes, der an Tugend und Frömmigkeit alle überragte.

«Ich weiß nicht –, aber manchmal ist mir, der Klaus sei schon über diese Welt hinausgewachsen. So müssen wohl die Heiligen gelebt haben: die Füße noch auf der Erde, den Sinn aber weit über den Wolken. Was wohl die Dorthee von dem Glücke begreift, einen solchen Mann zu haben?»

Margret schmiegte sich an Toni an und sagte zitternd:

«Du – mir wäre fast angst, einen Mann zu haben wie den Niklaus. Ich kann mir nicht gut ausdenken, wie einer, der fast ein Einsiedler und Heiliger ist, daneben noch Gatte und Vater sein kann. Mir ist, es sei für meine Schwester furchtbar schwer, seine Frau zu sein.»

Toni aber erwiderte:

«So wie ich meinen Freund kenne, ist er beides: ein ganz guter Mann und Vater und zugleich ein Christ, wie man ihn nicht wieder findet. Er dünkt mich das Ideal eines Mannes: Er ist Kriegsmann, Ratsherr, Richter für sein Vaterland – Bauer, Ernährer für seine Familie, und in all diesen Geschäften ein Christ! Er hat es halt verstanden, alle Dinge der Welt und des Lebens auf Gott hinzuordnen; darum gelingt alles, was er beginnt, und darum wird er auch die Liebe zu Weib und Kind bewahren, wenn seine Seele längst mehr Gott gehört als dieser Welt.»

Die Margret sah ihren Mann staunend an. Wie der sprach! Das kam sicher daher, daß Toni vor einiger Zeit in Kerns drüben mit Pfarrer Im Grund über den seltsamen Klaus gesprochen hatte. Der hatte ihm anvertraut, was er von Klaus hielt: Ein Heiliger würde er werden; denn der Weg des Gebetes, der Abtötung und Gerechtigkeit, den Klaus mit seiner seltenen Treue ging, müsse unfehlbar hinaufführen auf den Berg der Vollkommenheit! – Das war in diesen Zeiten, wo sich die Sünde und das Laster breitmachten, wo die Frömmigkeit eine gar rare Tugend war und die Ungerechtigkeit in Rat und Volk überhandnahm, so sonderbar und neu, daß aller Augen auf den Mann sich richteten, der äußerlich lebte wie sie alle, der aber in der Stille groß wurde und hin und wieder vor das Volk trat mit einem klugen Worte, das zeigte, wie weit ihn der Herrgott schon in seine Schule genommen hatte.

Das Flüeli und vor allem das Leuenbruggerhaus wurden viel genannt in jenen Zeiten. Es gab noch immer zwei Ansichten über den Mann: Die eine umgab ihn mit dem Scheine des Wunderbaren, des Übernatürlichen; – die andere schalt ihn einen Sonderling, der glaube, alle Welt sollte sich in Sack und Asche stecken, um ja recht bald selig zu werden. Das waren die, welchen das vorbildliche Leben Klausens ein steter Vorwurf war. Er könne oft auf eine listige, boshafte Art den Leuten ins Gewissen reden, daß sie schon das Gefühl bekämen, er sehe ihnen bis in die innersten Angelegenheiten des Herzens hinein. – Er geißelte die Übelstände im Lande mit rücksichtsloser Schärfe; weil er aber selber so makellos und gerecht lebte, konnte ihm keiner nahekommen. Es schien, der Bergwind stürme in die Stille und Dumpfheit der Ratsstuben, wenn Klaus von Flüe aufstand und mit seiner tiefen Stimme eine Ansicht kundtat, die so ganz neu und streng war, daß alle darob aufhorchten. Unerbittlich blieb er bei seiner Meinung, wenn er sie als richtig erkannt hatte, gütig und weich wurde er, wenn ein wirklich Armer, Elender seine Hilfe anflehte. «Der Mann, der zugleich ein Held und ein Kind ist», nannte ihn einmal Landammann Heintzli einem Freunde gegenüber, zu dem der Ruf des sonderbaren Obwaldner Ratsherrn gedrungen war.

Klaus kam manches zu Ohren, was seine Zeitgenossen von ihm sagten. Dann lachte er ein wenig und meinte, es sei schon traurig, wenn man einen, der nichts anderes tue und wolle, als nach den Geboten Gottes zu leben, zum Sonderling oder Frömmler stemple. – Mehr sagte er nicht. Er sprach offenbar nicht gern über diese Sache. Dorthee aber wußte, daß er darunter litt, wenn sich die Menschen in seine geheimsten Dinge mischten. Was sie als sein Weib nicht einmal zu fragen wagte, das berührten sie schonungslos mit den derbsten Worten und verquickten Geistiges und Weltliches auf eine Art und Weise, die seiner zartbesaiteten Seele weh tun mußte. Wie hätte er mit diesen Menschen, die abergläubisch und ungläubig waren, über seine Stellung zu Gott und den ewigen Geheimnissen reden können! Durfte er nicht diese ureigensten Dinge seines geistigen Lebens für sich behalten?

Solange die Zeiten ruhig blieben, hatten die Leute genug Muße und Gelegenheit, sich um Niklausens Angelegenheiten zu kümmern. Sie sahen viel, was ihnen unverständlich war. Er fastete jeden Freitag bei Wasser und Brot, er stand nachts auf und kniete zum Beten stundenlang auf dem kalten Fußboden. Dabei war er tagsüber froh und heiter, man sah ihn nur traurig, wenn er ein Unrecht entdeckte. Zu Frau und Kindern war Klaus von rührender Liebe und Anhänglichkeit. Viele Blicke folgten dem großen hageren Manne, wenn er sonntags mit seinen größeren Kindern nach Sachseln zum heiligen Amte ging. Wie Blumen wuchsen sie um ihn auf, blond und rotwangig die Mädchen, kräftig und groß die Buben. Jetzt fiel ihm oft ein, wie er am Abend des Tages, an dem er um Dorthee geworben, sich als Vater einer großen, schönen Familie gesehen hatte. Ehrfürchtig ruhten seine Blicke auf dem stillen Weibe, das ein Leben der Pflicht und der Liebe an seiner Seite lebte, das Kinder gebar und großzog, – das in so reichem Maße den Segen des Ehesakramentes bewahrte und mehrte, daß er sich ausgoß über alle, die unter dem Dache des Flüelihauses ins Leben kamen. Immer, wenn er inneward, daß Dorthee ein neues Hoffen in sich trug, wuchs seine Liebe und Achtung vor ihr. Er betrachtete sie wie ein Gefäß, darin die Heiligkeit des Geistes Gottes eine Seele schuf. Gewiß, er liebte das lebendige, sprudelnde Leben seiner Kinder, er freute sich, wenn sie gesund und kräftig heranwuchsen. Aber vor allem liebte er in ihnen die gottähnlichen Seelen, die Unsterblichkeit des Geistes, der bestimmt war, die Erbschaft im Himmel anzutreten.

Klaus überwältigte oft der Gedanke, daß seine Kinder, die Frucht schöner, zarter Liebe zwischen ihm und Dorthee, das Zeichen der Erwählung trugen, – daß sie ein Hauch Gottes waren. Darum hatte er auch eine große Scheu und Achtung vor der geschlechtlichen Liebe, die wohl da war, zwei Menschen glücklich zu machen und sie zu innigster Lebensgemeinschaft zu verbinden, die aber im tiefsten Grunde immer nur Werkzeug Gottes blieb, durch das Gesetz der Menschwerdung dem Himmel neue Seelen zu geben. Das war gewiß das tiefste Geheimnis des wahren Glückes im Eheleben von Klaus und Dorthee, daß sie die Heiligkeit der Ehe nicht verletzten, daß sie treu blieben dem Gesetze des Herrn.

Wieder rührten sie im Lande draußen die Kriegstrommel. Eine Reihe von Jahren war dahingegangen, in der man wenigstens mit äußeren Unruhen verschont geblieben war. Wohl hatte es in Obwalden selber unliebsame Streitigkeiten zwischen Klerus und weltlicher Macht, kleinliche Händel um Wasserrechte und Zehnten gegeben. Doch waren das Dinge, die die Gerichte schlichteten, es brauchte da keine Waffen.

Jetzt aber gab es weitherum Leute, denen die Zeit zu ruhig war. Man erzählte sich abends in den Kunkelstuben oder sommers unter der Dorflinde von dem Ruhm und den Siegen vergangener Zeiten, flocht Wahres und Erdachtes geschickt ineinander, um ein Bild zu schaffen, das die wehrfähigen Jungen mit Sehnsucht nach einem solch ruhmvollen Erleben erfüllte. Auch waren viele ältere Krieger ohne rechte Arbeitslust, die warteten darauf, ihre Kräfte wieder einmal im Kampfe zu messen.

So wurde langsam die Atmosphäre geschaffen, in der ein unbedachtes Wort den Krieg entfachte. – Es war zu Konstanz gewesen, daß die Schweizer beim friedlichen Schützenfeste beleidigt worden waren. «Kuhplappert» hatte ein Konstanzer die Münze eines Berner Schützen genannt. Die Eidgenossen brachen darob einen Streit vom Zaune, schlugen sich mit den Schwaben herum und sammelten nach der Heimkehr eine Schar Kriegsleute, die den Schimpf rächen helfen sollte. Diesmal war es die Stadt Konstanz, die in kluger Einsicht vermittelte. – Sie zahlte den übermütigen, kriegslustigen Eidgenossen fünftausend Gulden, worauf sie abzogen. Die lachten sich ins Fäustchen und fanden, der Schimpf sei ordentlich bezahlt.

Aber die Rauflust war nicht vergangen. Einmal bewaffnet, konnten die Kriegsleute dem Drange nicht widerstehen, auf Eroberung auszugehen. Von Konstanz heimkehrend, nächtigten sie in der österreichischen Stadt Rapperswil, die ihnen mit der trutzigen Stadtmauer und dem turmbewehrten Schloß gar wohl gefiel. Sie verbündeten sich mit den Rapperswilern, die gerade verstimmt waren gegen ihren Herrn, den Herzog Sigismund von Österreich. So hatten sie auf ihrer Fahrt nach Konstanz ein schönes «Weggeld» verdient und brachten ihren Miteidgenossen ein ganz nettes Geschenk: Die Stadt Rapperswil hatte sich unter den Schutz der Eidgenossen begeben, und diese würden wohl dafür sorgen, daß sie für immer bei ihnen blieb.

Jetzt war die Entscheidung gefallen. Der Krieg mit Österreich war unvermeidlich. Der Papst schlug die räuberischen Eidgenossen mit Acht und Bann! – Vergeblich, die gaben ihre

Stadt nicht preis. Als bald darauf Papst und Herzog uneins wurden, stellten sich die Eidgenossen auf die Seite des Papstes und halfen ihm, den Herzog zu befehden. Was konnte den kriegerischen Eidgenossen lieber sein als dieser Wunsch Roms? Sie überlegten nicht lange, zogen die Mannschaften ein und lachten der Mahner, die sagten, das sei kein Krieg, sondern ein gemeiner Raubzug. Wilder wirbelten die Trommeln, lauter sangen die Kriegsmänner und lustig flatterten die Fähnlein im Winde. Hei, war das ein fröhlich Ding, endlich wieder einmal in eigener Sache mitzutun, die Grenzen des kleinen Vaterlandes zu erweitern und dem verhaßten Österreicher das gesegnete Land diesseits des Rheines abzunehmen! Diese Beute lockte auch die Gegner heraus. Es war doch ein großer Vorteil, wenn gegen das Reich hin der Rhein die Grenze bildete, und schließlich mußte sich eben der Herzog auch für sein Gut wehren.

Die Obwaldner sammelten sich unter ihrem derzeitigen Hauptmann, dem Rottmeister Niklaus von Flüe. Sie stießen sich an, als er in voller Rüstung auf den Platz in Sarnen trat. War das nun der Beter, der fastende Mann, der Richter, dem die Gerechtigkeit über alles ging? Tat er nun doch bei diesem Zuge mit, von dem sie alle wußten, daß er ein Unrecht war?

Es war das erstemal, daß die Obwaldner an Klaus ernstlich zweifelten. Hatten ihnen nicht beim Abschied die Weiber den Weihbronn verweigert, indem sie sagten, Gott könne nicht mit ihnen sein auf einem Raubzuge? Und nun stand Klaus vor ihnen, geharnischt bis an die Zähne, mit blitzenden Augen.

Nicht lange rätselten sie. Als die Männer der sieben Dörfer beisammen waren, nahm Klaus das Wort und sprach mit dröhnender Stimme; es war wie ein Bekenntnis in dieser Zeit der Unruhe und Ungerechtigkeit:

«Brüder – laßt uns dem Rufe folgen! Die Eidgenossen im Lande draußen haben sich in einen Handel eingelassen, der nicht gut ist. Er kann uns viel Opfer, kann unser Leben und Blut kosten. Es ist ein Unrecht, sage ich. Aber wir müssen dennoch gehen. Es wird hart werden für unsere Brüder, und dann, wenn sie in Not sind, ist es unsere Pflicht, ihnen beizustehen. Wir haben einen heiligen Eid geschworen, uns gegenseitig zu helfen, – wir Obwaldner sind ein zu kleines Volk, als daß wir gegen den Beschluß unserer Miteidgenossen aufkommen könnten. Doch versteht mich recht! Da wir das Unrecht erkannt haben und gegen diesen Handel sind, so dürfen wir auch nicht mittun, solange keine Gefahr ist. Wohl, wir reihen uns ein, wo man uns hinweist, der Gehorsam ist da die erste Pflicht. Aber ich bitte und beschwöre euch, liebe Landsleute, – schonet fremdes Leben und fremdes Eigentum! Seid wachsam, Unrecht zu verhüten, und betrachtet euch als die Hüter derer, die wir zu Unrecht befehden. Dann sind wir keine Verräter am Vaterlande und an unserer Fahne, vielmehr tun wir den schönsten Dienst für unsere Heimat: Wir helfen, ihre Ehre zu wahren in diesem unehrlichen Kriege!»

Ein Murmeln ging um unter den Kriegern. Es war Beifall bei den Alten, Unwille bei den Jungen. Doch keiner war, der nicht darauf still dem Fähnlein gefolgt wäre, das der Venner dem kleinen Zuge der Obwaldner Mannschaft voraustrug in den Kampf. Sie spürten wieder die sonderbare Macht, die in den Worten des Flüelibauern lag. Sie wußten alle, daß er wahr und recht gesprochen hatte. Und wie sie ihn in ihrer Mitte schreiten sahen, den Mann ohne Tadel, da wuchs doch der Wille in ihnen auf, unter seiner Führung für das Recht einzustehen.

So ging denn am andern Tage mitten im kriegslustigen Gewalthaufen der Eidgenossen ein Trüpplein Männer mit, das den größten, wackersten Hauptmann hatte. Er sprach wenig, doch seine Lippen bewegten sich ab und zu in stillem Selbstgespräche. Die Schwyzer und Luzerner sahen sich oft nach ihm um und staunten, was die Obwaldner für einen ernsten Rottmeister bei sich hätten. Bis dann sein Name fiel; da erinnerten sie sich an frühere Tage und an den sonderbaren Krieger Klaus von Flüe, der für seine Feinde eingestanden war bei Greifensee, der einen fremden Spion heil hatte gehen lassen und der beten konnte, wenn ringsum das Kriegsvolk wüst lärmte.

Klaus, wie er so schritt, hatte das Gefühl, er sollte das Heer da aufhalten. Die Rede, mit der er es vom Unrecht überzeugen wollte, schwebte ihm auf den Lippen, lag ihm im Herzen. Doch er mußte still bleiben. Noch war seine Zeit nicht gekommen. Er mußte selber durch alle Tiefen menschlicher Schwächen und Fehle mitgehen, ehe er sich erlauben durfte, in den Entschließungen der obersten Landesleitung mitzureden. Klaus litt schwer um seine Erkenntnis des wahrhaft Guten, denn es war in diesen Zeiten nicht leicht, ein Unrecht von dem Bestreben, des Vaterlandes Belange zu wahren, zu unterscheiden.

Diesmal aber war sich Klaus klar, daß es nicht gut war, dem Österreicher das Land an der Thur mit Gewalt zu entreißen, auch wenn der Befehl vom Papste selber ausgegeben worden war. Was ging die Eidgenossen der Streit zwischen Papst und Herzog an? Es sollte doch endlich Ruhe und Frieden sein, wenn nicht der kleine Bund der Eidgenossen sich selbst zerstörte, indem er sich in alle möglichen fremden Händel einmischte. Klaus von Flüe sah die Gefahr, an der das Glück des

Vaterlandes scheitern mußte! Was half dem Volke der Ruhm, daß es die besten, kriegstüchtigsten Männer hervorbringe, wenn daheim im eigenen Lande Unordnung und Unzufriedenheit herrschten? Wenn sich des Landes Frauen und Mütter abschafften und darbten, wenn sie die beste Kraft verloren in einer Arbeit, die den reislaufenden Männern zugekommen wäre? Was geschah jetzt wieder weitum, wo die Ernte auf den Schnitt wartete und die Männer unter klingendem Spiele in Wehr und Waffen gingen?

Klaus schlug das Herz schwer unter dem Harnisch. Die Not des Landes ging ihm nahe, eben weil es eine Not war, die man allgemein nicht erkannte. Die meisten sahen in der Gunst fremder Fürsten einen Vorzug und rühmten sich, angeworben zu sein für einen fremden Herrn. Was konnte da die Stimme eines Obwaldner Bauern ausrichten gegen die Meinung eines ganzen Volkes?

Der Zug in den Gau der Thur wurde ein einziger, übermütiger Sieg. Es war, als hätte das schaffige Volk nur auf die Eidgenossen gewartet. Wohl empfingen die nüchternen Thurgauer sie nicht mit Hallo und Begeisterung; aber es war kein Widerstand da –, das war bei diesen Leuten schon Zustimmung. Einzig Frauenfeld verteidigte seine Mauern, doch mußte es nach geringer Gegenwehr der Übermacht die Tore öffnen.

Zu Dießenhofen am Rheine hatte sich österreichische Hilfe eingefunden, die das Städtchen einige Tage lang halten konnte. Doch es war ein unmöglich Ding, gegen den Haufen Bedränger aufzukommen. Auch hier gingen die Tore auf und stolz zogen die siegreichen Eidgenossen ins Städtchen ein.

Ein Teil der Besatzung hatte sich ins nahe Kloster St. Katharinental zurückgezogen. Als die Eidgenossen dort ankamen und das Kloster verschlossen fanden, warfen ruchlose Hände den Feuerbrand aufs Dach, der das Kloster samt seinen Insassen zu verschlingen drohte. Da war aber einer zur Stelle, der wie ein Schutzgeist über diesem Zuge gewacht hatte. Klaus von Flüe sprang mit seinen Leuten über die Mauer und riß mit eigenen Händen die brennenden Balken ein. Dann stand er vor der Mannschaft und rief mit zornbebender Stimme:

«Was tatet ihr? Seht ihr nicht, daß es ein Gotteshaus ist, das ihr in Brand stecken wollt? Sind wir eine Bande Barbaren, die frommer Frauen gottgeweihtes Haus niederbrennt? Wohl, dann werft eure Fahnen dazu, wir sind es nicht mehr wert, das Zeichen des Kreuzes darauf zu tragen! Kehrt um, rate ich euch, und vergreift euch nicht an Gottes Gut!»

Stumm standen die ehedem so lauten Krieger. Noch rauchten die paar Dachbalken, und es war den Männern, es sei das Schandmal, das sie anklage, gleich den Worten dieses Obwaldner Hauptmannes. Als gleich darauf aus dem Gotteshause des Klosters der Dankgesang der Nonnen, ein feierliches Tedeum, erklang, schlichen sich die wilden Krieger davon. Klaus aber stand noch eine Weile vor dem verschlossenen Kirchenportale und seine Seele dankte mit.

So war also seine Gegenwart doch zu etwas gut gewesen. Wie hätte die Eidgenossenschaft diesen neuen Frevel verantworten können, begangen in einer Zeit, die sonst so reich war an Schuld und Sünde?

Später ging Klaus mit seinen Leuten querfeldein, dem Haufen nach. Er hoffte, es möchte nun doch Schluß sein. Sie hatten nun dem Herzog die schönsten Gebiete an Thur und Rhein abgenommen. Es schien, daß sie damit nicht nur ein schönes Land, sondern auch ein tapferes, starkes Volk errungen hatten, das, wenn es not tat, sicher kräftig einstehen würde für die Sache seines neuen Herrn.

Es gab aber zu Winterthur noch einen Abstecher. Die Stadt hatte die beutegierigen Scharen erwartet und sich so gut vorgesehen, daß alle Angriffe der Eidgenossen nutzlos abprallten. Umsonst war der Schwur, nicht eher abzuziehen, als bis auch diese schöne Stadt ihr eigen sei. Nach drei Wochen Belagerung mußten die Eidgenossen unverrichteter Dinge abziehen. Es gab viele unter ihnen, die diesen Rückzug als Strafe ansahen für den Frevel an St. Katharinental. Doch freuten sich alle am erfolgreichen Thurgauer Zuge, der nun die Grenze der Eidgenossenschaft bis an den Rhein geschoben hatte.

Herzog Sigismund war nicht imstande, den Raub zu rächen. Er schloß einen 15jährigen Frieden mit den Eidgenossen, nachdem diese seinen verlorenen Thurgau zu einem gemeinen Untertanenlande gemacht hatten.

Als Klaus ins Flüeli heimkam, hatte Dorthee eben einem Kinde das Leben geschenkt. Es war das achte, ein blondes rosiges Büblein. Sein Anblick und das tiefe Glück der Mutter verscheuchten denn auch rasch die traurigen Erinnerungen, die Klaus von diesem Kriegszuge heimbrachte. Doch kam es Dorthee vor, Klaus zeige nicht mehr die jubelnde, frohe Freude am Kinde wie damals, als der kleine Johannes gekommen war. Immer mehr beobachtete sie, wie der Ernst in seinem Wesen sich vertiefte. Als er das Knäblein auf den Arm nahm, seufzte er.

«Was hast du?» fragte Dorthee vom Bette her.

Klaus trat zu ihr hin und legte das Büblein an ihre Seite. Dann sprach er:

«Weiß Gott, daß ich mich auch an diesem Kinde von Herzen freue. Doch drückt mich die Verantwortung, diese Kinder dem Leben und dem Himmel zu erziehen.»

Dorthee sah ihn an.

«Aber wenn wir einander helfen, du und ich –, und wenn Gott mit uns ist!»

Da wandte er sich ab.

Als der Knabe am nächsten Tage getauft wurde, kamen Toni Imboden und seine Frau Margret als Paten des Kindes ins Flüeli. Und da die Männer in der Stube beisammensaßen, sagte Margret zur Schwester:

«Gelt, das hat der Klaus brav gemacht im Thurgau draußen –, denk, was aus diesem Kloster geworden wäre!»

Dorthee verwunderte sich:

«Aber ich weiß ja von gar nichts. Schau, gestern ist er heimgekommen und wir haben so wenig miteinander gesprochen.»

«So weißt du also nicht, daß Klaus mit Wort und Tat ein Kloster gerettet hat aus Feuersgefahr, daß er eine Schandtat unserer Landsleute verhinderte?»

Dorthee errötete wie ein junges Mädchen. Verwirrt sagte sie:

«Ich weiß schon, er ist halt ein Guter, er weiß auch im wüstesten Kriege etwas Gutes zu tun.»

Es war wohl das erstemal, daß sie Klaus lobte. Aber die Liebe zu diesem heldenhaften, starken Manne überkam sie mit Allgewalt; sie fühlte eine tiefe Dankbarkeit, dieses Mannes Frau und Gefährtin sein zu dürfen.

Tränen traten ihr in die Augen.

«Du, Margret, ich meine manchmal, Klaus hätte sollen ein Priester werden oder sonst etwas ganz Großes. Einer, der so gut und fromm ist, gehört nicht in eine abgelegene Bauernstube hinein, er könnte an einem andern Orte tausendmal mehr tun für Land und Volk!»

Margret aber widersprach:

«Nein, gerade da hat ihn Gott hingestellt und uns allen als Beispiel gegeben, daß wir sehen, wie einer abseits heilig leben kann.»

Dorthee erschrak.

«‚Heilig', sagst du?»

Margret gab der Schwester die Hand. Zitternd lag der alternden Dorthee Rechte in der Margrets. Ängstlich blickten ihre Augen, als diese sprach:

«Das mußt du doch am allerbesten wissen, daß Klaus nicht ist wie andere Menschen. Es wird auch kein Märchen sein, was man sich weitherum erzählt. Ja, sie sagen, Klaus von Flüe lebe wie ein Heiliger, er faste und bete tagelang, es fehle nur noch, daß er wie ein Mönch sich von der Welt abschließe – –.»

Dorthee bat:

«Du, sag das nicht – nein. Klaus ist ein Mann, der Vater meiner Kinder, – schau, schon wieder liegt eines in der Wiege, das seine Liebe gerufen hat. Nein, es ist nicht so, wie die Leute meinen, er gehört schon zu uns, er kann auch da ein Heiliger werden!»

Margret dachte, daß die Schwester vorhin genau die gleiche Ansicht geäußert hatte, Klaus sei am unrechten Orte. Jetzt, wo andere davon sprachen, wehrte sie sich. Also war die Angst doch da –, sicher, Dorthee kämpfte um den Mann, den Vater ihrer Kinder!

Sie sprachen nicht mehr von Klaus. Keine von ihnen hatte einen Grund, die Angst zu nähren, daß Dorthee Klaus verlieren könnte. Aber waren nicht sein sonderbares Leben und sein Hang zur Stille und zu den Geheimnissen der Ewigkeit schon etwas, das ihn aus dem Bereiche weltlicher Dinge heraushob? Gab es nicht Tage, an denen er weder aß, noch ein Wort redete? Wenn man nicht in Gott mit ihm verbunden gewesen wäre, – wahrhaftig, es wären Zweifel gekommen an seiner Liebe und Anhänglichkeit. Aber Dorthee sagte sich das alle Tage, was sie schon als Braut und später erst recht als seine Gattin erkannt hatte: «Alles, was er tut, ist gut –, es gibt nichts, was an ihm nicht recht ist.»

Wo in aller Welt konnte ein Weib nach vierzehnjähriger Ehe so reden von dem Manne ihrer Liebe? Nein, es war kein Grund, sich zu sorgen.

Doch die Sorge kam wieder.

Nach diesem Zuge in den Thurgau war Klaus stiller und ernster geworden, das konnte Dorthee unmöglich übersehen. Sie suchte auf manche Weise ihn zu zerstreuen; doch er wich aus, und oft geschah es, daß er kaum hinhörte, wenn sie sprach.

Einmal fragte sie nach dem Grunde seines seltsamen Wesens:

«Bist du krank, Klaus, daß du so wenig redest?»

Er wunderte sich.

«Tue ich das, Dorthee? Dann verzeih mir –, aber krank bin ich gewiß nicht.»

Da wußte sie nur, daß sie nicht weiterfragen sollte. Und still ging sie an die Arbeit –, Klaus mußte allein fertig werden mit dem Kummer.

Es kamen Tage, die Klaus mit Gewalt aus seinem Sinnen rissen. Des Landes Geschäfte riefen ihn zu Tagsatzungen und Landsgemeinden, und lauter denn je erhob er seine Stimme gegen die Übelstände im Heerwesen, gegen das Reislaufen und die Einmischung in die Händel und Zwiste fremder Herrscher. Immer tiefer sah er hinein in die Geschäfte der Herren, die das Land regierten, und erkannte, wie manches Unrecht um des Geldes willen geschah. Macht und Besitz schienen ihm die Götzen, um die sich alles drehte. Diese Gier besudelte oft die besten Absichten, und wo das Volk glaubte, für Recht und Heimat einzustehen und zu streiten, da ging es manchmal nur um den Gewinn einiger Männer.

Angeekelt von dieser Welt des Betruges und Hasses kam Klaus immer wieder gern zu den Seinen zurück. Wenn ihn die reine Luft der Berge umfing und seines Hauses Dach ihn grüßte, dann empfand er tief in der Brust, was es heißt, ein friedliches Heim zu haben, ein warmes Nest, darin er geborgen war vor der Unbill der Welt.

Doch kaum hatte er dann die Stube betreten, kam über ihn die alte Unruhe, die ihn wieder von Ort zu Ort trieb, von der er nicht wußte, was sie zu bedeuten habe. Es war, als sollte er auch da, in seinem eigenen Besitztum, nicht mehr ganz daheim sein.

Als Klaus dieser Gedanke kam, war er auf seiner Alp Klüsterli, hoch oben in den Bergen.

Er schaute dort zum Vieh, das unter der Obhut eines Sennen den Sommer verbrachte.

Die Nacht senkte sich nieder. Weitum war nichts zu hören als das Rauschen eines Bergbaches. Die Sterne standen am nächtlichen Himmel und der laue Sommernachtwind trug den Duft der Bergblumen herüber.

Klaus stand weit draußen auf einem Felsvorsprung und genoß die Stille der Nacht. Aus der Tiefe seiner Seele strömte die Andacht in einem demütigen Gebete über die Lippen; er faltete die Hände und fühlte sich emporgehoben über Zeit und Raum, hinauf in die Gefilde, in denen sein Geist oft weilte. Losgelöst von aller Erdenschwere schwang sich seine Seele auf und erkannte, daß Gott nahe war.

Der Senne, der spät in der Nacht den Meister suchen ging, fand ihn auf den Knien am Rande des Abgrundes, im Gebete versunken. Als er ihn anrief, gab er gar keine Antwort. Erst, als der Senne seine Schulter berührte, erhob er sich. Er stand und das Licht des Mondes floß um ihn her wie der Schein aus einer höheren Welt.

Feierlich sprach er:

«Bete –, Jakob, bete, der Herr ist so nahe!»

Da fiel auch der Senne auf die Knie nieder und faltete wie ein Kind die Hände. So verbrachten sie die Nacht, kniend und betend –, es war ein schweigender, stiller Gottesdienst auf einsamer Alp. Diener waren die beiden Bauern –, Altar die dunklen Berge – und der Mond leuchtete wie ein Ewiglicht. Das Opfer? Das brachte Klaus dar. Er opferte in dieser Nacht alles, was er liebte und besaß. Er betete erstmals sein großes, weltumfassendes Gebet, um das er gelitten und das ihn weiter noch manchen Kampf kosten würde, bis daß es zur Tat geworden war:

«O mein Herr und mein Gott, nimm alles von mir, was mich hindert zu dir!

O mein Herr und mein Gott, gibt alles mir, was mich fördert zu dir!

O mein Herr und mein Gott, nimm mich mir und gib mich ganz zu eigen dir!»

Klaus Leuenbrugger kam von seinem Alpgang als ein anderer Mensch zurück.

Es lag nun die Wucht eines heiligen Gelöbnisses auf ihm, das ihn zeitweise tief beglückte und dann wieder mit Weh und Angst erfüllte. Er hatte dem Herrgott das Opfer seines Glückes angeboten – und der Herrgott hatte ja gesagt!

Was Klaus in langen Jahren des Betens und Fastens erwogen und beraten hatte, das war nun reif geworden. Er hatte erkannt, daß das Glück seiner Ehe und Vaterschaft, sein Ansehen in Rat und Gericht ein Geschenk Gottes gewesen, das er ihm zurückgeben mußte, wollte er ein Diener des höchsten Herrn sein. Wie der reiche Mann im Evangelium hatte er schon oft vor Gott gestanden und gefragt: «Meister, was muß ich noch tun, um das ewige Leben zu erlangen?» Jahrelang wartete er, fragte und lauschte, ob nicht doch die klare, bestimmte Antwort komme.

Freilich, die Antwort des Herrn an den reichen Jüngling kannte er. Doch wie konnte die Forderung, alles zu verlassen, auch ihm gelten, der nicht nur Haus und Hof und Güter hatte, sondern Weib und Kinder, die ihm anvertraut waren? Immer, wenn er an dieses Wort des Evangeliums dachte, atmete er erleichtert auf. Nein, an ihn war diese Forderung nicht gerichtet, er war mit unlösbaren Banden an Heim und Familie gebunden.

Klaus hatte geglaubt, ein solches Opfer könnte er nicht bringen. Er empfand immer mehr, wie stark er verkettet war in der Liebe zu Weib und Kind. Und wenn ihm auch oft schien, der Geschäfte im öffentlichen Leben überdrüssig zu sein, so machte ihn doch der Gedanke, sie verlassen zu sollen, traurig. Nie war er erdgebundener gewesen als in diesen Jahren des Kampfes.

Doch gerade die Einsicht, wie sehr ihn alle diese Dinge an die Welt fesselten, brachte Klaus auf den Gedanken, es könnte

Gottes Wille sein, daß er sie hingebe um eines höheren Zieles willen. Von dieser Zeit an war die Ruhe dahin –, das waren die Tage, an denen Dorthee sich quälte und im stillen fragte, was wohl dem Mann fehlen könnte.

O daß er dem geliebten Weibe hätte anvertrauen dürfen, welche Sorge sein Herz bedrückte! Oft stand er nachts an ihrem Bette und hatte die Worte auf den Lippen, mit denen er ihr seine Zweifel und Nöte gestehen wollte. Aber wenn er ihre ruhigen Atemzüge vernahm, wenn nebenan der Kinder Stimmen im Traume den Namen von Vater und Mutter lallten, dann brachte er es nicht über sich, den stillen Frieden seiner liebsten Menschen zu stören. Er ging dann wie ein Ausgestoßener aus Kammer und Stube und lief in die Dunkelheit hinaus. Aber er fand auch dort kein Vergessen –, es pochte immer wieder mahnend an die Türe seines Herzens.

Bis dann auf einsamer Alp zu nächtlicher Stunde des Herrn Stimme laut und deutlich nach ihm rief, – da fielen die Zweifel von ihm ab, und was er jahrelang nur unklar gesehen, das stand vor ihm als ein Bild von erschreckender Deutlichkeit –, das Opfer war riesengroß und der Weg hart. Nur ganz fern leuchtete das Ziel, eine ewige Glorie am Ende einer unsagbar armen, einsamen Straße, die von den Freuden der Welt abbiegt in die sandige Wüste der Selbstverleugnung und restlosen Entsagung.

Jetzt war Klaus seiner Berufung sicher. Sein ganzes bisheriges Leben sah er als wunderbare Fügung an, als die Vorbereitung zu diesem letzten, so wichtigen Schritte. Er hatte früh hineinsehen müssen in die Kriege und Händel des Vaterlandes, mußte erkennen die Hinfälligkeit des Lebens, das Unrecht und die Sünde, die weitum regierten. Gott hatte ihm dann in Dorthee ein Weib gegeben, das durch seltene Tugend und Güte ihm Hilfe war auf dem Wege zur Vollkommenheit, – eine Frau, die auch fähig war, das größte Opfer ihres Lebens still und ergeben auf den Altar zu legen. Gott hatte ihm Kinder anvertraut –, sein Leben war fruchtbar gewesen und er hatte die Furcht Gottes in sie pflanzen dürfen –, sie würden gut und treu bleiben und die Güter weitergeben, die fromme Ahnen einem neuen Geschlechte vermittelten.

Ja, so mußte es sein. Er hatte erfüllt, was seine Jugend begonnen und versprochen hatte. Die Hälfte seines Lebens hatte er in den Dienst der Familie, des Vaterlandes gestellt –, nun kam Gott und verlangte von ihm den Rest seiner Tage. War das nicht das Recht Gottes, der ihm alles gegeben hatte?

Aber noch war Klaus nicht so weit, daß er das «Fiat voluntas tua» freudig gesprochen hätte. Mit der Erkenntnis des Weges kam auch die Trauer über ihn, das alles, was er liebte, zu verlassen. Wie konnte er in Dorthees vertrauende Augen hinein die Frage tun, mit der er sich loslösen mußte von ihr? Wie durfte er sie allein lassen, die mit ihm durch diese Jahre der Liebe, der Arbeit und der Sorge gegangen war, die entbehrt hatte, ohne zu klagen, und die demütig annahm, was er an irdischer Liebe zu geben hatte?

Klaus forschte oft in den Zügen Dorthees, ob sie denn nichts erahne von den Qualen, die er um sie litt. Er merkte nun selber, wie so ganz anders er in diesen letzten Jahren geworden war.

Aber die Frau blieb still. So sehr hatte sie in der Schule der Demut und opfernden Liebe gelernt, daß sie nun auch diese Jahre innerer Einsamkeit ergeben trug, vertrauend auf die Liebe ihres Mannes und die Hilfe von oben, die ihr eines Tages das volle Glück wiedergeben würde.

Diese Geduld seines Weibes rührte Klaus tief. Er hätte vor

diesem stillen Heldentum hinknien mögen, hätte trösten und helfen wollen –, doch seine Hand fuhr nur scheu über den ergrauten Scheitel der Frau. Sein Mund blieb stumm –, er durfte nicht gute Worte sagen, wo sein Herz für sie das schwere Geständnis barg, seine Lippen das Geheimnis hüteten von naher Trennung und Einsamkeit.

Öfter denn je zog es Klaus in dieser Zeit, die er ohne die Hilfe und den Rat seines Weibes oder eines guten Freundes durchmachen mußte, in die Stille der Ranftwildnis. Doch es schien, als habe ihn auch Gott verlassen; denn seit der wunderbaren Nacht auf dem Klüsterli hatte er nie mehr die Nähe Gottes verspürt –, seine Seele mußte auch diese Not noch durchkosten: einsam und ohne jeden geistigen Trost zu sein! Er betete, aber sein Herz blieb stumm, er rang mit dem Himmel um ein Zeichen –, doch es geschah nichts. In bleierner Schwere fühlte Klaus seine Seele, vorbei war die süße Zeit heiliger Zwiesprache mit dem Schöpfer.

Da tat Klaus aus tiefster Seelennot heraus einen Gang an den See der Waldstätte und zu seinem Freunde nach Kriens. Dorthee war froh darüber –, vielleicht brachte ihm die Aussprache mit dem Pfarrer Heini Im Grund Erleichterung. Sie begleitete ihn mit ihrem Gebete und wartete voll Zuversicht auf seine Heimkehr.

In der armen kleinen Pfarrstube saßen sich dann die Freunde gegenüber. Bleich und erregt waren des Pfarrers Züge –, zu sehr war er überrascht von den Freundes Geständnis.

«Wie konntest du ein solches Gelöbnis tun, Klaus, – Weib und Kinder zu verlassen? Weißt du nicht, daß du Gott ebensogut dienen kannst als Gatte und Vater, wie wenn du hingehst und in der Stille betest? Bist du nicht gebunden im Sakramente der Ehe?»

Klaus hob das Haupt und sah den Pfarrer ernst an:

«Das alles weiß ich, Heini! Aber es steht auch geschrieben, daß man Gott mehr gehorchen müsse als den Menschen. Und das Band der Ehe löse ich nicht, wenn ich in der Minne Gottes lebe und meinem Weibe die Treue halte in steter Enthaltsamkeit bis zum Lebensende. Ich habe es erwogen, mein Freund, – und nun ich den Kampf so weit gewonnen habe, daß ich bereit bin, dem Rufe Gottes zu folgen, – Heini – nun hilf mir, die letzten Schwierigkeiten zu überwinden. Jeden Tag, den ich daheim bleibe, habe ich dem Herrgott genommen. Die Liebe, die mir Dorthee gibt, sie ist nicht mehr mein Recht, seit ich mich Gott verpflichtete. Ich sitze im Rate und habe doch gelobt, auf weltliche Ehre zu verzichten und nur mehr der Ehre meines Meisters zu leben. Die Kinder habe ich dem Herrgott anheimgestellt –, was tue ich noch mehr unter ihnen? Glaubst du nicht auch, daß mein Beten nicht eher gut ist, als bis ich die Bande ganz gelöst habe, die mich noch an die Welt binden?»

Als treibe ihn eine innere Kraft, hatte Klaus gesprochen. Er hatte sich erhoben und stand nun hoch und hager vor dem Freunde. Der Pfarrer, anfangs erbost über den sonderbaren Gedanken, daß ein Familienvater Haus und Hof verlassen wollte, konnte gegen die Erklärung Klausens nicht aufkommen. War es nicht Gottes Ruf, der diesen Mann ereilt hatte? Gab es nicht draußen im Reich viele solcher Männer, die nicht geistlich waren und die doch dem Herrn dienten in stiller Einsamkeit? Warum konnte er da nicht im kleinen Ländchen einen berufen, Beispiel und Beter zu sein für ein Volk, das auf Wegen ging, die nicht gut waren?

Aber Heini Im Grund wollte Klaus weiter prüfen und fragte:

«Weißt du auch, daß es verdienstlicher ist, auf dem Platze auszuharren, an den Gott einen gestellt hat, als dem Zuge des Herzens zu folgen, auch wenn es für den alleinigen Dienst des Herrn wäre?»

Klaus senkte demütig das Haupt. – Eine Weile schien es dem Pfarrer, er überlege sich die Sache. Dann aber brach es wie ein lang verhaltener Strom aus ihm heraus, daß Heini Im Grund schier erschrak ob dem Feuer, das aus Wort und Blick lohte:

«Ich kann nicht mehr anders, mein Freund! Und wenn alles dagegen aufstehen würde, die Schwierigkeiten höher sich türmten als das Gotthardgebirge, – Heini – ich müßte doch gehen! Es ist nicht mehr mein eigener Wille, der da spricht, nein, Gottes Ruf kam an mein Ohr und ich kann ihn nicht überhören. Du weißt nicht, wie das ist, wenn einen Tag und Nacht das Gewissen mahnt: Kommst du jetzt? Es ist ein eigenartig Ding um ein Versprechen. Es läßt mich nicht mehr los, und trotzdem ich die Erfüllung desselben an keine Zeit gebunden habe, so ist doch in den letzten Monaten der Drang stärker geworden, den Schritt zu tun. Wohlan, Heini, – ich habe geglaubt, du als Diener Christi könntest mich verstehen; so aber geh' ich den Weg allein. Das aber sage ich dir noch: Wenn alle an mir zweifeln werden und wenn die Dorthee selber mich nicht verstehen sollte, – dann glaube du an die Reinheit meiner Sendung –, denn, Heini, die Liebe Christi drängt mich, das Feuer verzehrt mich, das nicht ich entzündet habe, sondern Gott selber!»

Jetzt war es der Pfarrer, der voll Ehrfurcht Klausens Hand ergriff und bewegt sagte:

«Verzeih mir, Klaus, – aber ich wußte nicht, wie tief du in die Geheimnisse von Zeit und Ewigkeit gedrungen bist. Wenn es so ist, dann sag' ich zu dir: Tu den Schritt bald, denn was Gott verlobt ist, darf sich ihm nicht vorenthalten. Wohin willst du gehen, Klaus?»

Der richtete den Blick ins Weite und sagte schwer:

«Ich weiß es nicht, Heini! Aber der Herr wird schon einen Platz haben für mich!»

Es lag das grenzenlose Vertrauen auf die Hilfe Gottes in diesen Worten –, aber der Pfarrer hörte auch den Schmerz heraus, den dieser wohlhabende Mann trug um sein Hab und Gut, das er verlassen sollte, – um die warme Stube, die er vertauschte an einen Ort, von dem er nicht wußte, wo in aller Welt er lag. Wahrhaftig, es brauchte viel, um an eine solche Berufung zu glauben.

Klaus hatte zum Stecken gegriffen.

«Nun will ich gehen. Bete für mich zum Herrn, daß ich die rechten Worte finde, Dorthee den Entschluß mitzuteilen. Behüt' dich Gott, mein Freund!»

Sie sahen sich in die Augen und der Pfarrer zeichnete mit geweihter Hand das Zeichen des Kreuzes über Klaus:

«Geh hin im Namen des Vaters, des Sohnes und des Heiligen Geistes, und der Segen unseres dreieinigen Gottes sei allezeit mit dir!»

Da wandte sich Klaus und mit dem Gruße: «Gelobt sei Jesus Christ» ging er aus Stube und Haus des Pfarrers Im Grund hinweg.

Es wanderte Klaus durch das sommerliche Land. Noch stand das Gras in üppiger Fülle und das Korn wogte in den gesegneten Äckern des Vorderlandes. Er empfand tief die Schönheit und den Reichtum dieser Felder; das Herz freute sich an Baum und Strauch, an Blumen und Früchten, die so beredt von der Güte Gottes erzählten. Und als er dann bei Kerns auf der Höhe des Weges stand und den Blick schweifen ließ über das liebe kleine Land ob dem Walde, als er weit hinten den Brünig und die Melchtaler Alpen den Horizont begrenzen sah, den kleinen See und die saftigen Weiden, die behäbigen Höfe und bunten Dörfer liegen sah, da lobte er Gott, der solche Schönheit erschaffen hatte.

Jetzt, wo er gewiß war, dieses alles verlassen zu müssen, fühlte er mehr denn je, wie eng er verbunden und verwachsen war mit seiner Heimat. Schmerzlich war das Opfer, diese Heimat, um die er in Krieg und Ratssaal gestritten hatte, zu verlassen. Aber Klaus riß sich los von dem Bilde, das ihn versuchen wollte, und eilig ging er seinem kleinen Dorfe zu.

Dorthee kam ihm entgegen.

«Jetzt», dachte Klaus, «solltest du reden.»

Aber zwei Kinder hingen ihr am Rocke, und sie war so froh und heiter, daß er es nicht übers Herz brachte, ihr diesen größten Schmerz zuzufügen. Er grüßte die Seinen herzlich und küßte Dorthee, die sich an ihn schmiegte, auf die Stirne. Sie lächelte selig.

«Was hast du, Dorthee?» fragte er.

«Ja, weißt, Klaus, es kam mir eben vor, so habest du mich geküßt, als ich noch deine Braut war.»

Er sah sie ernst an und sagte:

«Dann ist es ja gut, meine Liebe. Ja, so soll es sein – wie meine Braut!»

Da erschrak Dorthee wieder und wußte nicht warum.

Den Abend saßen sie nach getaner Arbeit unter dem großen Baume im Hausgarten. Die Kinder waren alle zur Ruhe gegangen, auch der alte Vater Heinrich, der in letzter Zeit nicht mehr recht zuwege war, hatte sein Lager aufgesucht.

Sie saß neben ihm, und als er still blieb, schob sie leise ihre Hand in die seinen, die gefaltet auf den Knien lagen. Da spürte sie, wie diese großen, rauhen Hände zitterten. Ein heißes Erbarmen kam wieder über sie, sie hätte mögen trösten und raten; aber irgendwie spürte sie, daß sein Weh zu weit von ihr weg war, als daß sie mit Worten daran rühren durfte. Oh, daß er ihrer nicht mehr bedurfte wie in den schönen Jahren ihrer jungen Ehe, wo sie einmal sogar hatte mitgehen dürfen in die Stille des Ranftes; wo sie nachts oft mitgebetet hatte, Seite an Seite auf dem Boden der kalten Kammer kniend! Was waren ihre damaligen Nöte und Ängste gewesen gegen den Kummer, den sie jetzt um den geliebten Mann trug?

Eben als Dorthee die Frage aus dem Herzen steigen wollte, da tat Klaus den Mund auf und begann zu reden. Aber er sprach, als gelte sein Wort nicht Dorthee –, er sah dabei weit hinaus in die Nacht, zu den Sternen des Himmels, die so nah auf das Flüeli schienen.

«Es wird nun so kommen, daß ich gehen muß! Wen der Herrgott gerufen, der hat des Bleibens nicht mehr auf eigener Scholle und bei seinen Lieben. Ich habe gekämpft und gerungen, habe gemeint, ich dürfe irdische Liebe und himmlisches Glück zusammen genießen –, aber es geht nicht! Man kann nicht zwei Herren dienen. Es ist schon so, wie ich all die Jahre her gebangt und vorausgesehen habe, – das Leben ist nur dann etwas wert, wenn es Opfer ist –, wenn wir freudig hingeben können, was an ihm Glück ist und schön und gut.»

Die Frau sagte nichts. Sie versuchte, dem Blicke des Mannes zu folgen in die Weiten des sternklaren Himmels. Doch ein Schleier legte sich dazwischen – schwer und feucht fielen die Lider über die durchwachten Augen –, zwei welkende Hände wischten die Tränen fort, die eine treue Seele um ihr schönstes Glück weinte. Hoffnung und Mut schwanden jetzt, wo sie wußte, daß sie an Klaus keinen Halt mehr hatte, daß ihr diese Stütze fortan fehlen würde, die doch ihr Leben gehalten hatte.

Eine Klage wollte aus ihrem Herzen kommen – bitter und weh. Warum tust du mir das an, Klaus? Aber gleichzeitig merkte sie: Es war nicht Klaus, der ihr den Schmerz bereitete. Wie sagte er doch! Gott hat gerufen! Was gab es da anderes als ein stilles Sichfügen, wenn es kein freudiges Ja war auf die Frage des Herrn?

Klaus riß seine Augen von dem hehren Bilde der Nacht. Er wartete darauf, daß Dorthee sprechen würde. Hatte sie ihn nicht verstanden, oder wußte sie längst schon um sein Vorhaben? Er nahm ihre Hand und fragte leise:

«Dorthee, was sagst du dazu?»

Als ob sie gefühlt hätte, was von ihrer Antwort abhing, sann sie lange vor sich hin, ehe sie antwortete. Es waren schicksalsschwere Augenblicke – sie entschied damit über sein und ihr Los! Einst hatte sie froh und bereit ihr Ja gesagt, als er sie fragte, ob sie ein Leben lang mit ihm gehen wolle durch eine Zukunft, die sie noch gar nicht kannte. Jetzt wo das halbe Leben vorbei war und der Abend kam, schrak sie zurück vor dem Ja, das ihn freigab, das sie wieder einsam machte. Die Versuchung kam sie an, ihm zu sagen, wie sehr sie ihn liebe; – es zog sie, an seiner Brust zu weinen und ihn zu bitten: O laß mich bei dir – ich kann nicht ohne dich sein! Aber sie blieb stark –, sie wußte, es ging jetzt um etwas Großes. Das hatte nichts mehr zu tun mit ihrem Wünschen und Mögen. Irgendwie war es in ihre Hand gelegt, daß ein wahrhaft großer Plan zur Tat wurde.

Das war Dorthees große Stunde, wie sie in eines jeden

Menschen Leben einmal kommt, – die Stunde, in der aus dem einfachsten Weibe ein Held werden kann, oder die eines nicht besteht, daß es fortan mit dem großen Heere derer geht, die keine Höhe und keine Tiefe mehr kennen, nur den breiten, bequemen Weg der eigenen Wünsche. Die darum auch den Lohn nicht kennen, der aus einer Stunde des Opfers wächst.

Dorthee sprach langsam, sie mühte sich um jedes Wort:

«Ich habe einmal geglaubt, Klaus, ich dürfe das Wort des Herrn wörtlich nehmen: ‚bis daß der Tod euch scheidet!' An deiner Seite glaubte ich alt zu werden –, ja ich freute mich auf die Zeit, wo nicht mehr das Blut und die sinnliche Liebe uns binden würden, sondern die Treue und die Liebe in Gott. Ich hätte dir und den Kindern leben wollen – aber immer mit dir, Klaus! Das dünkte mich die Krönung unseres schönen Ehelebens – die stille, ruhige Zeit des Altwerdens, wo wir des Lebens Sinn und Ende miteinander erwarten durften. Nun soll es nicht sein! Ich darf nicht nein sagen, wo du ja sagst, – ich habe es nie getan, solange ich dein Weib bin. Und wenn auch mein Verstand nicht hinreicht, zu erfassen, was Gott mit dir will, so gebe ich dir doch die Freiheit, zu tun, wie du für recht erfunden hast. Meine Lieb' und Treue waren dein –, ich weiß auch jetzt nichts anderes, als daß ich alles tun will, was dir zum Frieden dient!»

Er drückte ihre kalte Hand und sagte tonlos:

«Ich habe das Gelübde getan, Weib und Kind und Heimat zu verlassen, – aber nur dann, wenn du freiwillig, ohne Zwang, deine Einwilligung geben würdest.»

Da zuckte doch noch einmal das widerspenstige Herz, und atemlos fragte Dorthee:

«Du wärest also geblieben –, wenn ich nein gesagt hätte?»

Klaus antwortete sanft:

«Dann schon, denn du hast ein Recht auf mich. Ich bin gewiß der letzte, der das Sakrament der Ehe schänden wollte, indem er die Bande löste, die Gott geknüpft hat. Aber ich wußte ja, wie gut du bist, meine Dorthee, und daß du noch nie gegen den Willen Gottes etwas getan hast.»

Der Wille Gottes! Ja, es war nur das! Es gab nichts anderes. In Dorthees Herzen ging der letzte Widerstand unter in dem Gedanken, der über ihrem ganzen Eheleben wie Grundsatz und Leitmotiv gestanden hatte: «Nicht wie ich will, sondern wie du willst, mein Gott!» Nie hatte sie all die Jahre her etwas für sich gewollt. Was an Glück dennoch bei ihr war, das war ihr gekommen aus Opfer und Hingabe, war die Frucht selbstloser Liebe.

So war sie auch jetzt, wo es um das Letzte ging, bereit, das eigene Herz zum Schweigen zu bringen. Es würde nicht heute sein und nicht morgen –, es war ein Kampf, der wohl ihre restlichen Jahre anfüllen würde.

«Wohin gehst du, Klaus?»

Sie dachte an ein Kloster im Auslande – das wäre vielleicht das beste. Er aber sagte:

«Nein, Dorthee! Noch weiß ich nicht, wohin ich gehen soll. Sicher aber wird es kein Kloster sein. Aber es gibt Orte, wo Gott seine Diener ganz allein und einsam hausen läßt. Das möchte ich, Dorthee!»

Sie sah ihn entsetzt an:

«Klaus, – nein, das kannst du nicht! Wenn du schon Gott dienen willst, dann tue es als ein Mönch an heiliger Stätte. Wie könntest du – – nein, – nein, das nicht, Klaus!»

Dorthee schauderte beim Gedanken, daß der Mann da als Einsiedler, als Büßer irgendwo in der Wüste leben sollte.

Er aber sagte:

«Wer die Hand an den Pflug legt und zurückschaut, der ist des Lohnes nicht wert. Alles oder nichts, Dorthee. Arm muß ich sein, weil ich die Güter dieser Welt besessen und geliebt habe, – einsam, weil ich bis heute dich hatte und die Kinder. Wer Gott dienen will, der muß alles hingeben können – Dorthee!»

Sie sagte nichts mehr darauf –, sie wußte nur, daß sie ihren Mann ganz und gar verloren hatte für diese Welt. Es gab nur mehr eines: Sie mußte ihn wiederfinden in Gott!

Als Klaus und Dorthee gegen Mitternacht sich von der Bank erhoben und ins Haus gingen, sprachen sie nicht mehr miteinander. Dorthee wagte nicht, wie sie sonst immer tat, Klaus beim Gutenachtgruß zu küssen. Es war nun alles so ganz anders, seit sie um sein Gelübde wußte.

Sie gingen in dieser Nacht nicht zur Ruhe. Vor dem Kreuzbilde in der Stube knieten sie sich hin. Klaus konnte aus tiefster Seele beten –, er dankte dem Herrn, daß mit der Zustimmung Dorthees auch das letzte, schwerste Hindernis aus dem Wege geschafft war.

Dorthee aber ging in Gedanken den langen Weg zurück in die fernen Tage der Jugend, in die Zeit, da sie liebende Braut, bangendes, hoffendes Weib gewesen war. Wie hatte sie damals gemeint, ohne ihren Klaus nicht leben zu können, als er wiederholt im Kriege den tausend Gefahren ausgesetzt gewesen war! Und wie hatte sich später das seltsame Wesen ihres Mannes vertieft, bis sie inneward, daß diese Frömmigkeit nicht nur ein Teil seines Wesens, sondern daß sie seine eigentliche Natur war! Das waren schon Jahre her –, sie hatte gelitten unter dem Gedanken, daß Gott die Seele ihres Mannes so sehr erfülle, daß er die weltlichen Dinge oft gering achtete. Doch nie – nein, das mußte sich Dorthee immer sagen – hatte er es an der Liebe fehlen lassen. Sie und ihre Kinder waren in seiner Liebe und Treue geborgen wie in einem warmen, schützenden Mantel. Aber die Angst, daß etwas Schweres, Ungeheures hinter der Frömmigkeit Klausens auf sie wartete, hatte sie doch nie verlassen. Schon damals, als Mutter Hemma ihr von den nächtlichen Gängen in den Ranft, von seinem Beten und Fasten erzählt hatte, ahnte sie dunkel, daß das eine Quelle der Sorge werden könnte. Dann, als sie seine Frau war, mußte sie erfahren, wie neben aller Liebe, die er ihr gab, der Hang zur Stille und Einsamkeit in ihm wuchs. Der Glaube des Volkes an die Macht seines Wortes und seines Gebetes hatte sie erschreckt –, es war so sonderbar, daß einer Gatte und Vater, Richter und Bauer war und im Rufe stand, ein heiligmäßiger Mann zu sein!

So weit also war es nun, daß er gehen mußte! Oh, sie hätte so gerne Gott gedankt für die Güte, die nun wieder eine Seele erkoren hatte zu seinem Dienste! Ja, wenn es ein anderer gewesen wäre! Ein Kind hätte sie freudigen Herzens dem Herrn geschenkt. Es war sogar ihr tägliches Beten, daß einer ihrer Söhne sich dem Dienste Gottes im Priesterstande weihen möchte. Aber nun war es ihr Gatte, der geliebte Mann, mit dem sie durch so viele Jahre glücklich gelebt hatte, der von Gott berufen war, hinzugehen und alles zu verlassen!

Plötzlich schrak Frau Dorthee zusammen. Die Wucht des Geständnisses hatte sie so sehr getroffen, daß sie nicht eher daran gedacht hatte. Nun aber mahnten sie die bleierne Müdigkeit und das Pochen eines kleinen Herzchens, daß sie nicht allein war. So selig sie sonst immer das kommende Leben erwartet hatte, – jetzt überfiel sie ein heißer Schreck! Wie konnte sie den Vater ziehen lassen, dessen zehntes Kind sie trug?

Kraftlos fielen die betenden Hände herab. Es war zuviel gewesen für das arme Weib. Klaus, der zu ihr hinsah, kam gerade recht, den Körper aufzufangen, der ohnmächtig zu Boden glitt. Dorthee spürte noch, wie sie in seinen Armen lag. Alles andere versank um sie –, es war gut so!

Was die opferbereite Seele ertragen hatte, das war für ihre leiblichen Kräfte zu viel. Sie wachte wohl wieder auf, als Klaus ihre Stirne mit frischem Wasser wusch und sie beim Namen rief. Aber das Aufwachen in diese Wirklichkeit war schlimm. Da stand Klaus am Bette, bei dessen Anblick ihr die ganze Traurigkeit der verwichenen Stunden und aller nun kommenden Tage innewurde, und zugleich kamen Schmerzen über sie, die sie so wohl kannte.

«Klaus, – schick mir um die Marie-Seppe, das Kindlein will kommen.»

Jähe Angst kam Klaus an.

«Jetzt schon?»

Sie konnte wieder lächeln. Über das eigene Weh hinweg tröstete sie:

«Ja –, aber wenn Gott will, kann alles gut werden.»

Klaus zweifelte:

«Ich dachte doch, es sollte später sein, – sag, ist dir nicht gut, Dorthee?»

«Es sind ein paar Wochen zu wenig –, aber denk, das Kindlein wird halt seinen Vater auch noch sehen wollen!»

Sie hatte es leichthin sagen wollen –, aber dann sahen sie sich doch beide an mit Augen, in denen das Weh und der Schmerz um ihr warmes, schönes Glück abgrundtief lagen. Da ging der Mann gebückt aus der Kammer. Es war ihm, das

Opfer, das da sein Weib brachte, sei nicht kleiner als das seine –, mehr als ein Leben und ein Glück kann eines nicht einsetzen!

Die Marie-Seppe kam nicht mehr. Sie hatte eben die Augen zugemacht, als Klaus von Flüe an den Laden klopfte. Schon halb in der Ewigkeit, hörte sie noch das Zeichen, das sie so oft aus Ruh' und Schlaf gerufen hatte. Sie wollte sich auch jetzt noch einmal erheben –, aber die Frau, die ihr in der Krankheit und beim Sterben beistand, wehrte sanft:

«Nein, Marie-Seppe, jetzt habt Ihr endlich Feierabend. Bleibt schön liegen –, es kommen jetzt grad die Engelein, die Euch heimholen in den Himmel. Und die Muttergottes steht an der Himmelstür und freut sich, daß Ihr kommt.»

Da ging ein freudiger Schein über das alte, runzlige Gesicht, und es war, es trage in seinen Runen all das Leid, das die Marie-Seppe in ihrem langen Leben gesehen hatte, – aber auch die Freude um die vielen Menschenkinder, denen ihre Hand ins Leben geholfen hatte.

«Wer ist – – draußen?» fragte sie müde.

«Der Klaus von Flüe –, es soll scheint's schon ums zehnte Kindlein gehen.»

Die Sterbende hauchte noch:

«Ich will – – drüben bitten –, es wird schon – gehen – müssen.»

Dann erlosch das Leben. Es schien, die Pflicht treibe die Marie-Seppe noch einmal, recht zu pressieren, wie sie es so oft im Leben getan hatte.

So wurde ein paar Stunden darauf das letzte Leuenbrugger-Kind geboren ohne die Hilfe der Marie-Seppe. Dorthee aber spürte, daß jene ihr Versprechen wahr gemacht hatte. Ihre

Fürbitte war so kräftig, wie es ihre lieben hilfreichen Hände im Leben gewesen waren.

Ein kleines, schwaches Büblein war dieses zehnte Von-Flüe-Kind. Die Eltern hatten Angst, es könnte ihnen gleich wieder davonfliegen. Sie tauften es gleich, der Vater goß das geweihte Wasser über seine Stirne, und Dorthee betete im Herzen um das Leben dieses Kindes, welches doch das letzte Liebespfand ihres Mannes sein würde. «Niklaus», hauchte die schwache Mutter, als Klaus fragend zu ihr blickte. Er lächelte schmerzlich, als er das Büblein auf diesen Namen taufte, – es mußte der armen Frau wahrhaftig viel ersetzen.

Zwei Tage darauf konnten sie das Kind doch nach Sachseln tragen in die Pfarrkirche. Die Nottaufe wurde bedingungsweise wiederholt, und Dorthee erlebte die Freude, daß der kleine Niklaus zusehends kräftiger wurde. Sie dankte Gott warm für diesen Beweis seiner Liebe.

Als sich Dorthee wieder erhob, schien sie um Jahre älter. Die Leute wunderten sich. Sonst war die Leuenbruggerin nach jedem Kindbett blühender aufgestanden. Was das nur sein mochte, daß sie diesmal so elend aussah?

Sie ging über die Erntezeit wieder zur Arbeit, tat still und ernst ihre Pflicht. Aber das Gesinde fand, sie sei nicht mehr die gleiche. Kein Lachen kam mehr über ihre Lippen, es war manchmal, als sei sie in Gedanken weit weg. Elisabeth, die nun schon achtzehn Jahre alt war, schaute besorgt nach der Mutter, die einen geheimen Kummer so still und verschlossen trug. Sie hätte gerne darnach gefragt, aber sie getraute sich nicht. Sie waren so streng erzogen worden, daß sie auch jetzt als erwachsene Menschen die tiefe Ehrfurcht vor Vater und Mutter nie vergaßen. Johannes, der älteste Sohn, hatte in diesem Frühling, kaum daß er zwanzig Jahre zählte, eine junge Frau ins Haus gebracht, des Landammanns von Inwil Tochter. So füllte sich die Stube an, und es war rührend zu sehen, wie sie alle, Söhne, Töchter und Kleinkinder, den Vater, die Mutter und den alten Großvater in Ehren hielten. Johannes unterzog sich wie alle andern dem Willen seines Vaters, er tat als Sohn und Erbe die gleiche Arbeit wie Knechte und Magd. Unter den vielen jungen Händen gedieh die Arbeit aufs beste, der Wohlstand mehrte sich und Klaus konnte Äcker und Alpweiden zukaufen. Er war darauf bedacht, seinen Kindern ein rechtes Erbteil zu hinterlassen.

Dorthee aber wartete in dieser Zeit mit Bangen, was nun geschehen würde. Jeder Tag konnte den Abschied bringen; denn daß Klaus Ernst machen würde, daran zweifelte sie keinen Augenblick.

In diesen Sommertagen geschah dann etwas, das den Namen Niklaus von Flüe wieder in aller Mund brachte.

Es war ein Rechtsfall beim Landgerichte angemeldet, in dem Klaus als Richter saß. Es hatte ein reicher Bauer seinem früheren Knechte einen Acker zu Lehen gegeben. Da dieser aber im dritten Jahre den Zins nicht aufbrachte, forderte der Bauer einen Teil des Kornes, das auf dem Acker wuchs. Der arme Mann gab es, sparte an sich und den Kindern den Ausfall ab und brachte im andern Frühling pünktlich den fälligen Zins. Nun aber stritt der Bauer entschieden ab, das Korn erhalten zu haben; er forderte das Geld, und als der andere ihn beschwor, er habe jenen Zins doch in Form von Getreide erhalten, lachte der Bauer ihn aus. «Du hast ja keine Zeugen, wie willst du nun beweisen, daß es so ist?» Und er ging hin und klagte den Mann des schuldigen Zinses wegen ein.

Die Richter hörten die beiden an. Da aber der Bauer ein gar

reicher Mann war und in den Geschäften des Landes als Abgeordneter seiner Gemeinde mitredete, war es bald so weit, daß das Recht auf seine Forderung anerkannt wurde. Umsonst rief das Bäuerlein Gott zum Zeugen an. Sie lachten seiner!

Da erhob sich Klaus von Flüe, der bis dahin still dem Handel zugesehen hatte. Er donnerte seinen ganzen Zorn, die gerechte Empörung in den Saal hinein:

«Sind wir so weit, Männer von Obwalden, daß wir das Recht umbiegen, um eines reichen Mannes Vorteil zu wahren? Wir haben geschworen auf das Kreuz des Herrn, nach bestem Wissen und Gewissen zu urteilen, – nun geht ihr hin und fügt dem armen Teufel ein himmelschreiendes Unrecht zu! Nur, weil er keine Zeugen hat, soll er noch einmal zahlen, was er schon am eigenen Leibe für die Scheune des Reichen abgespart hat. Wohl, ich kann mit meiner einzigen Stimme nichts ausrichten, das weiß ich; aber ich würde mich im Grabe schämen, weiter in einem Amte zu bleiben, dessen Mitglieder eine Ungerechtigkeit auf die andere häufen. Der Herrgott möge uns allen gnädig sein!»

Er warf seinen Sessel zurück, daß er polternd zu Boden fiel, und lief aus dem Gerichtssaal hinaus wie einer, der alle Brükken hinter sich eingerissen hat.

Die Richter und das anwesende Volk sahen sich verdutzt an. Herrgott, war das einer, dieser von Flüe! Der fürchtete sich nie, ein offenes Wort zu sagen, auch wenn er damit ein ganzes Dutzend Männer zu Feinden machte. Ob er nun wirklich ausschied aus Rat und Gericht? Es waren einige da, die es wünschten; es war ihnen schon lange zuwider, einen Sittenrichter und Moralprediger um sich zu haben. Mochte er oben im Flüeli sein heiliges Leben führen –, in der Welt draußen war das halt doch schwer, weltliches Gesetz und göttliches

Gebot in Einklang zu bringen. Die meisten der Anwesenden aber dachten mit Unbehagen daran, wie es sein würde, wenn dieser gerechte Mann nicht mehr im Rat und Gericht saß.

Klaus schritt in tiefen Gedanken der Heimat zu. Was er gesagt, war wohlüberlegt gewesen und es reute ihn nicht. Wenn doch sein Beispiel, sein Mahnen und Reden nichts nützte, dann gab es für ihn nur einen Weg: er mußte durch seinen Rücktritt vom Amte zeigen, wie sehr er die parteiische Handhabung der Gesetze verabscheute.

Freilich, daß er auf diese Weise ging, würde das Volk nicht verstehen. Er hatte Söhne, die, wie er selber wußte, sicher damit rechneten, einst Amt und Würde vom Vater zu übernehmen. Ob er nun nicht mit diesem Schritt den eigenen Kindern schadete?

Nein! Klaus verwarf den Gedanken. Es mußte ein jeder aus eigener Kraft und um seiner Fähigkeiten willen zu Ansehen kommen. Und schließlich war es auch kein Glück, Ratsherr zu sein. Er hatte es erfahren, daß es oft recht schwer ist, vor seinem eigenen Gewissen zu verantworten, was man da als Urteil aussprach und verhängte. Also hatte er nicht die Pflicht, den Söhnen zu etwas zu verhelfen, von dem er wußte, daß es nicht unbedingt gut war.

Klaus atmete erleichtert auf. Wieder hatte er einen Schritt vorwärts getan auf dem Wege in die Stille. Er war nun nicht mehr gebunden an die Pflicht und das Amt. Er hatte getan, was ihm möglich gewesen war. Vielleicht gelang ihm mehr, wenn er darauf verzichtete, mit eigenen Worten auf das Volk einzuwirken. Am Ende war es doch der Herrgott, der den Sinn dieser Leute wenden mußte. Es war also wieder das Gebet, das einzig sicher helfen konnte.

Am Abend dieses denkwürdigen Tages versammelte Klaus Frau und Kinder um sich. Dorthee wappnete ihr Herz, denn sie dachte, nun werde er von seinem Fortgehen reden. Wie erstaunte sie aber, als er von der Gerichtsverhandlung sprach und ihnen erklärte, er sei heute zum letzten Male in Sarnen Ratsherr gewesen! Seinen Sohn Johannes, der beim Sachsler Kilchherrn schreiben gelernt hatte, beauftragte er, ein Schreiben an den Landammann zu richten, in dem er erklärte, auf alle Ehren und Rechte eines Ratsherrn zu verzichten. Als er sah, wie widerstrebend Johannes die Sache tat, fing er an, an Beispielen zu zeigen, wie ungerecht oft Rat und Gericht waren, und er schloß mit den Worten:

«Da ich das erkannt habe, sag selber, Johannes, ist es nicht besser, einem Herrn zu dienen, der die Gerechtigkeit ist und nicht betrügen kann?»

Johannes schaute groß auf:

«Ihr dienet Gott doch Euer Leben lang, Vater. Es kann nicht sein, daß er mehr von Euch verlangt.»

Dorthee zitterte – jetzt mußte Klaus reden!

Aber er sagte nur vor sich hin:

«Wer weiß, wie viel Gott von einem verlangt! Ich meine, wir können ihm nie genug geben, und da ich so viel für die Welt tat, darf ich schon auch für den Himmel etwas tun!»

Johannes dachte, der Vater tue doch viel für den Himmel. Es war ja keiner weit und breit, der betete und opferte wie er. Aber er sagte das nicht –, er nahm Papier und Kiel und schrieb in sorgfältigen Buchstaben die Abdankungsurkunde seines Vaters an Rat und Gericht.

Mehr denn je wunderte sich Dorthee in diesen Tagen über ihren Mann. Er hörte alle ruhig an, die ins Flüeli kamen, um über seine sonderbare Abdankung mit ihm zu reden. Dutzendmal am Tage wurde er aufgefordert, die Sache rückgängig zu machen, und immer hatte er dieselbe Antwort:

«Es ist recht so, ich habe mir den Schritt gut überlegt, man tut so etwas nicht wie Brot essen. Es wird nicht schwer sein, einen andern an meiner Stelle zu finden.»

Ja, das glaubten sie schon; aber es war doch bisher nicht vorgekommen, daß einer mir nichts, dir nichts aus einem so wichtigen Amte geschieden war. Und der Ruf des Klaus von Flüe als Richter war nun einmal so, daß jeder an ihn glaubte, – nein, so wie er war keiner mehr zu finden.

Sie gingen alle, wie sie gekommen. Klaus ließ sich nicht bereden –, er blieb bei dem, was er im Rathause zu Sarnen öffentlich gesagt hatte.

Warum er noch immer daheim blieb? fragte sich Dorthee. Sie konnte sich an seiner Gegenwart doch nicht freuen, seit sie wußte, daß jeder Tag für ihn ein Kampf war. Und doch zitterte sie davor, daß die Stunde kommen mußte, wo seine liebe Gestalt, sein kluges Wort, seine Liebe und Güte ihr fehlen würden. Kein Wort hatten sie mehr gesprochen über diese wichtige Angelegenheit, und sie wußten doch, daß all ihre Gedanken nur um diesen Abschied gingen.

Klaus aber hatte sich ein Ziel gesetzt. Damals, als Dorthee ihr Kind geboren hatte, war das Erbarmen über ihn gekommen. Er sah, daß es Grenzen gab. Er wollte so lange daheim bleiben, bis das Kleine etwas kräftiger geworden war und bis sich Dorthee erholt hatte. Vielleicht, wenn sie körperlich stärker war, überwand sie auch diese Prüfung besser.

Für ihn war diese Zeit des Wartens eine Qual. Innerlich hatte er sich losgelöst von allem, was ihm lieb und teuer war;

– daß er aber äußerlich noch allem nahe war, brachte ihm jeden Tag einen neuen Kampf. Solange seine Kinder noch nichts wußten von seinem Entschlusse, mußte er sich um alles kümmern, was in Haus und Hof geschah, und oft war er versucht, alles von sich abzuschütteln wie etwas, das ihn nun gar nichts mehr anging. Seine Seele ging in den wenigen stillen Stunden, die ihm diese arbeitsreiche Zeit ließ, auf dem Wege des Gebetes und der Betrachtung dem hohen Ziele entgegen, das er nun doch bald erreichen würde. Immer mehr sehnte er sich darnach, sich ganz vom Irdischen zu lösen. Daß dieses Löslösen ein gewaltiges Opfer war, freute ihn –, wo wäre sonst das Verdienst geblieben?

Der Ratssessel, den Klaus so plötzlich und freiwillig verlassen hatte, blieb lange leer. Man wartete doch darauf, daß er wiederkomme. Es fehlte dem Rate die kluge Rede des einfachen Bauern vom Flüeli. Es war, als sei nicht nur sein Sitz leer, – die ganze Ratsstube war öde und still, seit dieses seltsamen Richters Stimme darin fehlte. Sie waren sich bald einig: Klaus von Flüe war der Beste des Rates gewesen, er fehlte ihnen bei jeder Beratung, bei allen Geschäften.

Aber der Platz blieb unbesetzt.

Der Sommer ging, der Herbst färbte die Wälder Obwaldens rot und gelb, daß sie auflohten wie Brände, wenn die Sonne sie beschien. Blauer und tiefer wurde der See zwischen Lungern und Sarnen, näher schienen die Berge zu rükken. Und dann lag eines Morgens der erste Reif im Tale –, auf den Flühen aber glänzte im Lichte des jungen Spätherbsttages der Schnee. Da riefen die Bauern das Alpvieh heim, banden die Brunnenstöcke mit Stroh ein und holten von den Äckern, was noch stand. Die Weiber schauten nach den dicken Kitteln;

es war nun Zeit, daß die Kinder wärmer eingepackt würden, der Winter stand dicht vor der Türe.

Auch im Leuenbruggerhause rüstete Frau Dorthee die schafwollenen Strümpfe. Sie kniete eben vor einer Truhe, als Klaus neben sie trat. Er sah ihr eine Weile zu, wie sie umsichtig die Sachen ordnete, prüfte und für jedes ihrer Kinder das Nötige beiseitelegte. Als sie seine Strümpfe nachsah, fand sie ein Loch darin.

«Das muß die Elsbeth noch flicken», sagte sie und legte sie neben sich auf den Boden.

Klaus aber sagte ernst:

«Nein, Dorthee, für mich brauchst du nichts zu richten –, ich meine, es wird nun Zeit, daß ich gehe.»

Sie ließ das Tuch sinken, das sie in den Händen hielt, und schaute zu ihm auf. Ganz arm und hilflos kam sie ihm vor, wie sie da kniete, und er sagte tröstend:

«Es muß nun halt sein, Dorthee, – aber meine Liebe ist ja doch immer bei dir!»

Langsam stand Dorthee auf. Einen Augenblick meinte sie, schwach zu werden, aber dann ging das vorüber. Nein, sie durfte ihm nicht zeigen, wie sehr sie um ihn litt. Hatte er es nicht tausendmal schwerer als sie?

«Wann willst du gehen, Klaus?»

Sie fragte es mühsam.

Er antwortete:

«Morgen ist der Tag des heiligen Gallus. Er ist von jeher hochgehalten worden im Schweizerlande. Mich dünkt, ich könnte morgen gehen. Es ist nun alles wohl versorgt, der Winter findet dich und die Deinen gerüstet, ich werde euch nicht mehr stark fehlen.»

«Mir wirst du immer fehlen, Klaus», würgte Dorthee heraus.

Er sah sie an, nahm ihre beiden schmalen Hände in seine starken, verschafften, und sagte:

«Das weiß ich, Dorthee –, aber du hast damals ja gesagt, als ich dich fragte. Es wird für dich eben das Opfer eines ganzen Lebens sein – und für mich auch – du!»

Bei diesen Worten legte er den Kopf in ihre Hände und sie spürte, wie heiße Tränen aus seinen Augen rannen. Es wollte ihr das Herz zersprengen. – Mein Gott, was war das für ein Abschied – freiwillig und doch so unsagbar schwer! Aus sich allein konnte er das nicht tun –, es war eine höhere Macht, die ihn herausnahm aus seiner Familie.

Als Klaus die Augen hob, lag darin ein tiefes Weh. Da ging in Dorthee das mütterliche Gefühl für dieses Leid auf und sanft strich sie über des Mannes Haar. Wenn Klaus, der harte, starke Bauer und Kriegsmann, weinte, dann brauchte er ihre Hilfe. Das künftige Leben würde ihr Tage genug geben, ihm nachzutrauern, – jetzt war er noch da, und sie durfte ihm den letzten Liebesdienst tun: tapfer und stark zu bleiben in diesen Stunden, die für ihn ein Martyrium sein mußten.

«Klaus, – es muß schon gehen –, dich tröste der Herrgott, der dich ruft, – ich habe die Kinder und die Gewißheit, daß wir uns alle im Himmel wiedersehen. Es kann ja nicht allzulange dauern, das Leben ist so kurz.»

Klaus setzte sich schwer auf die Truhe nieder. Der wehe Ausdruck verschwand. Ein Feuer verklärte seine Züge, das Dorthee nie an ihm gesehen hatte.

«Es ist nun auch das vorüber – ich danke dir, Dorthee! Es mußte so sein, daß du mein Weib wardst, – wo in aller Welt hätte ich eine Frau gefunden, die wie du diese vielen Jahre mit mir gegangen, die mich und mein Wesen so geduldig ertragen hätte wie du? Und die nun zum Schlusse noch bereit ist, wieder einsam zu werden um meines Glückes willen! Ich danke dir – Dorthee!»

Sie errötete tief. Es beschämte und beglückte sie zugleich, daß Klaus in dieser Stunde in Liebe und Dank an sie dachte.

Wieder lag die Stille zwischen ihnen. Es duftete aus der alten Truhe von Lavendel und Thymian. Dorthee hob die Sachen vom Boden auf und nahm sie auf den Arm. Auch Klaus stand auf und schaute sich langsam in der Kammer um.

«Suchst du etwas?» fragte Dorthee.

«Nein, aber ich muß noch einmal alles ganz gut anschauen –, die Erinnerung an mein Heimet und das Haus, das ich unserm Glücke baute, möchte ich nicht verlieren.»

Da seufzte die Frau wieder und ging aus der Kammer, gebückt und schwankend, wie wenn sie eine Last trüge. Auf ihrem Arm aber waren nur die Strümpfe, die sie Klaus noch richten wollte.

Klaus von Flüe ging an diesem 15. Oktober durch Haus und Gaden, Feld und Äcker wie einer, der weiß, daß seine Tage gezählt sind. Er konnte lange bei einem Baume stehen und sinnen, dann wieder schaute er vom Giebel seines Hauses hinaus in das herbstlich klare Land. Er wischte sich manchmal verstohlen über die Augen. Was war das, daß er heute alles ganz anders sah? Nie hatte ihn die Welt so schön gedünkt, nie so duftend und braun die Furchen der Äcker. Und seine Wälder, die grünen, satten Weiden und Matten –, nein, es gab gewiß kein anderes Stück Erde, zu dem man so gut «Heimat» sagen konnte, wie dieser kleine, engbegrenzte Raum hier oben zwischen Tal und Himmel!

Er traf im Gaden mit Johannes zusammen. Der verwunderte sich, daß sein Vater am hellen Tage untätig war.

«Wollen wir morgen ins Holz gehen, Vater? Es liegen seit dem letzten Sturme ein paar Tannen, die wir zurechtschneiden könnten zum Bau der neuen Hütte auf dem Klüsterli.»

«Morgen?» fragte Klaus, als habe er nicht recht verstanden. Dann sprach er rasch:

«Nein, Johannes, morgen gehen wir nicht, ich kann überhaupt nicht mitkommen.»

Er wandte sich ab und schaute zum Vieh. Er hörte, wie sein Sohn fragte:

«Was habt Ihr, Vater, ist Euch denn nicht gut?»

Aber er antwortete nicht, er konnte jetzt einfach nicht reden. Johannes aber ging ins Haus und fragte die Mutter, ob sie wisse, was dem Vater fehle. Doch auch die Mutter war so sonderbar, sie starrte in die Herdglut und hatte verweinte Augen. Sie antwortete nicht, sondern wischte sich mit der großen Schürze die Tränen fort und sagte:

«Der Herrgott prüft uns, Johannes, wir wollen beten, das ist alles, was wir tun können.»

Johannes fragte nicht weiter, aber er ahnte, daß etwas Schweres in der Luft hing, und ihm bangte davor.

Der Abend kam früh, und die Nebel krochen aus den Tälern herauf – dünn und zart von Sarnen her, dick und in grauen Schwaden aus dem tiefen Bette der Melchaa. Das Flüeli hob sich noch eine Weile wie eine Insel aus dem Dunste heraus, dann aber hatten es auf einmal die Dämmerung und die Dunkelheit ringsum eingesponnen und zugedeckt. Es wurde dunkle, schwere Nacht.

Allmählich erloschen die Öllichter in den Stuben. Aus den Ställen drang noch da und dort das Muhen einer Kuh, Ketten rasselten manchmal, wenn sich ein Tier zum Schlafe niederlegte, aber dann hörte auch das auf und die Ruhe lag über dem kleinen Dörflein.

Nur im Leuenbruggerhaus waren sie noch auf. Klaus hatte nach dem üblichen Abendrosenkranz einen zweiten angefangen. Frau Dorthee betete still für sich. Klaus aber sprach laut und fest. Die Kinder waren etwas schläfrig, und als der zweite Rosenkranz beendet war, sagte der Vater:

«Geht nun zu Bett, Kinder, und der Engel Gottes sei mit euch.»

Dann ging er zum Weihbronn und zeichnete jedem ein Kreuz auf die Stirne, Mund und Brust. Seine Hand zitterte dabei. Die Kinder sahen den Vater erstaunt an. Gesegnet hatte er sie alle Abende, aber so bewegt und ernst war er nie dabei gewesen wie heute. Die zwölfjährige Anna konnte sich nicht enthalten zu fragen:

«Vater, was ist denn?»

Da nahm er das blonde Kind zu sich heran und sagte:

«Anneli, ich geh' halt auf eine weite Reise und da muß ich euch alle ganz besonders in den Schutz Gottes stellen.»

«Aber Ihr kommt bald wieder, Vater, Ihr dürft doch nicht zu lange fortbleiben.»

«Ist Krieg, Vater?» fragte der kleine Erni.

«Nein, Krieg ist diesmal nicht –, ich glaube in den Frieden zu gehen, Kinder.»

Da schauten sie erst recht, die Kleinen, und auch die Großen wunderten sich.

Dorthee aber nahm die Kinder bei der Hand und führte sie die Stiege hinauf in ihre Schlafkammern.

Als sie in die Stube zurückkam, saß Klaus am Tische, inmitten seiner Söhne und Töchter. Auch sein alter Vater war da.

Sie schauten alle erschrocken nach dem Vater. Da wußte Dorthee, daß er ihnen sein Vorhaben mitgeteilt hatte.

Eben sprang Johannes auf. Er hatte vergessen, daß er bisher still und gehorsam alles hingenommen hatte, was der Vater getan und befohlen. Ganz blaß war er vor Erregung, als er sagte:

«Vater, nein, das kann und darf nicht sein! Erst habt Ihr getan, was keiner verstehen konnte, seid aus Rat und Amt gegangen, ohne daran zu denken, daß Eure Söhne schon bald wahlfähige Männer sind. Und jetzt wollt ihr als Einsiedler irgendwo in der Welt draußen leben, die Familie verlassen und die Mutter –, nein, Vater, das dürft Ihr nicht tun!»

Klaus hatte den Jungen ausreden lassen. Jetzt lächelte er schmerzlich. Dann sagte er:

«Ich habe nicht erwartet, daß ihr mit Freuden zustimmen werdet zu meinem Plane. Das nicht –, aber daß du so reden würdest, Johannes, das kann ich auch nicht begreifen. Wir, eure Mutter und ich, haben euch in der Furcht des Herrn erzogen und euch nach dem Grundsatz leben gelehrt, daß unsere Tage hienieden eine Vorbereitung sind auf das ewige Leben. Was kann es euch da kümmern, wie euer Vater, nachdem er Haus und Familie versorgt hat, den Weg zum Himmel geht? Es sei nicht gut, was ich tue, sagst du, Johannes. Ein anderer hat einmal den Ausspruch getan: Wer Vater und Mutter, Weib und Kind und Eigentum mehr liebt als mich, der ist meiner nicht wert. Was meinst du dazu?»

Johannes antwortete:

«Das weiß ich, Vater –, aber niemand verlangt, daß man diese Worte des Herrn buchstäblich befolge. Wohin würde das führen, wenn alle so dächten wie Ihr? Und dann –, was werden die Leute sagen, wenn Ihr von Haus und Hof fortlauft und wie ein Waldbruder leben wollt? Lachen werden sie und wir können ihnen nicht einmal unrecht geben. Besinnt Euch doch, Vater, Ihr könnt ja hier auch beten und den Himmel verdienen.»

Klaus griff das Wort auf:

«Die Leute, sagst du! Hör, Johannes, ich bin nun fünfzig Jahre alt geworden, hab' manches erlebt und vieles verkehrt gemacht. Aber das habe ich nie getan, mich nach den Leuten gerichtet. Nie, Johannes! Und es gab Dinge, die auch keiner verstand und die mir das ganze Ländli feind machten. Ich habe mich nie darum gekümmert und bin gut dabei gefahren. Warum sollte ich jetzt, wo es um etwas so Wichtiges geht, darauf schauen, was die Leute denken und reden? Und auch ihr, meine Kinder, dürft wohl diesen Schritt eures Vaters vor den Leuten rechtfertigen, denn ich glaube, ihr habt noch nie erröten müssen meiner Taten wegen. Spar den Versuch, Johannes, mich zum Bleiben zu bewegen! Die Sache ist beschlossen, und wenn ich auch wollte, ich könnte nicht zurück.»

«Warum nicht, Vater?» fragte schluchzend Elisabeth.

Da stand Klaus vom Stuhle auf, und ihnen allen schien, er sei noch nie so groß und ernst gewesen wie jetzt, wo er zu ihnen sprach.

«Da ihr es vom menschlichen Standpunkt aus nicht fassen könnt, muß ich es euch sagen. Der Herrgott hat mich gerufen, schon vor langer Zeit. Ich habe ihn nicht verstanden – vielleicht nicht bis zum Letzten verstehen wollen –, denn das Opfer ist riesengroß, das er von mir verlangt. Aber auf die Dauer kann einer diesem Rufe nicht widerstehen. Was wäre da meine Frömmigkeit, wenn ich mich dem Willen Gottes widersetzen würde?»

Elisabeth wandte ein:

«Ihr seid doch so gut und gerecht, warum verlangt Gott solches von Euch?»

«Kinder», fuhr Klaus fort, «ihr wißt nicht, wie das ist! Wegen meiner eigenen Seele – ja, das glaube ich auch, daß sie den Himmel und die ewige Seligkeit erlangen würde. Aber es lastet auf mir, seit ich weiß, die Angst und Sorge um mein Vaterland. Früh schon fühlte ich mich mitverantwortlich für alles, was im öffentlichen Leben unserer Heimat für oder gegen Gottes Gebot getan wurde. Vielleicht könnt ihr euch vorstellen, was da für mich diese Kriege waren, bei denen ich, durch einen Eid verpflichtet, mitmachen mußte, die aber nach meiner Überzeugung oft nichts anderes waren als eine zum Himmel schreiende Ungerechtigkeit. Und seit einiger Zeit hat ein neues Übel Eingang gefunden in unserem Lande. Sie werben mit schönen Worten und blinkenden Münzen um die besten, kräftigsten Eidgenossen, ziehen sie hinein in fremde Händel und kaufen ihr Leben und Blut um ein paar Gulden. Ich weiß, wieviel Elend und Kummer über Land und Volk gekommen sind um dieser unseligen Reisläuferei willen. Und es ist mein Volk, mein geliebtes Vaterland, das da aus einer Wunde blutet, die ihm zur Todeswunde wird, wenn nicht einsichtige Führer gegen die Unsitte aufstehen. Reden und Mahnen helfen nichts, ich habe es oft versucht –, also kann nur Gott helfen. Aber wir müssen ihn darum bitten. Wenn ich gehe, Kinder, wenn ich das Opfer der Trennung von euch allen und einem guten reichen Leben auf eigenem Boden bringe, dann tue ich es wohl, um meine Seele in den Dienst Gottes zu geben, – aber ich will Gott jeden Tag meines Lebens anflehen, seine Hand über mein Vaterland zu halten. Es gab zu jeder Zeit Berufene, die für die Fehler und Sünden anderer Buße taten, –

diesmal ist es euer Vater, der den Ruf vernahm. Von mir aus hätte ich das nicht tun dürfen; denn es ist schon, wie ihr sagt, meine erste Pflicht, die mir von Gott Anvertrauten zu betreuen. Aber der Wille Gottes ist alles, meine Kinder, – und wenn er auch auf Wege führt, die wir alle nicht begreifen, von denen wir nicht einmal wissen, wo sie enden.»

Klaus hatte während dem Reden die Hände verschlungen, er stand da wie einer, der Gottes Worte verkündet. Es wagte keines der Kinder, etwas zu erwidern, – sie spürten, daß da der Geist eines Höheren sprach. Alle aber waren sie zutiefst ergriffen, die Mädchen schluchzten, Elisabeth schmiegte sich an die Mutter, die still in ihrem Stuhle saß.

Als alles still blieb, sagte Klaus:

«So will ich denn noch einmal den Abendsegen sprechen und die Hilfe dessen auf euch herabflehen, der fortan an meiner Statt euer Vater und Erhalter sein wird.»

Sie erhoben sich alle. Da betete Klaus zum letzten Male das Gebet, das er alle Tage über seine Kinder betete:

«Wir danken dir, o Gott, für den Tag, den du uns gegeben hast, für alle Gnaden und Wohltaten. Wir befehlen in deine allmächtige, gütige Hand unser Land und unsere Familie. Segne diese Kinder, sei mit ihnen jetzt und allzeit, bis an ihr seliges Ende. Es segne euch der Vater, der Sohn und der Heilige Geist –, es blicke auf euch herab die liebe Mutter mit dem Kinde. Im Namen Jesu wünsche ich euch eine gute Nacht. Gelobt sei Jesus Christus.»

«In Ewigkeit. Amen», sagten die Kinder, und dann gingen sie, die großen, erwachsenen Söhne und Töchter, zum Vater hin. Johannes reichte ihm die Hand und sagte:

«Verzeiht, Vater, wenn ich Euch Unrecht tat –, aber ich brauche Zeit, Euch ganz zu verstehen. Lebt wohl, Vater!»

Tief sah ihm Klaus in die Augen. Es schmerzte so sehr, von den eigenen Kindern nicht verstanden zu sein. Gehörte das auch zum großen Opfer, daß er die Kinder restlos hingab, – daß ihm auch ihre Liebe noch verlorenging?

Sie gingen hinaus. Elisabeth wandte sich an der Türe noch einmal um und sagte schluchzend:

«Lebt wohl, Vater, und kommt uns wieder!»

Aber Klaus entgegnete:

«Wünsch das nicht, meine Tochter, – betet vielmehr, daß ich treu bleibe bis ans Ende.»

Als sie gegangen waren, erhob sich der alte Vater. Gebückt war seine Gestalt von der Last der Jahre, zitternd seine Hände. Er reichte dem Sohne die Rechte und sprach bewegt:

«Ich kann es auch nicht verstehen, Klaus, – es wird nun aber so kommen, wie deine selige Mutter es vorausgesehen hat.»

«Was sagte sie denn?» fragte Klaus.

«Daß du das Zeug habest, ein ganz eigener Mensch zu werden, – ein ganz großer Held, – oder ein Sonderling.»

«Und nun?»

Vater Heinrich sah ihn an, gab ihm die Hand und sagte:

«Mein Bub, – mein lieber, lieber Klaus, – ein Held bist, wenn du ausharrst, – geb' Gott dir seinen Segen –, und wenn ich es nicht mehr erlebe, von dir zu hören, dann glaub' ich noch im Tode, daß du den rechten Weg fandest. B'hüet' dich Gott, und dann – auf Wiedersehen dort oben!»

Klaus wollte die Hand des Vaters halten, aber der wandte sich ab, und auf seinen Stock gestützt wankte er aus der Stube.

Nun waren sie allein, Klaus und Dorthee. Sie hätten sich noch so vieles zu sagen gehabt, diese beiden Menschen, die eins gewesen waren und die fortan getrennt sein würden. Aber sie wagten es beide nicht, die Weihe zu stören, die über diesen letzten Stunden lag. Sie legten alle Wünsche, allen Schmerz und alle Bitten in das Gebet, das sie nun gemeinsam zum Himmel sandten.

Eine Zeitlang brannte noch das Licht. Aber es ging mählich das Öl zu Ende, und als es dann ganz finster war in der großen Stube, überkam Dorthee die Müdigkeit. Sie spürte es kaum noch, wie Klaus sie hinüberführte in die Kammer. Mit den Kleidern legte sie sich aufs Bett. Das wußte sie noch, daß sie bereit sein wollte, wenn Klaus ging.

Aber der Schlaf kam. Er deckte alles Müde und Traurige mit seinen Fittichen zu. Im Traum glaubte Dorthee einmal die Hand ihres Klaus auf dem Scheitel zu spüren. Ach ja, sie war doch seine Braut, er kam in den Garten auf der Schwendi. Sie nähte das Linnen, und er küßte sie auf die Stirne, ganz leise und zart. Oh, dieses Glück, diese Seligkeit! Ja, es ist gut so, so gut!

Was wußte das arme Weib davon, daß, während sie schlief, Klaus ihr ergrautes Haar gestreichelt hatte, – daß er im letzten Kusse ihre Stirne berührte, ja, zart und leise wie damals vor der Ehe!

Gut, daß die Nacht so dunkel war. Bis der Morgen graute, würde der wandernde Mann schon aus Dorf und Tal heraus sein.

«Wie ein Dieb geh' ich», sagte Klaus vor sich hin. Dann umfaßte er fester den Stecken und schritt rüstiger aus. Wer die Heimat verläßt, muß rasch gehen, sie greift sonst nach ihm und holt ihn zurück. Ein Hund schlug an beim letzten Hofe außerhalb Sarnens. «Das ist ja der Bläß», dachte Klaus und rief den Hund an. Da ging im Hause eine Scheibe auf, und des Bauern Stimme rief böse in den Hof herab:

«Scher dich zum Land hinaus, fremder Lump! Was bei nachtschlafender Zeit umgeht, können wir entbehren.»

Als habe ihn jemand geschlagen, duckte sich Klaus unter diesen Worten. Ja, so war es nun. Er hatte kein Recht, dazustehen, er mußte weiter. Der Hund knurrte böse, er hatte ihn nicht erkannt.

Bis zum Morgengrauen war Klaus schon weit gegangen. Er setzte sich am Wege nieder und zog ein Stück Brot aus der Tasche, das er als Wegzehrung mitgenommen hatte. Er wandte es ein paarmal um, ehe er es aß. Es war doch das letzte Brot, das ihm gehörte; künftig mußte er es erbetteln, denn nichts war mehr sein eigen.

Im Weiterwandern mied Klaus die große Straße. Er wollte nicht mit Menschen zusammenkommen. Was ihn bewegte, mußte er ganz allein mit sich selber ausmachen – mit sich und dem Herrgott.

Doch je weiter Klaus ging, um so sonderbarer und schwerer wurde ihm zumute. Eine unsichtbare Macht wollte ihn zurückziehen, dorthin, von wo er kam. Er nahm das als eine Versuchung an, der er widerstehen mußte. Fester stieß er seinen Stecken auf den Boden, inniger rief er zum Herrn, er möge ihm doch helfen, den Weg zu finden, der zum Frieden führe.

Aber Gott sprach nicht. Wehmütig sagte sich Klaus, daß jetzt, wo er doch ganz gehorsam gewesen sei, die Stimme schweige, die ihn vorher so eindringlich gerufen habe. Dunkle Zweifel wollten ihn überkommen, je weiter er ins Land hinauskam. Der Tag des heiligen Gallus war kalt, ein dichter Reif lag über den Wiesen und Äckern des Luzernerlandes. – Gegen Mittag aber kam die Sonne. Klaus hoffte, es würde nun auch in seinem Herzen lichter werden. Der Hunger plagte ihn. Er widerstand ihm und opferte den Verzicht dem Herrgott auf. Vielleicht wollte ihn der Wille Gottes noch ärmer, als er schon war.

Gegen Abend kam der müde Wandersmann auf einen einsamen Hof. Er klopfte an der Türe an, und als man ihm öffnete, bat er um der Liebe Christi willen um ein Strohlager. Die Frau hob die Laterne hoch und sah ihn streng an. Man konnte heutzutage nicht trauen, gar einem nicht, der um Christi willen bettelte. Aber als sie des Mannes recht ansichtig wurde, sagte sie beschämt:

«Ich wuße ja nicht, daß Ihr ein Gottesmann seid, – tretet ein und nehmt Herberge unter unserm Dach.»

Klaus wehrte:

«Ihr irrt Euch, Frau, ich bin ein Wandersmann. Gebt mir nur ein Lager im Gaden, mehr brauche ich nicht.»

Die Bäuerin aber drängte:

«Ich sah Euch an, daß Ihr ein Gottesmann seid, tut mir doch den Gefallen und kommt herein. Ich hab' ein krankes Kind in der Kammer –, vielleicht ist Gott barmherzig, wenn ich es auch bin!»

Da schritt Klaus hinter der Frau in die warme Stube. Der Bauer stand vom Tische auf, auch das Gesinde erhob sich.

«Grüeß Gott», sagte der Bauer und staunte ob dem sonderbaren Bettler, der ernst, aber freundlich erwiderte:

«Der Name Jesu sig Üwer Gruoß –, Gott gebe Euch einen guten Abend!»

Der Bauer schob dem Gast einen Stuhl hin und schickte die Magd, ein Abendbrot zu rüsten. Doch Klaus schlug es ab:

«Ich bin nicht hungrig, liebe Leute, und danke für die Güte.»

Und als das Mädchen doch mit Brot und Käse kam und der Bauer drängte, er möge ihnen doch die Ehre antun, faltete

Klaus die Hände und betete, ehe er einen Bissen versuchte. Dann schob er die Speisen weg und sagte:

«Vergelt's Euch Gott –, vielleicht kommt morgen einer, der ärmer ist als ich, dem gebt dann das Brot.»

Die Knechte und Mägde stießen sich an. Nein, das war doch noch nie vorgekommen, daß so ein Bettler mit ihnen am Tische gesessen hatte. Sonst waren sie immer laut und oft frech –, wann hatte einer dem ärmeren Bruder etwas zurückgelassen?

Der Bauer gab das Zeichen zum Abendgebet. Er zog einen Rosenkranz aus der Tischlade und begann zu beten. Klaus fiel mit seiner tiefen Stimme ein, und seine Augen hafteten am Bilde des Gekreuzigten so flehend und hilfesuchend, daß die Anwesenden alle, Mann und Frau und Gesinde, nur immer den betenden Mann anschauen mußten. Der war so sehr ins Gebet versunken, daß er nichts sah und nichts hörte. Seine hageren Hände hielten den Rosenkranz wie eine Waffe, mit der er einen Kampf ausfechten mußte. Er sah aber auch so aus, als ob er mit einem geheimen Weh ringe; denn wie er so betete, liefen ihm die Schweißtropfen über die Stirne – oder waren auch Tränen dabei? Aber nein, ein so starker, großer Mann weint doch nicht!

Als lange schon der Rosenkranz zu Ende war, auch das Vaterunser für alle Armen Seelen, saßen sie noch beisammen, und Klaus war so still und in sich gekehrt, als sei er irgendwo allein, nicht hier in der fremden Stube, unter Menschen, die er nicht kannte; als komme nicht die Nacht, wo er als Bettler erstmals unter fremdem Dache nächtigen würde.

Da weinte in der Nebenstube ein Kind auf.

«Es ist wach», sagte die Frau und ging hinüber. Das Weinen wurde ein schmerzliches Stöhnen. Über die Gesichter des

Bauern und der Mägde ging ein Schauer. Auch Klaus horchte auf –, er hatte noch nie ein Kind so weinen gehört.

«Es hat wieder einen Anfall», sagte der Bauer und stützte den Kopf in die Hände, «wenn ihm nur jemand helfen könnte!»

Klaus sagte einfach:

«Gott kann ihm helfen –, wir müssen ihn fest darum bitten.»

Der Bauer sah seinen Gast seltsam an. Dann sagte er:

«Wir haben gebetet, Mann, – ich bin nach Maria-Einsiedeln wallfahren gegangen, zwei armdicke Kerzen habe ich aufgestellt beim Gnadenbilde –, aber hört Ihr, wie das Kind trotz allem leiden muß?»

«Gott hilft, wenn es Zeit ist, – ich will Euch beten helfen, Bauer!»

Die Knechte und Mägde standen auf. Sie konnten das Schreien und Wimmern nicht ertragen. Auch der Bauer erhob sich und schritt mit schweren Schritten in der Stube auf und ab.

Klaus aber kniete sich vor das Kreuzbild und fing an zu beten.

Drinnen in der Kammer wogte das Weinen auf und ab – Stunde um Stunde ging dahin. Endlich wurde es stiller. Der Bauer stieß den stillen Beter leise an:

«Ihr solltet Euch niederlegen –, das Kind ist nun endlich eingeschlafen.»

Klaus schaute sich verwundert um. Er folgte dem Bauern, der ihm mit dem Lichte vorausging in die große Kammer, darin ein Bett stand.

«Gute Nacht», wünschte er, «und Vergelt's Gott für alles!»

Der frühe Morgen fand Klaus schon wieder auf der Straße. Leise war er aufgestanden und aus dem Hause gegangen. Als wenig später die Knechte an die Arbeit gingen, sahen sie die Türe der Gastkammer offenstehen. Sie meldeten es dem Meister beim Morgenessen. Der schaute seine Frau sonderbar an und schwieg. Als gleich nachher des Kindes Stimme nach der Mutter rief, staunte das Gesinde. Es war zwei Monde her, daß das Marieli nicht bei Verstand gewesen war, – jetzt rief es nach der Mutter.

Der Bauer wischte sich erst einmal über die Augen. Dann sprach er:

«Wir haben einen seltsamen Gast beherbergt diese Nacht, Leute! Ich kenne ihn nicht, weiß nicht, von wannen er kam, noch, wohin er geht. Aber er hat ein Wunder vollbracht in dieser Nacht. Das Marieli ist vom Fieber genesen. Mitten in der Nacht ist es erwacht und hat nach einem großen Mann gefragt. Der sei bei ihm gewesen im Traume und habe die Last von ihm genommen, die es schon lange gedrückt und gequält habe. Anfangs glaubten wir an einen bösen Zauber; aber dann sahen wir, daß das Kind klar bei Bewußtsein war. Da ist in uns der Glaube erwacht, Gott habe das Gebet unseres Gastes erhört. Sagt selber –, habt ihr je einen Menschen gesehen, der so gebetet hat wie dieser?»

Mit großen Augen sahen sich die Leute an. Es war so eigentümlich, was der Meister erzählte. Ja, wunderbar war das schon, wenn eines über Nacht genas, dem der Bader und die Kräuter-Anne schon den Tod gesprochen hatten. Scheu sahen sie zum Platze hin, wo gestern abend der fremde Wandersmann gesessen hatte.

Aus der Türe aber trat die Bäuerin und führte an ihrer Hand das Marieli, das schon wochenlang krank gelegen hatte. Es lächelte alle an, und die Mutter sagte tiefbewegt:

«Wir können dem wundersamen Manne nicht mehr danken; aber laßt uns jetzt für ihn ein andächtig Vaterunser beten – vielleicht drückt ihn auch etwas –, wir wollen um Fried' und Ruh' beten für ihn, der keine Heimstatt hat.»

Klaus, der um diese Zeit beim Läuten des Angelus stillstand, wunderte sich, warum ihm so sonderbar zumute wurde. Es war, als streiche eines Kindes Hand über sein unruhvolles Herz. Er wußte auf einmal, daß ein Ziel ihn erwarte, daß er nahe daran war, den rechten Weg zu finden. Fast froh ging er weiter in den Tag hinein.

Im Flüeli lief die Neuigkeit herum: Der Klaus Leuenbrugger ist fort! Fort? Ja, er wird eben in Geschäften ins Land hinausgegangen sein! Ein Lächeln – ein derbes Wort –! Nein, davon ist er gegangen, von Weib und Kind weggelaufen, irgendwohin in die Einsamkeit. Hat man so etwas schon gehört? Wenn einer Familie hat und Heimet und Besitz? Da sieht man wieder einmal, wie weit einer kommt, der meint, frömmer sein zu müssen als ein Pfarrer und Einsiedler. Erbarmen könnte einen die Dorthee, die mit ihrem Trüpplein Kinder doch ein ordentlich Maß an Arbeit und Sorge trug.

Einer meldete die Kunde am nämlichen Tage in Sachseln, von dort kam sie nach Sarnen, und bis zum Abend gab es fast kein Haus mehr, in dem man nicht von Klaus von Flüe sprach, der seine Familie verlassen habe, um Gott in der Einsamkeit zu dienen. Viele lachten – aha – dahinaus kam es! Er war halt doch immer ein Eigener gewesen. Es konnte schon sein, daß etwas nicht ganz richtig war bei ihm. Umsonst lief einer doch nicht in die Welt hinaus, wenn er ein eigen Haus hatte und Weib und Kind. Andere aber horchten auf. Wenn einer das tat, dann war er entweder ein Narr oder ein Held –, und das glaubte doch niemand im Ernst, daß der Ratsherr und Richter Klaus von Flüe ein Verrückter sei! Also! – Die Weiber bekreuzten sich. Was, ein Einsiedler wollte er sein, der starke, mutige Leuenbrugger, der Kriege mitgemacht und eines der schönsten Güter weitum besessen hatte? Da mußte doch die Gnade Gottes ihn angerührt haben. Dann war es ja –, nein, man konnte so etwas nicht zu Ende denken!

Nachdenklich gingen die Leute im Flüeli am Hause Niklausens vorüber. Sie schauten neugierig, ob sie nicht eines aus der Familie sehen würden. Was wohl Dorthee und die Söhne dazu sagen mochten?

Aber es blieb den Tag über einsam und still um das Haus herum. In der Stube saßen sie alle, nachdem sie am Morgen die Arbeit im Stalle getan hatten. Frau Dorthee hatte rotgeweinte Augen, aber sie klagte nicht. Johannes blickte streng und verschlossen drein; er war noch nicht überzeugt, daß der Vater gut getan habe, der sonderbaren Regung zu folgen. Er glaubte das Lachen und Tuscheln der Nachbarn durch alle Wände hindurch zu hören. Er tröstete sich einzig mit dem Gedanken, daß nach einiger Zeit das Geschehnis vergessen sein würde, daß man von Niklaus von Flüe, seinem Vater, nicht mehr reden würde, etwa, wie man ein Totes, und wenn es einem noch so lieb war, doch nach und nach vergaß. Das Leben mußte doch weitergehen ohne ihn.

Ja, aber noch war das der erste Tag ohne den Vater. Sie horchten alle gespannt, ob nicht doch ein Schritt über das Stiegenbrücklein komme, starrten mit brennenden Augen nach der Türe, durch die er jeden Augenblick eintreten könnte. Mechanisch taten sie, was nicht aufzuschieben war. Des Johannes junges Weib kochte das Mittagessen; aber als sie es auftrug, schaute die ganze Familie nach des Vaters Platz, der nun für immer leer blieb. Als Johannes an seiner Statt das Tischgebet sprach, konnte sich die Mutter nicht mehr halten –, sie legte beide Hände vor die Augen und weinte. Dann stand sie rasch auf und ging aus der Stube in die Kammer. Elisabeth gab den Kleinen das Essen, aber auch sie begannen zu weinen. Es war so unsagbar traurig, wenn der Vater fort war.

Am übernächsten Tage, am Sonntag, ging Dorthee mit den Kindern zum Gottesdienste nach Sachseln. Es war ein bitterer Gang. Sie fühlte die forschenden Blicke der Leute wie Feuer auf sich. Wenn jemand sie ansprach, fuhr sie zusammen – oh, daß doch keiner daran rührte! Doch sie sprachen ja nur vom Wetter, fragten etwa nach dem Kleinsten und wunderten sich noch, wie das Weib, dem der Mann bei Nacht und Nebel davongegangen war, aufrecht durch das Dorf schritt. Auch in der Kirche kniete sie ruhig, mit trockenen Augen. Wer hineingesehen hätte in ihre Seele! Darin stürmte und wogte es, kein Gebet stieg aus ihm, nur immer die stumme, wehe Klage um ihr fernes Glück. Aber sie mußte stark bleiben, niemand sollte sie elend sehen –, sie würden noch mehr Steine werfen auf ihren Klaus, der doch nur ihr Bestes wollte, wenn es auch diesmal mit einem ungeheuer großen Opfer erkauft werden mußte.

Am nächsten Tage kam die größte Versuchung an Dorthee heran, die je den Glauben an die Berufung Niklausens erschüttert hatte: Klaus sei wieder im Land, erzählten sich die Leute.

Erst hatte Dorthee gelächelt, als sie durch Elisabeth davon hörte:

«Ja, wenn er käme! Aber so einer wie dein Vater – der kommt nicht zurück!»

Kaum eine Stunde später aber stürmte Johannes in die Stube:

«Bei Gott, das hätte uns der Vater ersparen können! Eine Komödie soll er nicht treiben mit diesen Dingen! Wir sind bis dahin eine rechte Familie gewesen –; nun aber können wir uns bald verstecken vor den Leuten, denen unser Vater zum Gespötte geworden ist!»

Dorthee zitterte.

«Was ist denn, Johannes?»

Der warf den Kopf herum:

«Es ist, wie ich gedacht habe. Heim'kommen ist der Vater, weil er eingesehen hat, daß das Mönchsleben nicht der beste Teil ist, – herumstreifen tut er jetzt um alle Höfe Obwaldens. Diese Nacht hat ihn einer in der Rüti draußen gesehen –, er geht barfuß, mit Kutte und Strick wie ein Büßer! Mutter, wenn Ihr es gewußt habt, daß es mit ihm nicht richtig ist, warum habt Ihr ihn dann laufen lassen? Warum muß er da zum – zum Narren werden?»

Dorthee flammte auf:

«Das war ein böses Wort, Johannes – und dein Vater hat es um dich nicht verdient. Er ist der beste, frömmste Mann im Land weitum –, willst du ihm deshalb diesen Schimpf antun?»

Johannes lachte auf:

«Muß einer dann Ehr' und Namen vergessen, wenn er gut ist und fromm? Sagt, gehört das dazu, daß er sich im Lande herumtreibt wie ein fahrender Geselle, nachdem er doch vorhatte, weit weg von hier dem Dienste Gottes zu leben?»

Die Frau antwortete nicht. Riesengroß wuchs die Angst in ihr, daß der Sohn recht haben könnte. Wie hatte sie nur so töricht wünschen können, er möchte wiederkommen? Einen, der sich dem Herrgott geweiht, soll man nicht zurückwünschen –, das ist eine böse Umkehr!

Johannes fragte ungeduldig:

«Was sollen wir tun, Mutter? Man kann doch nicht zusehen, wie der Vater umherirrt, – er soll halt in Gottes Namen wieder heimkommen. Soll ich ihn suchen gehen?»

Dorthee sah den Sohn bittend an:

«Laß jetzt, ich muß alles zuerst überdenken – und vielleicht kommt er noch von selber heim.»

Johannes fühlte, wie unsicher auch die Mutter war, aber er sagte nichts mehr. Sie konnte einem ja auch leid tun –, so fest hatte sie an ihn geglaubt!

An diesem bösen Tage kamen nun die guten Nachbarn und wohlmeinenden Freunde dutzendweise ins Leuenbruggerhaus. Sie wußten alle dasselbe: Es sei halt schon schwer, wenn man einen Mann habe, der nicht wisse, was er wolle. Ob er nun daheim sei und wo er eigentlich gewesen sei die Zeit über?

Dorthee drehten diese Reden das Herz um. Soviel sie sich auch dagegen wehrte, – der Zweifel fraß sich tief in ihre Seele ein, und wenn sie Klaus anfangs noch verteidigt hatte und vom Willen Gottes sprach, der die Menschen halt gar sonderbare Wege führe, so wurde sie am Ende doch klein und verzagt. Sie saß und hatte die Hände über dem Schoße verschlungen. Ganz arm und hilflos kam sie sich vor inmitten dieser fragenden, forschenden Leute. Mit Bangen dachte sie daran, wie es nun fortan sein würde, wenn Klaus wieder daheim war, – wenn sie wieder beisammen waren! Etwas konnte dann nicht mehr sein wie früher –, der Glaube an ihn war doch erschüttert, und wenn ihre Liebe zehnmal den Mantel über diese sonderbaren Tage breitete.

Sie gingen in dieser Nacht nicht zu Bette im Leuenbruggerhause. Die Lampe schwelte trübe –, es fiel niemandem ein, sie zu putzen. Einmal erhob sich Dorthee und entzündete ein

Unschlittlicht, das sie, sorgsam gegen Zugluft geschützt, auf die Laube stellte. Es sollte dem heimkehrenden Mann leuchten als Wegweiser in sein Eigentum. – –

Aber die Nacht ging hin. Es blieb still um Haus und Hof. Beim Morgengrauen erlosch das Lichtlein vor dem Hause und in Dorthees Herzen stieg die Verwirrung. – Wie –, er war zurückgekommen ins Ländli und fand den Weg nach Hause nicht?

Sie wußten alle nicht, daß nach Mitternacht der Vater des Hauses vorübergegangen war an Licht und Türe, – daß es für ihn wie eine Versuchung gewesen, dieses einladende, wegweisende Lichtlein. Er hatte seinen Sinn und Zweck sogleich erkannt. Aber er stand nicht still – nur ein wenig langsamer wurde sein Schritt, und als er durch die schwach erhellten Fenster seine Familie um den Tisch sitzen sah, da wischten seine Hände über die Augen. Aber es war kein Schmerz mehr um dieses verlorene friedliche Glück in seinem Innern. Nur, daß seine liebsten Menschen um ihn trauerten, das tat ihm für sie leid. O, daß sie wüßten, welche Seligkeit er da in tiefer Nacht an ihrem Hause vorübertrug! Das Versprechen, nie mehr die eigene Schwelle zu übertreten, hielt ihn davon ab, in diese Stube zu gehen und seiner Familie zu verkünden, daß er nun ganz und endgültig den Weg erkannt habe. Aber er gehörte ja nicht mehr zu ihnen –, er hatte sich losgelöst von allen, und Gott hatte ihm als Entgelt den Frieden des Herzens und die wundersame Ruhe in seiner Liebe gegeben.

So war Klaus aus Dorf und Hofbann gegangen – zum zweiten Male war er wandernd geworden. Doch diesmal kannte er sein Ziel. Drunten bei Basel war ihm ein Licht aufgegangen, das klar und deutlich nach der Heimat wies. Er war erschrokken: «Herrgott, das kann nicht sein, so nahe bei allem, was mir lieb und teuer ist! Ich wollte es dir doch zum Opfer bringen.»

Aber die Stimme in ihm sagte jenes gewaltige, sichere Wort: «Ich kann alles in dem, der mich stärkt!»

Mit dieser Hilfe, im Namen des helfenden, starken Wortes ging Klaus noch einmal den weiten Weg zurück. Aus sich hätte er es nicht getan, es hätte ihn eine Vermessenheit gedünkt, noch einmal das geopferte, endgültig hingegebene Glück zu schauen. So aber ging er froh und unbeschadet aus dem traulichen Scheine in die dunkle Nacht hinaus. Kein Stern leuchtete ihm –, doch in seinem Innern brannte die Flamme, die ein Höherer entzündet hatte, die er nährte mit dem Gebete, das während seiner Wanderung nie verstummte.

Die Nacht war so dicht und finster, daß er unmöglich weiter gehen konnte. Der schmale Weg zog sich hier neben dem wilden, rauschenden Wasser der Melchaa hin –, ein einziger Fehltritt wäre ein Unglück gewesen. Eine Felsennische nahm den müden Wanderer auf. – Ihn dünkte, hier möchte er bleiben. Hatte nicht schon in seiner frühesten Jugendzeit dieser wilde, abgeschiedene Ort ihn angezogen wie kein anderer? Warum sollte er da unten nicht Gott dienen können?

Klaus lehnte den müden Rücken gegen den kalten Felsen. Er nahm aus seinem Rocke das letzte Stück trockenen Brotes, das er bei seiner letzten Rast in gastlichem Bauernhause erhalten hatte. Er machte das Zeichen des Kreuzes über die arme Nahrung und begann zu essen. Und während er aß, war seine Seele schon wieder vor Gottes Angesicht getreten in heiligem Gebete.

Nachdem Klaus das Brot gegessen hatte, fühlte er einen Schmerz in seinem Innern. Es fiel ihm ein, daß das schon die paar Tage her so gewesen war. Immer, wenn er etwas genossen hatte, drückte es ihn nachher so hart und schmerzlich, daß er meinte, daran zu ersticken. Es beunruhigte ihn. Sollte er das arme, entsagungsvolle Leben nicht aushalten können? Hatte sein Geist nur so viel Gewalt über den Leib, daß sein Entschluß, als Einsiedler zu leben, scheitern sollte an der Weichlichkeit des gut gewöhnten Körpers?

Klaus dachte, es wäre ja kein Unglück, wenn eine Krankheit ihn bald wegnehmen würde von dieser Welt, der er doch entsagt hatte. Aber dann glaubte er wieder die Worte zu hören: Das Himmelreich leidet Gewalt! – Nein, das wäre ein zu schöner, zu leichter Weg, dieses unverdient rasche Eingehen in die Freuden des Herrn. Das war nicht seine Berufung –, sein Weg lag noch weit und steil vor ihm!

Klaus preßte die Hände gegen den schmerzenden Leib. Es mußte doch wieder gut werden. Freilich, Nässe und Kälte drangen ihm durch das Gewand und die bloßen Füße schienen erfroren zu sein. Ob er sich doch irgendwo eine Hütte bauen mußte gegen des Winters Unbill?

Langsam ließ der Schmerz nach.

Klaus lächelte. Wie es nun weitergehen würde, ohne daß er eines Bauern Brot bekam? Hier in dieser wilden Gegend war kein Hof, und weiter oben in den Alpen standen die Gaden leer, die Sennen waren längst mit Vieh und Vorräten zu Tal gezogen. Jetzt war er wirklich ganz auf Gottes Gnade und Barmherzigkeit angewiesen –, er mußte nun helfen, da er sich ihm ganz geschenkt hatte.

Der Morgen graute leicht, als Klaus weiterschritt. Seine Glieder waren steif, die Nacht hatte ihn durch und durch erkältet. Er dachte daran, daß um diese Zeit seine Söhne noch in den Betten lagen, um dann später im wohlig warmen Stall das

Vieh zu besorgen. Und Dorthee kochte in der dimmeren Küche das Morgenessen. Alles war dort so warm, er meinte den Duft des Essens und den Hauch der Wärme zu verspüren.

Aber wie eine Versuchung tat Klaus auch dieses Erinnern von sich. Er schritt rüstig gegen den kalten Schneewind, und als er dann die Aa überschritten hatte und den steilen Hang hinauf gegen den Hexenturm ging, waren seine Gedanken schon wieder weitab von häuslicher Traulichkeit gekommen. Er dachte nur noch an das Ziel, es mußte nun doch recht nahe sein!

Menschenleer und einsam lag weit hinten im Melchtal die Alpe der Leuenbrugger, das Klüsterli. – Schnee deckte schon die Weide, nur an einigen Stellen hatte der Wind, der über die Frutt jagte, den Schnee weggenommen. Dürr und armselig schauten dort die paar Gräslein hervor. Die Alphütte bot Klaus Unterkunft. Aber sie war leer, man hatte bei der Alpabfahrt alles mitgenommen. Ein wenig Streue lag noch in der Ecke, die würde sein Lager sein. Feuer konnte er keines machen, aber das gehörte ja auch nicht dazu, wenn man als Einsiedler leben wollte. Zu kochen hatte er ja ohnehin nichts.

Klaus stand lange unter dem Eingange der Hütte. Ob es da war, wo er sein künftiges Leben zubringen sollte? Hier oben war ihm einst Gottes Geist nahe gewesen, der ihn rief zum Opfer und zur Nachfolge. Es hatte ihn aus dem fremden Baselbiet heimgezogen in die Berge, und vor seinen Augen stand eine Hütte, einsam und fern von allen Menschen. Ob es diese war? Er wußte es nicht. Aber er wollte doch hier bleiben – irgendwo mußte sein Platz sein –, es kam ja auch gar nicht so sehr darauf an, wo er hauste. Gott war überall.

Er brach draußen vor der Hütte vom Ahorn zwei Zweige, band sie kreuzweise zusammen und heftete das Zeichen der

Erlösung über die Schwelle seiner neuen Behausung. Dann kniete er sich nieder und verbrachte den Rest des Tages in inniger Betrachtung. Abends spät legte er sich auf die Schütte Streue nieder. Er hörte, wie draußen der Wind über die einsame Alpe fegte, spürte durch die Wände der Hütte hindurch die Kälte, und es fiel ihm ein, daß er noch nichts genossen hatte seit gestern. Doch es war kein Hunger, der ihn plagte, im Gegenteil. Er fand, daß er seit langem nicht so wohl gewesen war wie jetzt, wo sein Körper keine Nahrung hatte.

Klaus setzte sich auf. Seit er sein Ziel erreicht hatte, war eine frohe Zuversicht über ihn gekommen. Er sah alles heiter – selbst seine Armut dünkte ihn lustig. Ja, was hatte ihm der Herrgott für einen gescheiten Magen gegeben, der richtete seine Bedürfnisse nach den Verhältnissen ein. Jetzt wo kein Brot da war, beschied er sich und wartete geduldig, bis etwas kam. Ob das morgen war, oder erst übermorgen? Nein, wenn's dann nicht anders ging, mußte er wohl in den Wald, Wurzeln und dergleichen zu suchen, das hatten andere vor ihm auch schon getan. Es konnte doch Lenz werden, ehe jemand daherauf kam.

Der einsame Mann schlief nicht in dieser ersten Nacht seines Einsiedlertums. Immer wieder dankte er Gott, der ihn liebevoll gerufen und geleitet hatte, der wohl Opfer verlangte, der sie aber mit der Süßigkeit seiner Minne vergalt.

Klaus merkte, daß Schnee fiel. Der Sturm hatte nachgelassen. Sachte fielen die Flocken. Als er mitten in der Nacht vor die Hütte trat, fand er die Alp tief verschneit. Frisch und rein war alles, jede menschliche Spur verwischt. Und am Himmel stand ein einziger leuchtender Stern, so schön und groß, daß es Klaus dünkte, noch keinen solchen gesehen zu haben. Er schaute unverwandt nach dem seltsamen Sternbilde. Es war ihm, es wolle ihm etwas künden, aber er verstand das Zeichen nicht. «Es wird ein Gruß Gottes sein», lächelte Klaus und dann ging er in die Hütte zurück.

Die Tage und Nächte auf der Klüsterlialp waren für ihn ein einziges Fest. Schon fünfmal war es Tag und Abend geworden – fünfmal hatte der leuchtende Stern am Himmel gestanden; aber noch wußte Klaus nicht, was er ihm sagen wollte. Er glaubte sich nun geborgen, daheim, was wollte ihm ein Stern neue Wege weisen?

Am fünften Tage wurde Klaus mit Schrecken inne, daß er alle die Zeit her noch nichts gegessen hatte. Wohl war er sich das Fasten gewohnt, hatte schon als Knabe manchen Tag ohne Nahrung zugebracht. Aber dann hatte sich der Hunger gemeldet, und mit Behagen genoß er, was sich ihm bot. Jetzt – fünf Tage waren doch eine Zeit und die Kälte war groß –, jetzt spürte er keinen Hunger, sondern ihn ekelte, wenn er ans Essen dachte. Was war denn das?

Klaus befühlte seine Hände, seine Wangen. Sie waren hager wie schon lange. Es war keine Veränderung zu bemerken. Auch empfand er gar keine Müdigkeit.

«Das ist, weil ich keine rechte Arbeit tue», suchte Klaus einen sonderbaren Gedanken zu beschwichtigen. Er ging deshalb in den Wald, stieg kreuz und quer durch Tobel und Abgründe und kam abends wirklich müde zu seiner Hütte zurück. Als er aber die paar Beeren, die er noch an Sträuchern gefunden hatte, zu sich nahm, spürte er wieder den Schmerz wie früher, nur war er diesmal so stark und anhaltend, daß er sich niederlegen mußte. Und während er mit dem Schmerze kämpfte und ihn niederrang, wußte er auf einmal, daß die Gnade Gottes ein Wunder an ihm getan hatte. Sein Wunsch, ganz frei zu werden von menschlichen Bedürfnissen, von der Begierde nach Freude und Genuß war in Erfüllung gegangen. Gott hatte seine Natur gewandelt, daß ihn fortan nicht mehr gelüstete nach Speise und Trank. Der Geist hatte in Wahrheit das Fleich bezwungen!

Als Klaus das wußte, kniete er sich hin und breitete seine Arme aus. Sein Herz war übervoll von Liebe und Dank gegen seinen Herrn, der ihn also herausgehoben hatte aus dem Elende und der Hinfälligkeit des Leibes. Er spürte, wie seine Seele, schon ein wenig gelöst von irdischer Gebundenheit, sich freier und schöner erhob in heiligem Gebete. Zugleich erschauerte er in Demut. Was war er nur, daß Gott also mit ihm verfuhr? War es nicht klein, das Opfer, das er gebracht, im Hinblicke auf das, was er jetzt stündlich von Gott empfing?

Inniger und lauter sprach Klaus an diesem Abend sein großes Gebet:

«Herr, mein Gott, nimm alles von mir, was mich hindert zu dir, – gib alles mir, was mich fördert zu dir, – nimm mich mir und gib mich ganz zu eigen dir!»

Es mochte nun schon im Wintermonat sein. Klaus hatte Tag und Zeit vergessen. Die Dämmerung mahnte ihn an die Zeit der Ruhe oder des Aufstehens, sonst war sein Tag ein immer gleiches Schauen und Beten.

Als Klaus solchermaßen seine Seele bereitet und hingeordnet hatte auf ihr vollständiges Einssein mit ihrem Schöpfer und Ursprung, gingen seine Gedanken doch hin und wieder in die Weite. Er sah jetzt alle Dinge der Welt in einem ganz neuen Lichte. Seine Liebe zu Volk und Heimat war anders geworden in dieser Zeit der Besinnung. Er liebte seine Heimat nicht mehr wie einer, dem sie Hab und Gut bedeutet und Zuflucht, – er liebte sie wie ein Kind den Vater, wie eine ihm von Gott geschenkte gute Gabe. Er hatte deutlich erkannt, daß der Bund der Eidgenossen im Grunde gut war, daß Gott, der Herr, von jeher ein Wohlgefallen gehabt hatte an dem kleinen Völklein, das im Namen Gottes sich des Unrechtes erwehrte und sich frei machte aus unwürdiger Abhängigkeit, um einem höheren Herrn besser zu dienen. Und wenn auch nun im Laufe der Jahre die edle Bestimmung des Bundes verblaßt war, wenn Haß und Neid und verwegener Mut den Segen jener ersten schönen Rütlinacht geschwächt hatten, – es war doch der auf Gott geschworene Eid, der das Schweizervolk verband. Den hob keiner auf; alle, die aus dem Blute jener Ahnen ins Leben geboren wurden, waren Kinder dieser kleinen, bluterkauften Heimat, waren mitverpflichtet, sie zu schützen und den Geist der Brüderlichkeit und Einigkeit lebendig zu erhalten.

Klaus wußte, daß vieles im Bunde der Eidgenossen nicht gut war. Aber er glaubte doch an die hohe Aufgabe und Sendung dieses kleinen Bundes. Er sah sein Vaterland, wie man einen kranken Menschen sieht: das Mitleid regte sich in ihm und der Wille, ihm zu helfen. Vielleicht hatte er darum einsam werden müssen, um bereit zu sein, wenn das Land ihn brauchte. Er stand, als er das dachte, am Rand der felsigen Alp. Rings um ihn lag nun die Welt in tiefer Stille, eingebettet in den weißen Mantel des Bergwinters. Alle Höhen und Tiefen waren bedeckt mit der Fülle unberührten Schnees, und wie die Sonne nun darauf fiel an diesem klaren, kalten Tage, erschien das ruhende kleine Land wie eine Insel des Friedens. Klaus lächelte schmerzlich. Ja, das könnte es sein! Wahrhaft ein Eiland, in das kein Hader und Zank dringt, solange es seine Tore geschlossen hält, – eine Festung, die stark ist in ihrer Einigkeit!

Ach, wie lange war das schon her, daß dieses schöne, geschlossene Einssein das Land regiert hatte! Und was war seit dem ersten Zwiste unter den verbündeten Brüdern doch schon an Haß und Neid groß geworden, wie wuchsen diese Pestbeulen am Körper des Vaterlandes heran! Es war ein himmelschreiendes Unrecht, wenn ein Volk, das sich mit Gottes Hilfe frei gemacht hatte, das in vielen schweren Kämpfen seine Freiheit behauptete und besiegelt hatte, – wenn es hinging und um seines Profites willen Ehre und Ansehen aufs Spiel setzte, – wenn es Kriege führte für fremde Herren oder gar im Bruderkriege sich selbst zerfleischte.

Lag da nicht unter dieser weißen Hülle ein armes Land, dessen Volk irreging, indem es abwich von jenem Wege, über den seine Vorfahren den Namen Gottes geschrieben hatten? Es brannte unter der Decke das gefährliche Feuer der Habsucht, die nach den Gütern fremder Fürsten verlangte. Es gloste die Kampflust still weiter und würde ausbrechen zu gefährlicher Lohe, sobald ein unbedachtes Wort sie schürte. Und in den Dörfern gingen die Werber um wie der Böse Feind, mit lächelnder Miene, süßen Worten und klingendem Beutel. Sie gossen den schweren, welschen Wein in die Zinnkannen der Schweizer, und die tranken mit ihm das Gift der Verführung also, daß sie nicht mehr an Haus und Hof, an Weib und Kinder dachten, sondern nur noch die glänzende weite Straße des Ruhmes sahen und den Siegesruf der geschmückten Scharen hörten. So zogen sie aus – verblendet und abtrünnig, glaubten sich auf dem Wege in ein reiches schönes Leben und kamen wieder als gebrochene, elende Menschen, die ihres Lebens beste Kraft und schönste Jahre vertan hatten auf fremdem Boden, für fremde Ehre und fremdes Geld. Oder sie kamen auch nicht mehr –, waren von feindlichen Kugeln getroffen und röteten mit ihrem Herzblute eine Erde, zu der sie nicht gehörten und die ihnen nun doch die letzte Stätte ward. Und die Heimat wartete vergebens auf sie, die Liebe beweinte sie und die Armut fluchte ihnen. Nicht einmal das Andenken an sie war rein –, wie konnte einer gut sein, der alles verlassen hatte um eine Handvoll fremden Soldes?

Klaus sah diese Grundübel von seiner hohen, abgeklärten Warte aus wie in einem Spiegel. Sie entstellten das Bild der geliebten Heimat –; es blieben nur die Grundzüge rein und schön, das Fundament, auf das vor anderthalb hundert Jahren der Anfang einer neuen Zeit gestellt wurde.

«Wir müssen wieder dort anfangen, alles wegtun, was ungut und nicht echt eidgenössisch ist, wirklich In Nomine Domini anfangen und weiterbauen, streng auf uns gestellt, und uns nicht einmischen in fremde Händel. Dann bleibt uns die Kraft erhalten für das wahrhaft Gute und Edle, für Kämpfe, die noch kommen können, in denen es nicht nur um Heimat und Freiheit, sondern vielleicht um die heiligsten Güter, um Glauben und Sitte geht!»

Der einsame Mann sprach diese Worte in die Winterstille hinaus. Sie waren das Bekenntnis zur irdischen Heimat, die er um so tiefer liebte, je näher er der himmlischen entgegenwanderte. Er wollte wachen und beten, es brauchte einen starken Hüter für dieses rauhe selbstherrliche Völklein: Gott selbst mußte ihm Weg und Ziel weisen. Klaus aber wollte um diese Gnade für sein Land beten!

Immer höher türmten sich die Schneewächten um Klausens Hütte. Er hatte Mühe, den kleinen Weg zur Föhre frei zu halten, unter der er so gerne betete. Dort hatte er den Blick frei über Berge und Täler. Er sah hinaus in das Land und hatte über sich die Unendlichkeit des stahlblauen, harten Winterhimmels. Und abends stand der Stern, der sonderbare große Stern, dort draußen. Vielleicht war dort das Flüeli – nein, doch nicht. Es war so schwer, den Ort zu bezeichnen, wo er stand. Doch grüßen mußte er ihn Abend für Abend –, er war ihm wie ein Freund geworden, ein beredter Bote zwischen Himmel und Alpe.

Auf dem schmalen Weglein zwischen Hütte und Föhre kam die Welt zu Klaus. Jetzt, wo er gar nicht an Menschen dachte, wo er meinte, ganz einsam und verschollen zu sein, kamen an einem kalten Abend zwei Männer zu ihm. Es waren Jäger, die in den Melchtaler Bergen nach Gemsen jagten und die ein Schneesturm auf diese abgelegene Alp getrieben hatte. Sie erinnerten sich einer Hütte, die dem Leuenbrugger gehörte, und waren über die Maßen erstaunt, als sie einen frischen Pfad fanden.

«Da wird einer hausen, der Grund hat, allein zu sein», meinte der Melchi Steiner und sein Gefährte fügte bei:

«Ein Unfug ist's, daß das noch geschehen kann; man sollte meinen, die Hohe Regierung könnte des Gesindels doch habhaft werden.»

Klaus hörte in seiner Hütte das Nahen der Männer. Unmut wollte ihn überkommen, daß man seinen Frieden störe. Aber er beherrschte sich und trat mit freundlicher Miene unter die Gadentüre. Er lachte gar, als er sah, wie die zwei Jäger verblüfft und erschrocken stehenblieben, sowie sie seiner ansichtig wurden.

«Ja, schaut halt, ich bin's schon, leibhaftig und guter Dinge. Das hätt' ich freilich nicht gedacht, daß ihr daherauf kommt, mich zu besuchen.»

Die Jäger kamen näher. Bei Gott, das war ja der Klaus von Flüe, ehemals Ratsherr und Richter, dann ein Narr, der von Haus und Hof lief und nun –, eine Kutte trug er wie ein Waldbruder, ging barfuß in dieser schaurigen Kälte und hauste da oben in der Einsamkeit! Der dastand, war wahrhaftig kein Narr, der trug ein Leuchten über Gesicht und Augen, das sich die Bauern nicht erklären konnten. Sie spürten undeutlich, daß da etwas war, das weit von allem Alltäglichen entfernt war, eine wundersame Sache, an der sie mit ihrem erdhaften Sinn keinen Teil hatten.

Klaus lud die staunenden Männer freundlich ein:

«Es ist zwar kalt heroben, aber kommt immerhin in die Hütte, 's nachtet langsam ein und da drin ist es wenigstens trocken. Platz werden wir schon haben selbdritt.»

Der Melchior Steiner trat verlegen von einem Fuß auf den andern. Es war ihm nicht ganz geheuer in der Nähe dieses Mannes. Er sah genau so aus, als wüßte er um alle Dinge, auch davon, wie gerade er einer der lautesten Spötter gewesen war, als die Mär von Klausens Abschied umging. Aber was wollte er machen? Sein Begleiter, der Kaspar Imfeld, war so müde und hungrig, daß sie unmöglich weitergehen konnten. Und der Leuenbrugger hatte recht – es nachtete unversehens ein. So ging er langsam dem Imfeld nach und trat in die Hütte.

Die beiden Jäger grüßten den großen Mann verlegen. «Man sollte doch mit ihm reden», dachten sie, aber die Worte wollten ihnen nicht kommen. Sie legten ihr Weidzeug still in eine Ecke und sahen sich um. Klaus ließ sie gewähren. Lächelnd und mit verschränkten Armen sah er zu, wie sie vergebens nach Worten, Bank und Wärme suchten. Endlich kam es stoßweise aus des Melchi Mund:

«Klaus Leuenbrugger – was – was tut Ihr denn da oben,

so allein – ohne – – ja, das ist doch beim Eid kein Haus für den Winter –, Ihr seid doch kein Waldbruder – Mann!»

Klaus sah ihn an:

«Meint Ihr? Es könnte doch sein, daß ich einer bin – halt nur nicht ganz, weil da oben auf dem Klüsterli der Wald fehlt. Aber sonst –. Doch nehmt nun Platz –, es ist eine Schütte Stroh da, Ihr werdet Euch schon bequem machen können.»

Ungelenkig ließen sie sich nieder und sahen einander an. Es war doch seltsam, wohin sie da geraten waren. Klaus nahm die Schaufel aus der Ecke und machte sich vor der Hütte zu schaffen, er wollte den beiden Zeit lassen, sich vom Staunen zu erholen. Einen Augenblick überlegte er noch, ob er nicht unbemerkt davongehen sollte, weg vom Bereiche dieser Menschen, die der Welt Hauch in seine andächtige Stille herauftrugen. Aber er ging nicht. Nein, es könnte doch sein, daß ihm der Herrgott den Besuch geschickt hatte, daß er ihn neuerdings verbinden wollte mit den Geschehnissen im Lande draußen. Gleichzeitig spürte er auch schon das Verlangen, von den Männern zu hören, wie es gehe in Rat und Gemeinde, und ob der Friede, der stets gefährdete, noch bestehe.

Als Klaus in die Hüte trat, sprach ihn Imfeld an:

«Wenn wir vielleicht um ein Stücklein Brot bitten dürften, – wir sind den Tag unterwegs und hofften, zur Nacht daheim zu sein. Nun haben wir da ein Stück Rauchfleisch, aber kein Brot. Sagt, von Flüe, könnten wir ein wenig haben?»

Klaus wandte sich ab.

Wie sollte er den beiden Männern da sagen, daß er weder Brot noch sonst etwas Eßbares hatte, – ja daß er seit Wochen nichts mehr gegessen? Er überlegte und sagte dann:

«Es ist mir selber ausgegangen und bei diesem Schnee – nein, ich kann Euch beim besten Willen nicht aushelfen. Wer daherauf kommt, muß den Hunger bändigen, wie man junge Löwen bändigt –; aber wenn er überwunden ist, dann geht's schon.»

Der Steiner staunte:

«Den Hunger bezwingen –, ja, könnt Ihr das wirklich, Leuenbrugger?»

Nun durfte er nicht mehr anders –, er mußte antworten:

«Bezwingen sollte ihn jeder einmal, Steiner, denn sonst beherrscht der Hunger den Menschen, und das soll nicht sein. Aber daß einer ohne Brot auskommt, wißt, das kann er nicht aus sich selber, da tut Gott ein Wunder.»

Wieder schauten sich die beiden an. Ihre Blicke redeten. Ohne Brot, ein Wunder? Und Klaus stand vor ihnen, hager und mit Zügen, in denen selbst sie, die rauhen, unwissenden Männer, etwas fanden, das sie bezwang, anzog und doch scheu machte. Wenn nun er, der ihr Landsmann war, von diesem wundersamen Geschicke heimgesucht war, kein Brot zu bedürfen und doch zu leben?

Die Größe des Gedankens machte sie schauern. Lange standen sie und schauten den sonderbaren Mann an, der jetzt, in tiefe Gedanken versunken, bei der Türe stand und in die abendlich-dämmerige Welt hinaussah. Seine Augen gingen weit über Schneehalden und verhangene Wälder hinweg. – Sie fühlten, daß der an einem ganz andern Orte zu Hause war, – nicht mehr im Flüeli, und auch nicht in der Alphütte. Den hatte Gott herausgehoben aus ihrer Mitte und in seinen ewigen Gefilden beheimatet –!

Nun, da sie spürten, daß Klaus ein ganz anderer war als sie, fanden sie auch endlich den rechten Ton, mit ihm zu reden. Es war schon ein gut Teil Verehrung und Hochachtung in den Worten, die der Imfeld jetzt an ihn richtete:

«Wenn das so ist –», sagte er gedehnt, «dann tatet Ihr gut, aus Geschäften und Händeln zu entfliehen. Das da oben ist allweg eine bessere Luft, heilig zu werden, als unten im Tale. Es könnte einen schier gelüsten, es auch zu versuchen. Aber freilich –, wenn einen der Herrgott nicht ruft – –.»

Klaus erwiderte ernst:

«Bittet Gott nicht darum, Imfeld! Es ist eine große, schwere Sache um eine Berufung. Süß ist wohl die Minne des Herrn, aber das Himmelreich leidet Gewalt. Ihr wisset nicht, was Gott Euch gab mit einem leichten Gemüte und einfältigen Sinne. Alle müssen wir Heilige werden und durch mancherlei Fährnisse und Leiden zum Ziele wandern –; aber ich sage Euch: Dankt dem Herrn, wenn Ihr diesen Weg gemeinsam machen dürft mit Menschen, die Euch lieb sind. Es ist ein Großes um verstehende Menschen!»

Es schien, Klaus spreche nicht nur zu diesen beiden Männern. Seine Stimme war laut, und was er sagte, vergaßen sie wohl nie mehr. Der Melchi fragte:

«So schwer tragt Ihr – und wollt es dennoch wagen? Könntet Ihr nicht auch daheim Gott dienen, bei Weib und Kindern?»

Klaus antwortete:

«Es war schwer –, ich habe lange Jahre gerungen um den inneren Frieden. Nun habe ich ihn – ja, aber ich möchte nicht wünschen, ihn noch einmal erkämpfen zu müssen. Nein, daheim konnte ich nicht bleiben. Ihr wisset selbst, daß die Sorge um das Hauswesen, daß die Liebe zum angetrauten Weibe, auch wenn sie gut und rein ist, doch unser Herz gefangennimmt und teilt, also, daß es nicht Gott allein angehören kann. Darum hat unsere Kirche unverheiratete Priester, die ganz und ungeteilt dem Herrn und dem Heile seiner Herde leben. –

Warum sollte ich, der ich mich Gott anheimstellte, nicht tun wie sie?»

Wieder staunten die Männer. Wie weit Klaus von Flüe doch war in der Vollkommenheit! Und wie ferne sie ihr standen, sie mit ihrem weltlichen Sinne und ihrer erdhaften Natur, die nicht einmal alles begriffen, was da ein anderer zum Lebensprogramm erhoben hatte!

Sie legten sich zur Ruhe, als das Schweigen der Berge auch sie stillgemacht hatte. Klaus ließ sich nicht bewegen zu schlafen. Er ging in die Nacht hinaus, und als er später in die Hütte kam, fand er die Männer in tiefem Schlafe. Da kniete er sich hin vor sein schlichtes Kreuz und betete. Die Hütte wandelte sich zum Tempel; denn Gott war dem einsamen stillen Beter nahe –.

Gegen Morgen erhob sich Klaus und ging hinaus, seine Morgenandacht zu halten. Noch lag die Dämmerung über dem Lande, aber es unterschieden sich doch schon die Berge von den Tälern. Klaus schaute nach seinem Sterne – er war nicht da. Es machte ihn traurig. Nun war auch dieses einzige Zeichen fort und er wieder ganz allein. Doch auf einmal sahen seine suchenden Augen aus dem dunkelsten Tale einen hellen Turm aufwachsen, der hoch und höher wurde, bis er die grauen Wolken berührte. Jetzt wußte er ganz genau, daß an jener Stelle der Stern gestanden war, und das Tal mußte das Ranfttobel sein, sein einsamer, verschwiegener Ort des Gebetes während vieler Jahre. Es fiel ihm ein, daß er schon als Knabe diesen Turm einst gesehen hatte. Er war damals dem betenden Kinde erschienen im Melchaatobel, das Ranft heißt. Damals hatte er sich gefürchtet vor dem sonderbaren Bilde und es nicht zu deuten vermocht. Heute war das anders. Es war ihm Sinnbild und Zeichen: Nicht auf dieser stolzen, schönen Höhe der Alp sollte er leben, sondern drunten in der Wildnis, emporwachsend in zähem, beständigem Wollen, in Entsagung und Opfer, bis zur wundersamen Höhe der Sterne. Wie deutlich sprach doch Gott zu ihm, wie leicht war es, seinen Willen zu erkennen, jetzt, da sein Herz ganz offen und bereit war, ihm zu folgen!

Klaus erhob sich. Es gab kein Säumen mehr. Er weckte die Landsleute und sagte ihnen, er wolle mitkommen, wenigstens ein Stück des Weges. Die wunderten sich nicht wenig, hatte doch Klaus am Abend vorher mit so ernsten Worten von seinem Einsiedlertum da oben gesprochen. Nun, sie wollten sehen, was der sonderbare Eremit nun weiter unternahm.

Sie verließen zusammen die kalte, unwirtliche Hütte. Die beiden Sachsler waren so hungrig, daß sie nur schwer gehen konnten. Klaus aber drängte mit Ungeduld vorwärts.

Der Melchi, den das rasche Gehen verdroß, konnte sich nicht enthalten, Klaus zuzurufen:

«Geltet, man kann halt doch nicht aus seiner Haut heraus, und die kalten Nächte da oben sind nicht so angenehm!»

Es reute ihn das unbedachte Wort, sobald er sah, wie Klaus stehenblieb und ihn mit einem wehmütigen, fast mitleidigen Blicke ansah. Als er dicht bei ihm stand, sagte Klaus:

«Ich hoffe, Gott werde mir helfen, aus meiner Haut zu kommen, wie Ihr sagt; denn ich bin daran, das Wort der Schrift zu erfüllen, das da befiehlt, den alten Menschen auszuziehen und sich umzulegen die Waffenrüstung Gottes.»

Damit ging er weiter, ein wenig langsamer, daß die beiden nachkommen konnten.

Der Melchi schüttelte den Kopf. Was war das für ein Mensch, dieser Klaus von Flüe! Man konnte ihm einfach nichts anhaben, der warf mit weisen Sprüchen so trefflich um sich, als habe er alle Gelehrsamkeit in seinem Bauernschädel drin. Und dabei wußte man doch, daß viele schon bei seiner Wahl in den Rat sich gewundert hatten, wie einer, der nicht lesen noch schreiben konnte, in dieses hohe Amt gehöre. Freilich, als er dann seine Stimme erhob, sah man bald ein, daß die Gescheitheit und der klare, witzige Sinn nicht nur in Schulstuben gedeihen, sondern daß eine natürliche Begabung auch aus einem ungebildeten Flüelibauern einen weisen Ratsherrn machen kann.

Und nun hatte der in weltlichen Ämtern und Geschäften so tüchtige und erfolgreiche Mann sich daran gemacht, auch in geistlichen Dingen das Höchste und einzig Richtige zu tun –: seine unsterbliche Seele zu retten!

Melchis Hand fuhr schwer über die Stirne –, es wurde einem doch heiß in der Nähe dieses Mannes, der eine so gewaltige Sache mit ruhigem Gleichmut tat, der ohne Speise und Trank so stark blieb, gegen die eigene Natur und die Versuchungen von außen zu kämpfen, der alles hingab um das große Eine, das man nicht benennen konnte.

Der junge Imfeld ließ sich einmal vernehmen. Er glaube denn doch, daß sie auf diesem elenden Wege nicht vor Abend nach Sachseln kommen würden. Soviel er wisse, müsse nun der Pfad rechts abbiegen, sonst gerieten sie ja beim Eid noch ins Ranfttobel hinab.

Klaus hielt den Schritt an. Er stützte sich auf seinen Stecken und sagte lächelnd:

«Ja, ich glaube auch, daß Ihr recht habt, Imfeld. Dann trennen sich eben unsere Wege –, Ihr geht über das Haldenholz nach Sachseln und ich in den Ranft. Grüßt mir, wenn Ihr sie seht, mein Weib und meine Kinder!»

«Aber Ihr geht doch – –, ich meine, Ihr seid doch vor uns im Flüeli?»

Da ging über Klausens hageres Gesicht wieder das mitleidige Lächeln, und er sagte:

«Ich merke schon, daß Ihr mich noch nicht verstanden habt. So will ich es Euch noch einmal deutlich sagen, damit Ihr den Meinen und allen, die es wundert, rechten Bescheid sagen könnt: Ich komme heute und morgen und mein Leben lang nicht mehr ins Flüeli. Mein Herz wohl, das wird dann und wann den kurzen Weg vom Tobel hinauf in mein Haus gehen, zu denen, die ich im Herrn innig liebhabe. Meine Heimat aber ist fortan der Ranft. Und nun geht mit Gott, meine lieben Freunde!»

Sie standen noch und wußten nicht, wie ihnen geschah. Sie schauten stumm, wie Klaus von ihnen wegging mit weitausholenden Schritten, als müsse er eilen, in seine neue Heimat zu kommen.

Es waren sonderbare Dinge, die man sich in den folgenden Tagen zu Sachseln und Sarnen und bald in ganz Obwalden erzählte. Ob die Base wüßte, daß der Klaus Leuenbrugger als barfüßiger Waldbruder im Ranft unten hause? Ja, und daß er angeblich ohne Speise und Trank gesund und natürlich lebe? Aber das sei doch eine Sünde, an so etwas zu glauben; das sei sicher nur eine Erfindung der zwei Jäger, die die Sache über alle Maßen übertrieben hätten. Wenn es wahr wäre, – nein, es war doch nicht die Zeit, an göttliche Wunderkraft zu glauben, wo ringsum weltliche und gar geistliche Obrigkeiten so unfromm waren und auch das Volk –, ach Gott, es war ja weitum ein Jammer!

Aber es blieb dabei, auch wenn die Base zweifelte. Der Ruf des Klaus von Flüe verbreitete sich über das Land, kaum daß ein paar Wochen vorüber waren. Es ging auch das Gerücht um, Klaus sei an den letzten Sonntagen in Kerns beim Gottesdienste gewesen. Da gingen ein paar Neugierige am folgenden Sonntage den weiten Weg durch den Kernser Wald, ihn zu sehen. Und siehe da: Am nämlichen Sonntage – es war mittlerweile der dritte Sonntag im Advent gekommen – kniete zu Sachseln in seiner Pfarrkirche ein Mann, dessen hohe Gestalt ein rauher, brauner Rock kleidete, der bis zu den nackten Füßen reichte. Das Haar fiel lang über die Schultern und ein Bart wuchs ihm um Mund und Wangen. Neben ihm lehnte an der Bank sein grober Stecken. Der Mann betete mit einer Inbrunst sondergleichen, und als ihm nach dem Agnus-Dei der Pfarrer den Leib des Herrn reichte, da erschauerte die Gemeinde; so ganz hingegeben und versunken kniete er, daß alle Herzen es zutiefst empfanden: Hier betete einer, der nicht mehr ganz auf Erden war, zu seinem Herrn und Gott; da verband sich Gott mit einer heiligen Seele, die sich losgelöst von allem, was sie erdhaft beschwert hatte.

Das gläubige Volk von Sachseln und den Höfen blieb an diesem Sonntage still knien, nachdem das «Ite, missa est» längst verklungen war. Sie alle wollten den Mann sehen, der wohl einer der Ihren war, nun aber so weit und hoch über ihnen stand, daß sie in Scheu und Ehrfurcht nicht recht wagten, ihn anzureden.

Nur eine war aufgestanden, als die Messe zu Ende war. Mit gesenkten Augen war Dorthee aus der Kirche gegangen. Kaum, daß sie im Friedhof noch ein Vaterunser betete am Grabe Frau Hemmas, eilte sie klopfenden Herzens aus dem Dorfe, den Weg heimwärts. In ihrer Seele stürmte es –, alles, was sie unter der Trennung von ihrem Manne in diesen letzten Wochen gelitten, das hatte nun dieses erste Wiedersehen noch einmal wiederholt. Wieder erlebte sie die Bitterkeit des Opfers, und wie sie ihn nun vor sich sah, – arm, entäußert bis zum Letzten, kam das Mitleid über ihr mütterliches Herz. Sie, die keinen Armen frierend und hungrig sehen konnte, sie mußte es dulden, daß ihr liebster Mensch auf Erden im kalten Winter obdachlos war. Barfuß und barhaupt ging er aus dem Ranft nach Sachseln –, wie konnte er das ertragen? Er war doch nicht mehr jung und der Winter hier in den Bergen rauh und kalt. Und wenn es stimmte, was die Sage auch zu ihr getragen hatte, daß Klaus ohne jede Nahrung lebte? Mein Gott, dann hatte er ja mit ihnen allen nichts mehr gemein, dann war er schon entrückt in eine andere Welt.

An diesem Tage ging für Dorthee auch der letzte, kleinste Hoffnungsschimmer unter, Klaus könnte noch einmal heimfinden. Nein, einer, den Gottes Wunder am Leben erhielt, der konnte nicht mehr Verlangen tragen nach den warmen Stuben und vollen Schüsseln, und wer so in der Minne Gottes war wie dieser betende, fromme Mann, der hatte auch kein Wünschen und Begehren mehr nach eines Weibes Liebe. Sie war sich nun bewußt, daß sie gar keinen Teil mehr an ihm hatte. Nur um eines hatte er sie gebeten – um ihre Fürbitte bei Gott! Das wollte sie ihm geben – Tag für Tag das stille, stete Beten um Hilfe für sein schweres einsames Leben.

Die alternde Frau achtete es nicht, daß sie heute langsam zu Berge kam. Erst als die Söhne und Töchter sie einholten, kam sie in die Wirklichkeit zurück. Schon von weitem rief ihr das Anneli zu:

«Muetter – wir haben den Vater gesehen! Gar gegrüßt habe ich ihn, und er hat mir das Haar gestreichelt.»

Als es nahe war, barg Dorthee des Mädchens blonden Kopf einen Augenblick an ihrer Brust. Es war ihr wie ein Gruß von ihrem Klaus! Dann fragte sie:

«Und was hat der Vater gesagt?»

Das Kind wurde traurig:

«Denkt, wir glaubten doch, er werde heimkommen. Aber er sagte: ‚Geht und grüßt mir d'Muetter!'»

«Das war alles?»

«Ja, Muetter.»

Da gingen sie still nebeneinander weiter, und ebenso still kamen sie hintennach, die zur Familie Klaus Leuenbruggers gehörten.

Während an diesem Adventssonntag in fast allen Stuben die Rede vom sonderbaren Waldbruder Klaus von Flüe war, sprachen sie im Leuenbruggerhause kaum von ihm. Sie hatten ihn gesehen, wie er betend in der Kirche gekniet war, und fühlten, daß sie ihn an den Herrgott verloren hatten. Keines außer dem Kinde Anna hätte es gewagt, ihn anzusprechen, als er aus der Kirche durch den Haufen wartenden Volkes gegangen war. Daß dieser seltsame Beter ihr eigener Vater war, schien ihnen so sonderbar, daß er ihnen fremd ward. Sie vermieden es, von ihm zu reden, seit dem Tage, da er wieder in Obwalden gesehen worden war. Damals war es die Angst gewesen, es sei mit dem Vater etwas nicht richtig. Sie wußten, daß die Leute ihn verspotteten, und schämten sich seiner. Jetzt aber woben dieselben Leute den Heiligenschein um sein Haupt und erzählten von einem Wunder. Wie sollten sie nun dieses Neue, Außergewöhnliche wieder aufnehmen, wie in dem Einsiedler den Vater sehen?

Das Paternoster für den Vater, das sie allabendlich dem Rosenkranze beifügten, wurde an diesem Abend stockend gebetet. Sie gedachten dabei des Mannes, den alle als einen von Gott Begnadeten ansahen. Nur Dorthee betete still und gleichmäßig weiter. Was wollte sie zagen, jetzt, wo sie so sicher an seine Berufung glauben gelernt hatte?

Ein tiefer Schnee hinderte die Neugierigen, schon bald in den Ranft zu gehen, um den Waldbruder zu besuchen. Wie staunten die Leute, als Klaus dennoch Sonntag für Sonntag zu Sachseln erschien – immer mit derselben Kutte angetan, ohne Schuhe und Strümpfe! In der Christnachtmette war er gar gewesen und hatte nachher in der kalten Kirche gekniet, bis ihn der Küster endlich aufmerksam gemacht hatte:

«Ich möcht' bitten – wir schließen nun bis zum Engelamte.»

Da sah ihn Klaus an und sagte:

«Johann, 's ist schon gut –, schließt nur, aber ich möchte dableiben.»

Der Küster konnte nicht umhin zu sagen:

«Es ist kalt heut zur Nacht, und ich komme erst um die Sechse wieder.»

Klaus aber lächelte und deutete auf das Tabernakeltürlein:

«Es wartet ja noch einer mit mir.»

Da schlurfte der Johann aus der Kirche. Aber er schloß nicht zu, es hielt ja einer Ehrenwache zur Heiligen Nacht!

Als der große Schnee festgefroren war, kamen doch die Leute in den Ranft. «Wenn er den Weg heraufkommt, werden wir auch nidsi gehen können», sagten sie und wagten den Gang. Sie fanden nach langem Suchen in dem wilden, verschneiten Tobel den Eremiten in einer niedrigen Felsenhöhle, die er gegen das Eindringen des Schnees mit Tannenreisig verhängt hatte. Als er Stimmen hörte, kam er sofort heraus.

Freundlich grüßte er die Ankommenden und fragte sie nach ihrem Begehren. Da sahen sie sich an und wußten nichts zu sagen. Sonderbar – es fiel ihnen nichts von dem ein, was sonst Menschen untereinander reden und erzählen. Beim ernsten, gütigen Blicke dieser tiefen Augen schien ihnen alles belanglos –, sie konnten doch diesem Manne nicht vom Wetter erzählen. Der spürte wahrhaftig die Unbill der Zeit am eigenen Leibe. Und daß sie gekommen waren, nur um ihn anzuschauen, das schien er ja gemerkt zu haben. Denn mit schalkhaftem Lächeln sprach er:

«Wenn Euch, meine lieben Landsleute, der Gwunder zum andern Male sticht, dann seid doch so gut und bringe jeder etwa ein Brett mit oder einen Balken. Denn seht, es will nicht gehen, daß ich in dieser Höhle hause. Letzte Nacht ist ein Wolf um mein Versteck geschlichen, und ich habe auch bemerkt, daß meine Höhle eines Fuchses Bau ist, – da darf ich doch dem armen Tier nicht die Wohnung wegnehmen, es hat das Vorrecht.»

Und als sie nicht dergleichen taten, als hätten sie verstanden, sagte er:

«Ich wünsche Euch von Herzen alles Gute –, aber wenn mich das Verlangen überkommt, Euch zu sehen, dann gehe ich nach Sachseln zur heiligen Messe und treffe Euch dort. Lebt wohl und kommt gut heim.»

Da merkten sie denn, daß der Waldbruder keine langen Sprüche wünsche, und gingen über den Schnee bergauf, ihrer Heimat zu. Erst unterwegs fiel es ihnen ein, sie hätten nun doch fragen sollen, wie es sich verhalte mit dem Essen, ob es wirklich wahr sei, was der Steiner-Melchi und der Imfeld erzählt hatten. So wußten sie ja nichts zu berichten, als daß der

Klaus von Flüe in einer Höhle Unterkunft habe, daß weit und breit kein Mensch bei ihm hause, und daß er im übrigen freundlich sei, doch scheinbar nicht gerade erbaut über Besuche.

Es war wenig, was sie erlebt hatten, die ersten Ranftwallfahrer. Darum folgten ihnen bald andere, die es an Fragen und Aushorchen nicht fehlen ließen. Aber Klaus gab ihnen so listige Antworten, daß sie am Ende auch nicht mehr wußten als die andern. Nur darin waren sie sich alle einig: Der Klausner vom Ranft war kein übertriebener Frömmler und Phantast, der lebte wahrhaft in der Furcht des Herrn.

Es ging schon dem Märzen zu, als eines Nachts Johannes von Flüe schier außer Atems in den Ranft kam. Klaus war eben vom Gebete aufgestanden und wollte sich zur kurzen Ruhe niederlegen, als er im Mondscheine seinen Sohn erkannte. Das Wiedersehen bewegte ihn.

«Johannes – mein lieber, lieber Sohn, du kommst zu mir?»

Der junge Mann staunte. Einen Einsiedler wähnte er zu finden, weltfremd und verschlossen. Aber der hier war sein Vater, er spürte die Liebe im warmen, kräftigen Drucke der Hand. Es war jedoch nicht Zeit, sich Empfindungen hinzugeben. Er mußte melden, was not tat:

«Vater, – der Ähni liegt im Sterben, und er verlangt nach Euch. Die Mutter bittet Euch, zu kommen. Sie sagt, nur dem Vater zuliebe – sie selber –, nein, ich weiß nicht, was sie meinte, sie hat dann so geweint.»

Den starken Mann übernahm es. Seine Hand in der des Sohnes zitterte.

«So, er stirbt? Mein Vater, mein lieber, alter Vater! Aber geh hinauf und bring ihm meinen Gruß, und sag ihm, ich wolle beten für ihn, jetzt, bis seine Seele hinüber ist, und nachher alle Tage.»

Johannes sagte:

«Aber er wünscht, Ihr möchtet kommen, Vater. Er kann nicht sterben ohne Euch, sagt er, und die Mutter –.»

Klaus hob die Hand in der Richtung gegen das Flüeli:

«Ich bin ja bei dir, lieber Vater, – geh hin im Frieden, und dein heiliger Engel geleite deine Seele zum Throne Gottes!»

Dann sank er in die Knie und begann zu beten, laut und dringlich, als müsse er den Himmel stürmen.

Johannes fragte in das Beten hinein:

«So kommt Ihr nicht, Vater?»

Klaus sagte einfach:

«Ich habe damals für immer Abschied genommen von euch allen. Ich wußte, daß ich meinen alten Vater auf Erden nicht mehr sehen werde. Es ist auch so gut, Johannes!»

Und während er wieder betete, ging der Sohn leise von dannen. –

Droben im Flüeli aber lag indessen der alte Vater Heinrich im Sterben. Dorthee wachte bei ihm. Ihrer beider Sinne lauschten, ob Klaus bald um die Hausecke kommen würde. Aber nein – es war noch zu früh. Johannes konnte jetzt erst unten im Ranft angekommen sein.

Doch – was war das?

Des Sterbenden matte Augen weiteten sich mit einem Male. Seine Hände streckten sich nach der Türe aus und seine Lippen flüsterten:

«Nun – ist es gut! Du bist da, mein Sohn –, gib mir die – Hand – und bete – mit mir.»

Dorthee blickte um sich. Aber sie sah niemanden. Sie dachte, der Kranke rede im Fieber oder habe eine jener Erscheinungen, wie Sterbende sie oft haben. Doch dann hörte sie, wie Vater Heinrich mit seinem unsichtbaren Sohne sprach, wie er auf Fragen Antwort gab. Sie erschauerte. Sie fühlte nun selbst den Geist eines Dritten in der Kammer.

«Ja», sagte der Sterbende, «ich glaube daran –, aber wie – willst du das vollbringen?»

Und dann leuchtete es noch einmal hell in den brechenden Augen, und die Lippen stammelten:

«Ich – sehe es – Klaus –, ja, die Krone derer –, die alles – alles – verlassen –, um alles zu – empfangen! Sag – mir – noch – einmal – das große Gebet – dein Gebet – Klaus!»

Da war es kirchenstill in der Kammer. Der Alte schloß die Augen, faltete die Hände, und Dorthee merkte, wie er alle seine erlöschenden Sinne anstrengte, etwas zu hören, was sie nur erahnen konnte:

«– – und gib mich ganz zu eigen dir!»

Der Sterbende sprach die Worte wie ein Kind, das auf Mutters Schoß ihr Gebet nachspricht. Dann sanken seine gefalteten Hände auf die Decke –, Schweiß deckte seine furchige Stirne, und leise, kaum merklich, atmete er seine Seele aus. –

Dorthee saß noch am Sterbebette, als Johannes heimkam. Sie deutete stumm auf die Leiche.

Da trat Johannes lautlos an das Bett und sprach die Worte, die der erste und letzte Gruß an liebe Tote sind:

«Herr gib ihm die ewige Ruhe, und das ewige Licht leuchte ihm! Herr, laß ihn ruhen im Frieden!»

Dann sagte er zur Mutter:

«Nun wäre der Vater ja doch zu spät gekommen; er wollte nicht, Mutter, – ich glaube, wir müssen nie mehr versuchen, ihn heimzurufen, er kommt nicht mehr ins Flüeli.»

Die Frau sagte leise:

«Johannes, er war dennoch da –. Er hat dem Vater beigestanden im letzten Augenblicke –, er hat mit ihm gar gebetet.»

Der junge Mann sagte rauh:

«Das kann nicht sein –, eben erst habe ich mit ihm im Ranft gesprochen.»

Da senkte Dorthee das Haupt und sprach:

«Mein Sohn, es gibt Wege, die wir nicht kennen, auf denen die Liebe gehen kann, wenn die Not groß ist. Meinst du nicht auch, daß es sein kann, daß des Vaters Geist dem Sterbenden nahe war? Wenn Gott ihn so liebhat, daß er Wunder an ihm tut, dann ist auch dieses möglich. Sieh des Toten friedliches Antlitz! Ist es nicht, als habe er im Tode noch etwas geschaut, was uns verborgen ist? O laß uns dem Herrn danken, der so Großes an ihm tut, der ja unser Vater und Gatte war.»

Johannes sah die Mutter an. Sie sprach das aus, was er dachte. Auch ihn überkam die Gewißheit, daß der Vater daran war, ein ganz Großer, ein Held zu werden. Nur störte ihn das sonderbare Äußere, das beispiellose Leben, das er nun führte. Er glaubte immer noch, ein heiliges Leben hätte der Vater auch im gewöhnlichen Alltag führen können. Es schien ihm ein lebendiger Vorwurf für alle, die in warmen Stuben, an vollen Schüsseln und in guten Kleidern lebten. Aber er sagte das der Mutter nicht, die trug schwer genug an der Trennung und dem Mitleid, das sie nie ganz verbergen konnte.

Und da lag nun der tote Ahne, den der Vater noch heimgesucht hatte. Johannes wünschte, einen Augenblick mit dieses Toten Augen die Dinge zu sehen. Da war so vieles, was dem jungen Manne zu denken gab, Rätsel, die ihm keiner löste. Seit er in dieser Nacht mit dem Vater gesprochen hatte, sann er an diesem Geheimnis herum, das des Vaters Leben umgab.

Ob er es erlebte, daß der Sinn dieses Opfers offenbar wurde, daß er den Lohn für dieses Entsagen schaute? Wußte vielleicht der stille Schläfer da schon um das alles, lächelte er darum so eigen friedlich, weil er erkannt hatte, was den Lebenden noch verborgen ist?

Johannes riß sich los.

«Man wird früh nach Sachseln schicken müssen um das Begräbnis», sagte er zur Mutter.

Sie nickte und stand auf. Aus der Truhe nahm sie das Kruzifix, die Lichter und das geweihte Wasser. Sie hatte das alles sorglich verwahrt, nachdem tags zuvor der Pfarrer dem Kranken die Wegzehrung gereicht hatte.

«Und dem Vater soll man es vermelden, er muß es wissen.»

Dorthee hielt inne.

«Ich meine, der Vater weiß es schon, Johannes, – laß das gut sein!»

Der Junge ging wortlos hinaus. Ja, er glaubte auch, der Vater brauche keinen Boten, aber wie sonderbar das alles war! Ihn verlangte aus dieser Umgebung hinaus –, er mußte Menschen sehen, die lebten, die in der Wirklichkeit standen. Er war zu jung, um das zu fassen. Es tat ihm wohl, in der oberen Kammer sein junges Weib zu wissen, das ein Hoffen in sich trug, – ein neues Leben dem Hause, in dem ein Toter lag und dessen Oberhaupt ein Einsiedler geworden war.

Fest trat er in die Kammer, daß die junge Frau erwachte. Sie lächelte ihm entgegen. Er hatte einen frohen Gruß auf den Lippen. Doch nein –, er mußte ihr melden, daß der Ähni tot war und daß unten im Ranft der Vater barfuß im Schnee lief! O Gott, wann wurde das alles wieder wie früher, wann gewöhnten sie sich wohl daran, daß sie eines Vaters Kinder waren, der das Opfer erwählt hatte?

Als sie nach zwei Tagen den Leichnam Heinrich Leuenbruggers zur Erde bestatteten, schüttelten die Leute die Köpfe. Nein, das schien ihnen jetzt doch nicht recht, daß der älteste Sohn des Verstorbenen nicht einmal zum Begräbnis gekommen war. Eine so alte fromme Sitte hätte er wohl einhalten können. Auch Peter Leuenbrugger, Klausens Bruder, ärgerte sich. Ob sie dem Klaus nicht berichtet hätten, fragte er Johannes. Der schaute zur Mutter hinüber und verneinte stumm. Später aber, in der Kirche, sahen die Trauerleute den Eremiten knien – angetan wie immer. Er hob den Kopf nicht, als sie eintraten, er stand auch nicht auf, als der Pfarrer einen schönen, rühmlichen Nachruf hielt auf den Verstorbenen. Und als längst alle gegangen waren, trat Klaus allein zum Grabe des Vaters. Des Pfarrers Hauserin aber erzählte es jedem, der in ihre Nähe kam, daß der Einsiedler schon beim Morgengrauen in die Kirche gekommen sei. Und denkt –, er hat es ganz aus sich selbst gewußt, daß sein Vater gestorben ist. Da wunderten sie sich aufs neue, und der Name des Sohnes wurde an dem Tage öfter genannt als der des heimgegangenen Vaters.

Es wurde Frühling und Sommer. Aber wenn die Leute auch über ihren Geschäften und Sorgen um Ernte und Saat schier die Landläufe und Ereignisse im weiten Vaterlande vergaßen, – eines war doch stets wach in ihnen: das Interesse an dem Einsiedler im Ranft! Sie sprachen von ihm, wenn sie beisammen waren, in den Familien ging das Gespräch über ihn so häufig wie das Morgen- und Abendgebet. Längst schon hatten sie Wachen ausgestellt, das Fastenwunder des Eremiten zu prüfen. Als diese unter Eid aussagten, es komme kein Mensch mit Speisen in den Ranft, noch verlasse Klaus seine Wildnis, außer wenn er zur Kirche nach Sachseln kam, da ergaben sich auch die hartnäckigsten Leugner und anerkannten das Wunder. Mit scheuen Augen schauten nun die Kinder und Erwachsenen nach ihm, wenn er in der Kirche kniete.

Dorthee konnte auch jetzt noch nicht mit den Leuten reden. Stiller und einsamer wurde sie, nur die Kinder heiterten sie auf, daß sie manchmal wieder lachen konnte, fast wie in den schönen glücklichen Jahren ihrer jungen Ehe. Wie aber doch einmal jemand teilnehmend fragte, wie sie es empfinde, daß ihr eigener Mann ein Eremit und so etwas wie ein Heiliger sei, antwortete Dorthee einfach:

«Wißt, es kommt mir halt vor, als sei er als mein Mann gestorben, und was noch an ihm lebt, das ist mir wie ein lieber Bruder.»

«Ein Bruder?» wunderte sich die andere. Von da an ging ihr Wort weiter, und was sie nur von sich selbst gesagt hatte, das fanden nun alle Leute passend, und bald hieß Klaus Leuenbrugger von Flüe landauf, landab der «Bruder Klaus».

Es kam eine böse Seuche über die Dörfer am Sarner-See. Die Kinder lagen an der Halsbräune darnieder. Die Hitze machte ihre Not schier unerträglich. Da und dort war schon eines erstickt. Als auch im Hause des armen Schusters Omlin der kleine Isidor im Sterben lag, machte sich das halbverzweifelte Weib auf und ging, das Kleine in Decken gehüllt, in den Ranft hinunter. Ein schier übermächtiger Glaube an das Gebet des frommen Mannes gab ihr die Kraft, den Weg zu tun.

Klaus, als er das Weib mit dem Kinde kommen sah, wollte weggehen. – Er ahnte ihr Begehr und fürchtete sich davor. Als er aber in die todtraurigen Augen der armen Mutter sah und ihre flehentliche Bitte hörte, für das Kind zu beten, da faltete er doch die Hände und betete zum himmlischen Vater um Gnade und Erbarmen.

Und siehe da! Das Knäblein, das nahe am Sterben gewesen, es schlug die Augen auf und schaute munter um sich. Die Mutter aber sank mit einem Jubellaute in die Knie und dankte dem guten Bruder Klaus in bewegten Worten.

Der verwies es ihr streng:

«Dankt vielmehr dem Herrgott, der Euch das Kind errettet hat. Er allein kann helfen – er allein ist mächtig.»

Das Omlin-Weib wagte schüchtern zu sagen:

«Aber ich habe doch früher auch gebetet und Gott half nicht –, warum hört er dann auf Euch?»

Klaus erwiderte:

«Können wir wissen, wann Gottes Stunde ist? Geht jetzt im Frieden heim und sagt niemandem von dem, was hier geschehen ist.»

Damit ging er weg, in die Dunkelheit des Waldes hinein. Dort sank er in die Knie und rief aus der Demut seines Herzens heraus:

«Gott, mein Gott, was tust du mir armem Knechte an? Ich bitte dich, nimm das von mir; ich ertrage es nicht, dein Auserwählter zu sein, wo ich dein ärmster, stillster Diener sein wollte.»

An diesem Abend kasteite Klaus seinen Leib. Er glaubte, vermessen gegen Gott gewesen zu sein, als er um das Leben des sterbenden Kindes gebeten hatte.

Die glückliche Mutter aber achtete der Warnung Bruder Klausens nicht und lief mit der Neuigkeit, wohin sie ihre Füße trugen. Also, daß am selben Abend noch die Kunde in alle Häuser drang, der Bruder Klaus habe ein Kind wunderbar geheilt. Viel Volk umstand nach Feierabend des armen Schusters Häuslein und wollte den Knaben sehen. Und alle überzeugten sich davon, daß ein Wunder geschehen war.

Noch lagen in manchen Stuben kranke Kinder. Als die Mütter von Bruder Klausens Wundermacht hörten, machten auch sie sich auf, in den Ranft zu gehen. Doch Klaus hatte das geahnt und war weit in den Wald gegangen. Es kam ihm wie eine Versuchung vor, daß ihn die Leute um das Gebet angingen. Darum entfloh er. Doch in der Stille bat er Gott dennoch, die armen Kinder zu heilen.

Die Weiber waren untröstlich, als sie den Eremiten nicht fanden. Der Ruf nach ihm erfüllte die Schlucht, und als alles vergeblich war, gingen sie endlich jammernd nach Hause zurück. Schon am nächsten Tage aber sahen sie, wie die Krankheit langsam, doch stetig wich und keines von den Kindern starb. Da war ein großes Danken in den Stuben und Herzen, und manche Mutter riet, was sie wohl dem Bruder Klaus Liebes tun könnte als Gegengabe.

«Wenn man ihm doch vom Hausbrot geben könnte oder ein warmes wollenes Gewand», sagten sie und seufzten. Es gab einfach nichts, was dem großen Beter im Ranft vonnöten gewesen wäre.

Das Kindersterben war erloschen; doch wie nun die Leute wußten, daß Bruder Klausens Gebet mächtig war bei Gott, hatten sie alle ein Anliegen, das sie ihm vortragen wollten. Alle geheimen Kreuzlein, die eines jahrelang getragen, fingen nun zu drücken an, als sie eine Möglichkeit sahen, sie loszuwerden. Aber da lächelte Klaus und hatte einen Spruch bereit, der das Übel nicht behob, sondern den Bittsteller heimwies. Das sei eben die Stiege, über die sie der Herrgott in den Himmel führen wolle, – ein Zeichen, daß sie berufen seien, selig zu werden. Ja, er wolle schon für alle beten, aber beileibe nicht um ein sorgenfreies Leben, sondern um die Kraft, das Kreuzlein willig und stark zu tragen.

Da ging bei solcher Unterweisung doch allen die Erkenntnis auf, es möge der Klausner recht haben. Und sie gingen aus dem Ranfte in das tägliche Leben zurück und fanden es doch schon viel, viel leichter, nachdem ihnen einer den Sinn des Leidens so kräftig erklärt hatte.

Aber es kamen bald auch Leute in den Ranft, die nicht um ihr eigenes Wohl wallfahren gingen. Des Landes Ammann und Richter suchten zu heimlicher Stunde den ehemaligen Kollegen auf, wenn sie in einem schwierigen Rechtsfalle nicht ein noch aus fanden. Und seltsam, der einsame Mann, der weitab von allem öffentlichen Geschehen stand, er hatte ein so verblüffend klares Urteil, daß sich die Männer oft an den Kopf griffen: Herrgott, warum war ihnen das nicht von selbst eingefallen?

Freilich, es gingen nicht alle froh aus dem Ranfte fort. Wo Klaus ein Unrecht witterte, ruhte er nicht, bis er dem Sünder seine Schuld bewiesen und ihn zur Umkehr und Vergeltung bewogen hatte. Und wo sich einer beschwerte über die weltliche Obrigkeit, da sagte ihm Klaus das bedeutsame Wort:

«Wir müssen eines Landes Gesetze hochhalten und uns unterziehen. Es braucht eine starke Hand, ein Volk zu führen; ist es da zu verwundern, daß einmal eine Strafe zu reich bemessen wird? Einer ist gerecht – Gott! Doch da er auch Menschen zu Hütern seiner Gebote anstellte, müssen wir denen gehorchen wie Gott selber. Das Größte und Verdienstlichste ist in meinen Augen der heilige Gehorsam.»

Der Gehorsam! Ja, er lebte ihnen allen das Beispiel vor. Er kam, seine Stimme abzugeben an der Landsgemeinde, trotzdem ihn niemand rief. Demütig kniete er zu Füßen des Priesters und hörte sein Wort – er, der die Geheimnisse und Lehren der Religion aus heiligem Schauen und wunderbaren Visionen kannte.

Doch einmal kam die Not, um Hilfe schreiend, in den Ranft. Es war am Vorabend des Festes Mariä Himmelfahrt, als drunten zu Sarnen aus dem friedlichen Abendläuten ein schreckliches Sturmzeichen wurde. Mitten im Dorfe, wo in der engen Straße die Häuser sich alt und eng gegenüber standen, war Feuer ausgebrochen. Es fraß sich mit unglaublicher Schnelligkeit durch die Gasse. Die Funken entzündeten die Giebel und äscherten in kurzer Zeit eine ganze Reihe Häuser ein. Ein Wehklagen und Weinen hob an, als die vielen Obdachlosen die Stätten ihres Glückes in Trümmer sinken sahen. Und noch griff das Feuer weiter. Es war, als wollte es das ganze Dorf überfluten. Mit Eimern suchten die Leute das schreckliche Element einzudämmen, doch stieg schon da und dort ein neuer Feuerstrahl zum Himmel.

Als die Sarner sahen, daß menschliche Kraft nicht ausreiche, des Unglückes Herr zu werden, schickten sie einen Boten zu Bruder Klaus, die einzige Hilfe anzurufen, die imstande war, dem furchtbaren Unglücke zu begegnen.

Peter Amberg lief mit seinem Auftrag den Hang hinauf. Sein Atem ging rasch, er fühlte das Herz pochen in der Brust. Was das nur war? Jung und gesund, konnte ihm doch dieser Lauf nichts anhaben. Ja, aber drunten zu Sarnen wütete das Feuer, und wenn es so weiterging, dann kam es auch in die Hintergasse, wo das Häuslein stand, darin er über kurzem mit seinem jungen Weibe wohnen würde.

Peter hastete bergauf. In seinen Ohren gellten die Schreie der Menschen, denen das Feuer nach den Kleidern griff. Einmal, als er sich umsah, erblickte er unter sich das Flammenmeer des brennenden Dorfes. Da sträubten sich ihm die Haare, und der Gedanke an die mögliche Rettung aus unnennbarer Gefahr beherrschte ihn.

Seine Lippen sprachen in einem fort aus, was er als Auftrag mit sich trug:

«Der Bruder Klaus muß helfen, er ist mächtig bei Gott!»

Wenn er nur nicht zu spät kam! Diese Angst ließ ihn blindlings rennen und laufen. Er achtete des Weges nicht, sondern sprang über Matten und Wasserläufe dem Ziele entgegen.

Droben im Flüeli standen die Weiber und Kinder jammernd und weinend. Die Männer waren alle unten in Sarnen beim Rettungswerk. Aus dieser Höhe war der Brand wie ein schaurig-schönes, gewaltiges Schauspiel anzusehen.

Peter Amberg rief den Frauen zu:

«Was steht ihr da? Betet, daß Gott gnädig sei! Wo ist der Bruder Klaus?»

Oh, daß sie nicht daran gedacht hatten! So nahe war er, der ein Freund Gottes war. Wenn jemand helfen konnte, so war er es! Der Bote lief weiter, mitten durch den Wald hinunter sprang er. Die Dornen ritzten sein Gewand und die Äste peitschten sein Gesicht. Aber er achtete es nicht. Laut und lauter wurde seine Rede, bis sie zum großen, ergreifenden Rufe nach Hilfe ward:

«Bruder Klaus, helft – es geht sonst alles zugrunde!»

Klaus hörte in seiner Zelle das Rufen. Er nahm seinen Stock und ging mit großen Schritten dem Rufe entgegen.

Im dichten Walde trafen sie aufeinander. Atemlos vor Angst und Anstrengung keuchte der Amberg:

«Ihr solltet sofort kommen – Bruder Klaus! Es brennt zu Sarnen, kommt, ehe es zu spät ist!»

Klaus lief schon mit dem Bauern. Im Gehen sagte er:

«Geb' Gott, daß man des Feuers Herr wird. Das schöne, liebe Dorf! Schaffen werden sie schon wacker, oder nicht?»

Peter Amberg starrte ihn an, als hätte er nicht recht verstanden. Dann stammelte er verlegen:

«Wir meinten nicht, daß Ihr helfen solltet, – wie soll ich sagen? – nicht, daß Ihr das Feuer löschen helft, zu dem ist es lange zu spät!»

Jetzt blickte Klaus seinen Begleiter erschreckt an. Hatte der Peter den Verstand verloren? Lief in den Ranft und bat um Hilfe, wenn es schon lange zu spät war! Vorsichtig fragte er:

«Ja, aber warum hast du mich dann gerufen?»

Da faßte Peter des Einsiedlers Hände und sprach hastig, wie einer, der sich der Worte schämt:

«Bruder Klaus, Ihr müßt auf andere Weise helfen. Wißt, Euer Gebet ist mächtig bei Gott, wie hat es nur am Omlin-Kind gewirkt! Wir wissen alle, daß Gott Euch wunderbar erhält und ernährt, – also seid Ihr in seiner Gnade! Kommt, Klaus, es eilt –!»

Klaus blickte schier entsetzt auf den andern und entzog ihm die Hand. Im Forteilen sagte er streng:

«Man soll Gott nicht versuchen, nicht vermessen die Hand zum Himmel heben, auch wenn die Not groß ist. Unser Meister selbst hat uns das große Gebet gelehrt, in dem es heißt: Dein Wille geschehe.»

Peter Amberg erwiderte traurig:

«Aber wenn ein ganzes Dorf abbrennt mit so vielen schönen Häusern –, Bruder Klaus, meines ist auch dabei!»

Klaus schwieg. Eine tiefe Ergriffenheit hatte sich seiner bemächtigt. Er glaubte in seinem Herzen alle Not und alles Weh der armen Leute zu spüren, die durch dieses Unglück

Haus und Herd verloren. Er hörte aus den Worten des Burschen das unbegrenzte Vertrauen auf Gottes Hilfe, und mit einem Male war es ihm, er dürfe dieses Vertrauen nicht enttäuschen. Wenigstens was in seiner Macht stand, wollte er tun. Sein Herz bereitete sich zu einem großen Gebete vor, still und hart schritt er neben Peter Amberg dem Flüeli entgegen.

Als sie oben waren auf der Matte, von wo aus man das brennende Dorf erblicken konnte, standen noch immer die Weiber und Kinder beisammen. Klaus beachtete sie nicht, er sah auch nicht, wie sich eine bleiche Frau still davonschlich. Dorthee ging nach Hause –, sie konnte Klaus nicht unter all diesem Volke begegnen!

Er erschrak nun doch vor der Allgewalt dieses Feuers. Eine Lohe war es, die in vielen roten Fahnen zum Himmel schlug. Nein, da gab es gar kein Besinnen, nur ein demütiges Aufblicken zum Himmel und die Bitte:

«Herr, du weißt um diese Not –, laß es dein Wille sein, sie zu wenden!»

Dann breitete Klaus seine Arme aus wie schützende Fittiche. Wie weiland Moses kniete er, als dessen Gebet den Sieg seines Volkes erflehte.

Die Umstehenden starrten auf den Eremiten. Es wurde ihnen langsam bewußt, was Klaus tat, und sie erschraken. Was fiel ihm nur ein? Ein lichterloh brennendes Dorf konnte doch nur durch ein Wunder Gottes gerettet werden, und das – nein – das durfte doch kein Mensch erhoffen!

Klaus aber betete. Seine Lippen bewegten sich –, Schweiß perlte über seine Stirne, und manchmal stieß er einen schweren Seufzer aus, so, als litte er große Qualen. Er hatte noch immer die Arme ausgebreitet und das Haupt tief gesenkt. Es war ein so seltsames, nie geschautes Bild, daß die Weiber schluchzten und sich abwenden mußten. Die Kinder aber schauten neugierig auf den Mann, der aussah wie Gottvater auf dem Fenster der Sachsler Kirche.

Auf einmal durchfuhr ein lauter Schrei die Stille! Peter Amberg rief wie von Sinnen:

«Seht ihr's – seht ihr's?»

Und der Schrei pflanzte sich fort von Mund zu Mund –, alle schauten sie mit weiten, entsetzten Augen ins Tal, wo langsam, langsam, das Feuer sich legte, das vordem mit wachsender Stärke gewütet hatte.

«Es nimmt ab –, seht, es wird immer kleiner –, es ist fast nicht mehr zu sehen!»

Jetzt blickte auch Klaus von Flüe auf. Und als er mit eigenen Augen sah, wie sich das wilde Element gleich einem gezähmten Hunde legte und ruhig ward, da sanken seine Arme herab, die Hände verschlangen sich, und laut rief er aus:

«Lobpreiset mit mir den Herrn, der Großes getan hat an diesem Orte! Lasset uns ihm Dank sagen mit einem andächtigen Paternoster!»

Da knieten alle auf die Wiese, es zwang sie nieder im Angesichte dieses unerhörten Geschehens. Von vielem Weinen und Schluchzen unterbrochen, wogte das Dankgebet über die Matte hin zum Himmel auf, den die Rauchschwaden aus dem Tale verdüsterten.

Klaus schaute, nachdem das Gebet beendet war, noch lange auf das verlöschende Feuer unter ihm. Seine Seele war noch zu voll, sie betete still weiter in heißem Danke zu Gott dem Herrn, der gnädig gewesen war einem untergehenden Dorfe, einem Volke, das in höchster Not die Hände hob in heiligem Vertrauen, – gnädig auch seiner eigenen Seele, die an dieser Heimat hing mit allen Fasern!

Endlich erhob er sich. Da sah er die Leute seitab stehen und bemerkte, wie sie ihn unverwandt anblickten. Er rief sie freundlich an:

«Gott geb' euch einen guten Abend, – gelobt sei Jesus Christus!»

Keine Antwort kam. Klaus ging näher hin und bemerkte, wie die Frauen verlegen waren. Da sagte er:

«Geltet, der Herrgott ist so gut, daß man es fast nicht fassen kann.»

Des Anton Ming Weib konnte nicht an sich halten. Sie trat auf Klaus zu und sagte stockend:

«Ja – schon –, aber wenn Ihr nicht gewesen wäret –! Uns hat er noch nie ein Wunder vom Himmel geschickt!»

Jetzt verstand Klaus die Zurückhaltung und die fast furchtsamen Blicke. Wieder wie einst, als das Omlin-Weib ihm gedankt hatte für die Heilung des Bübleins, erschrak seine demütige Seele vor der Wucht des Gedankens, man könnte ihm, seinem Gebete und Verdienste das Wunder zuschreiben. Wenn das nun wieder so war, daß die Leute seinen Namen nannten und ihm dankten, wo doch Gottes Hand so sichtbar gehandelt hatte?

Einen letzten Blick warf Klaus ins Tal, dann sagte er ernst:

«Alle Macht ist bei Gott, ihm danket! Höret, wie zu Sarnen die Glocken läuten! Es ist, wie wenn sie das ‚Ehre sei Gott in der Höhe!' verkündeten.»

Dann ging er davon, die sonst so kräftige hohe Gestalt ein wenig gebeugt, als drücke ihm eine Last die Schultern nieder. Die Flüelileute aber verliefen sich langsam und schweigend –; zu viel hatten sie in dieser großen Stunde erlebt –, Dinge, für die man keine Worte hat!

Sie läuteten zu Sarnen, als könnten sie gar nimmer aufhören. Die Glocken jubelten die Kunde, daß die schreckbar große Gefahr vorüber sei, über das Tal hin und hinauf zu den Dörflein an den Berghalden. Und die Herzen aller Sarner jubelten mit.

Dann, als die Glocken endlich doch verläutet hatten, ging der Ruf nach Klaus von Flüe durchs Dorf. Von Mund zu Mund lief sein Name –, sie verlangten nach ihm, der ihnen Gottes Barmherzigkeit erfleht hatte in dieser jähen Not. Doch ungehört verhallte der Ruf. Da machten sich des Dorfes beste Männer auf, den Eremiten zu suchen und ihm des Volkes Dank zu überbringen.

Bruder Klaus saß vor seiner armen Behausung, als die Gesandten Sarnens kamen. Er stand auf und ging ihnen entgegen.

«Was führt Euch in diese Wildnis und zu solch später Stunde?»

Der Richter Ambauen sagte:

«Wie könnt Ihr fragen, Klaus von Flüe! Zu danken kommen wir – wohl nur mit schwachen Worten, aber wir haben ja nichts, so Euch als Dankesgabe gefallen könnte. Doch wißt, daß die Liebe und der Dank aller Zeitgenossen Euer sind, – ja daß man in späten Zeiten noch wissen wird um die wunderbare Hilfe, die uns Euer Gebet erwirkt hat.»

Klaus wehrte ab:

«Wenn Sarnen gerettet ist, meine lieben Landsleute, dann kommt nicht, mir zu danken. Eine höhere Macht hat da eingegriffen, und so Ihr danken wollt, kniet Euch nieder in Eurer Pfarrkirche und haltet einen Gottesdienst. Aber laßt ab von dem Glauben, ich hätte die Macht, ein Feuermeer einzudämmen. Das Gebet vermag viel, ich weiß es; darum betet auch

Ihr, daß Gott uns vor solchen und anderen Bränden gnädig bewahre.»

«Was meint Ihr mit anderen Bränden, Bruder Klaus?» fragten sie.

Sie setzten sich auf die Bank vor der elenden Zelle und Klaus sagte bedächtig:

«Es ist ein schrecklich Ding um ein brennendes Dorf, das haben wir nun gesehen. Aber auch, wenn ganz Sarnen jetzt unter der Asche liegen würde, es wäre wieder gutzumachen. Man könnte das Dorf aufbauen und Sarnen wäre – mit viel Opfern zwar – wieder in die Welt gestellt. Nun wütet aber ein verheerendes Feuer im ganzen Schweizerlande, das keiner löschen will, trotzdem es nicht die Häuser versengt, sondern viel Glück und Leben. Nicht Glockenläuten kündet das Unglück an – nein –, Werbetrommeln rufen auf den Plätzen und schüren den Brand in tausend jungen Herzen, bis Kopf und Hand unsicher sind und sich ausliefern an eine fremde Macht. Das, meine ich, ist ein Unglück, größer als ein Dorfbrand; denn es fegt über ganze Familien hinweg, frißt Wohlstand und friedliches Glück auf und läßt ganze Höfe verlottern und zugrunde gehen. Die hohe Obrigkeit, die da allein Halt gebieten könnte, schaut zu und streicht heimlich die Pensionen und Schenkgelder ein. Ein paar Einsichtige, die wissen, daß unsere Söldner wohl den Schweizer Kriegsruhm mehren, doch gleichzeitig dem Vaterlande einen schweren Schaden zufügen, warnen vergeblich –; vergeblich suchen sie das Feuer zu löschen, das unsere beste Kraft verzehrt. Ich selbst habe in diesen stillen Tagen einsehen gelernt, daß die Eidgenossen sich das Grab schaufeln, wenn sie weiter nach fremdem Ruhm und fremder Ehre schielen. Wir sind ein zu kleines Volk, als daß wir straflos die Grenzen überschreiten dürften, die uns gezogen sind.»

Der Richter Ambauen nickte ernsthaft.

«Ja, es ist schon so, und es wäre wirklich ein gutes Werk, wenn es einer unternehmen wollte, diese ungute Sache aus der Welt zu schaffen.» Er selber – mein Gott –, der Sohn ist jetzt in spanischen Diensten, und die letzte Meldung, die er heimgeschickt hat, klang nicht eben erfreulich. Er denke nicht daran, so bald heimzukommen, – er habe sich mit einer Welschen versprochen und die passe nie und nimmer auf des Vaters Hof zu Sarnen. «Wir hätten es beim Eid verdient, daß uns die Dächer über den Köpfen eingestürzt wären, wenn das eigene Geschlecht die Heimat vergißt und das alte, ehrliche Obwaldnerblut mit einer landfremden Rasse vermischt. Was tu' ich mit meinem stolzen Hofe, derweil der Sohn doch zu gut ist, darauf zu schaffen?»

Die Sorge sprach aus Ambauens Worten. Er tat Klaus leid, aber was konnten leere Worte trösten, wo es um eine so große Sache ging?

Die Männer standen auf.

«Wir wollen jetzt gehen und danken noch einmal mit einem herzlichen ‚Vergelt's Gott'! Vielleicht daß wir doch einmal zeigen können, wie sehr wir Eure Hilfe schätzen.»

«Gelobt sei Jesus Christus», grüßte Klaus, und mit einem einstimmigen «In Ewigkeit. Amen» stapften die Sarner davon.

Noch rauchten die Trümmer der vielen Häuser, die bei der Brunst niedergebrannt waren. Im Rathause kamen die Amtsleute des Dorfes zusammen und berieten, wie man den Schaden beheben könne. Er waren arme Leute, denen der Brand die Häuser zerstört hatte, und man wurde einig, aus der Gemeindekasse etwas zum Wiederaufbau beizusteuern. Als diese Sache im reinen war, räusperte sich der Landammann Bürgler und sprach:

«Ihr lieben Landsleute und Dorfgenossen! Es ist einem einfachen Manne der Gedanke gekommen, der eigentlich hätte von uns ausgehen sollen. Gestern zur Nacht war der Flickschuster Omlin bei mir und legte mir nahe, man sollte zum Danke für Bruder Klausens Hilfe diesem eine Kapelle mit einem Häuschen bauen, allwo für sein leibliches und geistiges Bedürfnis gesorgt sei. Man habe sich nun doch allerorten überzeugt, daß Klaus von Flüe ein heiligmäßiger Mann sei, und wer's bis anhin nicht habe glauben können, dem sei der verwichene Brandtag wohl eine deutliche Lehre gewesen. Was mich anbetrifft, bin ich dabei, aber ich meine, man müsse doch die Gemeinde anfragen. Und da wir selbe auf den nächsten Sonntag anberaumt haben, schlage ich vor, den Antrag Omlins zu dem unsrigen zu machen und dem Volke vorzulegen. Was ist Eure Meinung?»

Ein beifälliges Murmeln ging durch den Saal. Ja, sie waren schon einverstanden; wußte Gott, woher es kam, daß dieser sonderbare Flüelibauer die Herzen aller umwandelte, – sie waren bis vor kurzem allem Frommen und Geistlichen nichts weniger als hold gewesen! Aber einer, der so selbstlos sich für das Wohl anderer einsetzte, der für des Landes Nöte Tag und Nacht betete und opferte, der imponierte ihrem nüchternen Verstande. Auch sahen sie zu deutlich, daß Gottes Hand ihn führte, als daß sie nicht vor seiner Berufung und seinem einsichtigen Leben Ehrfurcht gehabt hätten.

So beschloß dann am kommenden Sonntag das Volk von Sarnen und der Enden, die abgebrannten Häuser aufzubauen und zudem als Dank für die Rettung dem Bruder Klaus im Ranft Kirchlein und Klause zu bauen. Keiner war dagegen, mit Beifall nahmen sie den Gedanken auf.

Dorthee schaute mit brennenden Augen zu, wie die Sarner Werkzeug, Hacken und Spaten in den Ranft hinuntertrugen. Und so eilig hatten sie es, sie wollten den Bau gewiß noch vor dem Winter fertigstellen. Freuen tat sie sich um des Häusleins willen, das Klaus nun doch einigen Schutz vor der Kälte böte. So würde sie auch wieder eher die Wärme und Behaglichkeit ihrer Stube genießen können, wenn sie wußte, daß Klaus wenigstens ein Plätzchen hatte, das trocken und windgeschützt war. Aber die Kapelle? Nein, sie konnte den Gedanken nicht fassen, daß er ein Heiliger, ein Einsiedler und Gottesmann war, den sie als Mann und Gatten, als Vater ihrer Kinder geliebt hatte.

Sie irrte sich, wenn sie hoffte, Klaus werde sich gegen den Bau des Kirchleins wehren. Der nahm die Bauleute freundlich auf und half mit starken Armen, die schönsten Tannen und Laubbäume zu schlagen und zurechtzuzimmern. Er dachte daran, mit welchem Eifer er einst an dieser Stelle für sein Haus im Flüeli das Holz gefällt hatte. Heute galt es, dem höchsten Herrn das Haus zu bauen! Der Gedanke, daß sein Herr und Meister bei ihm im Ranfte Tag und Nacht zu Gaste sein würde, erfüllte ihn mit Freude. Kaum konnte er ruhen, so sehr drängte er, daß die Arbeit vorangehe. Mit Liebe und Sorgfalt arbeitete er, ehrfürchtig betrachtete er die Gaben der Sarner, die das Kirchlein schmücken wollten.

Oft, wenn die Bauleute schon lange gegangen waren, stand Klaus beim werdenden Kapellchen und hielt lange Zwiegespräche mit ihm. Wenn ihm Bedenken kamen, weil man mit diesem Baue auch seine Person ehren wolle, so schlug er sie aus. Ein Kirchlein, auch wenn es arm und klein war, bedeutete doch stets einen Ort des Gebetes, der Gnade. Klaus sah mit seinen in die Zukunft schauenden Augen die fernen Zeiten, in denen Menschen in dieser Kapelle beten würden, – sah voraus, wieviel Not und Kummer an dieser einsamen Stätte niedergelegt würden.

So wuchs Bruder Klausens zweite Heimat heran – festgefügt und traut die Kapelle mit kleinem Türmlein und darangebaut die winzig kleine Zelle. Klaus hatte die Maße selbst bestimmt. Nur das äußerst Notwendige wurde gemacht, so daß die Zimmerleute immer wieder die Köpfe schüttelten. Da konnte ja ein Mann wie Klaus von Flüe nicht einmal aufrecht stehen! Und als Lager machte er sich eine hölzerne Bank zurecht, auf der er sich zur Not ausstrecken konnte. Das Kopfkissen war ein Stein, den er aus der Melchaa geholt hatte.

Es war ein feierlicher Tag, als der Weihbischof Thomas von Konstanz in den Ranft kam, die neuerbaute Kapelle einzuweihen. Viel Volk hatte sich in den Ranft begeben, der seltenen Zeremonie beizuwohnen. Es war am 27. Tage des Aprils 1469, und der Frühling war schon mit den ersten Blumen eingezogen. Die Bäume hatten einen seidenweichen, grünen Hauch in den Kronen, die Vögel sangen die ersten Lenzlieder und in der Tiefe des Ranftes donnerten die Wasser der Aa. Der Weihbischof staunte, als ihn der Sarner Pfarrherr in diese Wildnis führte. Wohl hatte er um das Einsiedlertum Bruder Klausens gewußt und war auch von seinem Bischof ausgesandt worden, die wunderbare Enthaltsamkeit des Eremiten zu prüfen. Er spürte schon auf dem Wege in die Einsamkeit und Wildheit, daß da ein ganz eigener, starker Heiliger auf ihn warte. Er konnte sich in einer so wilden, gewaltigen Umgebung keinen gewöhnlichen Menschen denken.

Klaus war auf den Ruf des Sarner Pfarrherrn aus seiner Zelle gekommen. Erst huschte ein Schein des Unwillens über sein Gesicht, als er die Menge von Menschen sah, die um die Kapelle und am Abhange standen. Doch gleich besann er sich, es war doch heute Kapellenweihe und das Volk kam deshalb so zahlreich herbei. Mit gleichmütiger Freundlichkeit begrüßte er den Weihbischof. Er überragte ihn um Haupteslänge, wie er so vor ihm stand.

Kaum, daß der hohe Herr den Gruß des Eremiten erwidern konnte, so gebannt mußte er in dieses Antlitz schauen, aus dem die hellen Augen offen und tief blickten. Furchen standen ihm um Mund und Nase, und es dünkte den Weihbischof, einen schöneren, echteren Asketenkopf habe er noch nie gesehen. Da war keine Wehleidigkeit, keine selbstquälerische Trauer in diesem Gesichte. Mit herber Strenge stand die Geschichte seines Lebens, seiner Abtötung und auch der inneren Freude in diese Züge gegraben. Die Seele lag ausgegossen in den Augen des Klaus von Flüe, die kindlich lautere, die dennoch um alle Not und alle Sünde der Welt wußte. Darum lag der Schleier der Trauer über ihm – nicht um eigener Leiden willen, sondern er trug die Last eines ganzen Volkes.

Weihbischof Thomas setzte sich mit Klaus auf die Bank vor der Zelle. Er brachte ihm den Gruß seines Bischofes und überdachte, wie er nun seinen Auftrag anbringe, den seltsamen Eremiten zu prüfen. Nach Spuk und Verstellung sollte er fahnden, aushorchen, ob nicht der Aberglaube oder religiöse Schwärmerei der Grund dieses Volkszulaufes sei. Aber wie konnte er diesen klaren, guten Augen mißtrauen, wie an den Worten zweifeln, die aus dem Munde des einfachen Bauern wie die Rede eines weisen Mannes kamen! Nein, nie in seinem Leben hatte ihn eine Persönlichkeit so sehr eingenommen wie dieser hochgewachsene, durch und durch vergeistigte Mann, der auf seine Frage nach der wunderbaren Enthaltsamkeit einfach antwortete:

«Ich tue, wie Gott es will. Ich habe Brot gegessen, solange es ihm gefiel, – nun faste ich, bis ich spüre, daß Gott mich wieder mit dem Brote unserer Äcker nähren will.»

Der Weihbischof fragte:

«Aber habt Ihr kein Bedenken, daß es Teufelswerk sein könnte?»

Klaus hob den Kopf höher und lächelte ein wenig, als er sagte:

«Und wenn es so wäre? Ich habe mich Gott anheimgegeben mit Leib und Seele –, was kann da an mich kommen, das nicht sein heiliger Wille wäre?»

Herr Thomas staunte. War das nicht eine kindlich-einfache, ganz reine Gesinnung? Und ein felsenfester, bergharter Glaube, der alles annimmt, nachdem er weiß, welchem Herrn er dient? Wahrhaftig – dieser Mensch war wie das Tal hier, diese wilde, rauschende Einöde: frei von aller Ziererei, gewaltig und herb, wahr bis zum Letzten. Wie paßte doch dieser furchtlose Mann in eine Gegend hinein, die erfüllt war vom Donnern eiskalter Bergwasser, vom ewigen Rauschen der Wälder und der rauhen Winde, die durch diese Wildnis zogen!

Mit Widerwillen bat der hohe Herr, Klaus möchte ihm in die Zelle folgen, er habe einen Auftrag, den er auszuführen nicht unterlassen dürfe. Der Pfarrer von Sarnen und des Weihbischofs Diener folgten als Zeugen. Klaus erschrak in tiefster Seele, als er sah, wie Herr Thomas ein Brot aus der Tasche nahm und es ihm reichte. Sein Gesicht verdüsterte sich und schier rauh kam die Frage über seine Lippen:

«Mißtraut mir Euer Hochwürden? Dann laßt mich im Namen des dreieinigen Gottes schwören, daß seit dem Herbstmonat des vorletzten Jahres keine irdische Speise meine Zunge berührt hat, – fragt das Volk, es kann Zeuge sein.»

Der Weihbischof antwortete:

«Ich bin in Gehorsam gehalten, Euch zu prüfen, – macht mir die Sache nicht zu schwer. Nehmt den Bissen Brot im Namen Gottes zu Euch!»

«Im Namen Gottes», murmelte Klaus und nahm das Brot. Kaum aber hatte er ein weniges geschluckt, als sich seine Augen schrecklich weiteten. Seine Hände griffen ins Leere und mit einem lauten Wehschrei sank der starke Mann zu Boden.

Die Herren waren bestürzt. Was war das? Ein Bissen Brotes hatte diese Wirkung getan? Sie mühten sich um den sich in Krämpfen Windenden, und es gelang ihnen, ihn auf die Bank zu heben. Es dauerte eine gute Weile, bis Klaus stiller wurde. Dann deckte leichenhafte Blässe sein Gesicht. Der Weihbischof fürchtete das Schlimmste:

«Er wird uns verscheiden –, mein Gott, was habe ich da getan!»

Aber Klaus schlug die Augen auf. Groß und ernst waren sie auf die Anwesenden gerichtet. Dann sprach er langsam:

«Ihr tatet – Eure Pflicht –, nun aber laßt mich – im Namen Gottes gewähren –, es ist sein Wille!»

Erschüttert trat der Weihbischof von ihm weg und ging ins Freie. Das Volk war schon ungeduldig geworden und drängte nun, da es die hohen Herren erblickte, zum Kapellchen.

Wenig später begann die sinnreiche Zeremonie. Zu Ehren der allerseligsten Jungfrau Maria, der heiligen Maria Magdalena und der zehntausend Ritter weihte Herr Thomas die kleine Kapelle. Als er hernach zum ersten Male die hl. Messe las am konsekrierten Altare, da schritt durch die Menge Volkes Bruder Klaus durch die Kapelle. An der Altarstufe warf er sich auf die Knie nieder, berührte mit seiner Stirne den Boden und blieb so liegen bis zur Kommunion. Da reichte ihm der Priester den hochheiligen Leib des Herrn, die einzige Speise, die er vertrug, – die wundersame Nahrung der Seelen, die auch seinen Leib sättigte, also, daß er nicht mehr gelüstete nach der verweslichen Speise der Menschen.

Es blieb kaum ein Auge trocken, als nach der Messe Klaus von Flüe wieder aus dem Kirchlein schritt, hoch und ernst, den Stempel heiliger Erwählung im durchgeistigten Antlitz. Nun, da die Stätte geweiht war, die er sich ausgesucht hatte, empfanden sie es alle erst recht, daß er endgültig abgeschlossen hatte mit der Welt. Was das bedeutete, konnten sie sich denken, sie, die noch so fest an Grund und Boden klebten, die eine warme Stube, eine fette Suppe und erträgliche Gülten zu den Dingen zählten, die notwendig zum Leben gehören.

Draußen vor dem Kapellchen stand viel Volk, das drinnen keinen Platz gefunden hatte. Als Klaus an den Leuten vorüberging, klang eines Kindes Stimme an sein Ohr, die ihn umblicken ließ. Er wußte, das war sein Anneli, das sonnige, liebe Kind, das seinem Herzen unbewußt am nächsten stand.

Da war es auch schon bei ihm.

«Vater, Vater, wir sind auch da!»

Es wollte sich in seine Arme schmiegen, doch als es das veränderte Gesicht sah, wich es scheu zurück. Der Vater trug einen Bart, und seine Augen blickten trotz aller Güte so streng, daß es doch meinte, es sei nicht mehr ganz der gleiche Vater von früher. Doch wie nun seine Hand leise und lind über seinen blonden Scheitel strich, fühlte das Anneli die Liebe des Vaters.

«D' Muetter ist auch da», sagte es und sah an dem großen Vater hinauf, was er wohl dazu meinen möge. Es war den Kindern immer ein Rätsel, daß sich die Eltern nie trafen, es gab doch so viele Dinge, die sie miteinander hätten besprechen sollen. Und die Mutter weinte auch so oft, es wäre sicher gut, wenn der Vater sie einmal getröstet hätte. Klaus aber sagte rasch:

«Ich gehe jetzt hinüber –, aber grüße mir die liebe Mutter und sag ihr, wir wollen weiter beten und vertrauen.»

Da stahlen sich doch zwei Tränen in des Kindes blanke Augen und seine Hände faßten nach des Vaters Rechten:

«Vater – die Mutter ist so viel traurig –, seht, dort ganz hinten kniet sie und mag nicht aufschauen.»

Klaus fühlte den Vorwurf des Kindes. Er wußte, daß Dorthee tapfer und gläubig die Trennung ertrug; nun meinte er aber doch, er dürfe das Kind da nicht enttäuschen, das um eine Freude für seine Mutter warb.

Er ging mit dem Anneli an der Hand seitab von der Menge, wo ganz allein, ins Gebet versunken, die Frau kniete, die ihm einst am nächsten gewesen war. Das Kind rief sie fröhlich an:

«Muetter, schaut, wer da kommt!»

Dorthee schaute auf. Glut und Blässe wechselten in ihrem Gesichte. Klaus lächelte gütig, obschon sein Inneres unter dem Gedanken litt, Dorthee stehe noch immer im Kampfe, den er selber mit Gottes Hilfe siegreich beschlossen hatte.

Er trat nahe an sie heran. Sie erhob sich von den Knien und stand in tiefer Verlegenheit vor ihm.

«Grüeß dich Gott, Dorthee», sagte er und bot ihr die Hand.

Ganz zag legte sie die ihre für einen Augenblick hinein und antwortete:

«Grüeß dich, Klaus!»

Das Anneli wunderte sich. Nun wußten sie einander doch nichts zu sagen, und es hatte gemeint, die Mutter würde in einem ganzen Tage nicht erzählen können, was in dieser ewiglangen Zeit seit seinem Weggang passiert sei.

Klaus und Dorthee brauchten sich nicht zu sagen, was sie bewegte, sie fühlten es ohne Worte. Sie spürten die Blicke aller Umstehenden, die aus der Kapelle geströmt waren, auf sich ruhen und Dorthee drängte zum Gehen. Was bis heute noch Zweifel und Schmerz in ihr gewesen war, das hatte dieser Blick in Klausens klare Augen getilgt. Nein, der war nicht der Mann, den sie sich wieder zurückwünschen durfte in ihr warmes Haus; der hatte alle Brücken kühn und unbarmherzig abgerissen und einen schmalen Steg erwählt, der steil hinauf zu einem seltenen Ziele führte.

«Behüt' dich Gott – Dorthee –, und wenn ein Schweres kommt mit den Kindern, dann schick sie einmal zu mir, ich möchte dir doch gerne ein wenig helfen.»

Tränen funkelten in ihren Augen und trübten ihren Blick. Sie nickte nur und nahm das Anneli an der Hand. Sie schaute Klaus nicht nach, als er nun in seiner kleinen Zelle verschwand, sondern stieg mit dem Kinde den kleinen Waldweg hinauf ins Flüeli. Sie hörte kaum, was das Anneli alles zu erzählen hatte von dem schönen Feste. Und als es fragte, ob sie nun jeden Sonntag in den Ranft z'Chile gingen, da sagte Dorthee nur:

«Ich weiß das noch nicht, Maitli, – der Vater hätte es vielleicht nicht gern.»

«Oh, das hätten wir nun doch fragen sollen, Muetter; aber das ist sicher, wenn ich groß genug bin, dann geh' ich immer nur in den Ranft, dort ist die allerschönste Kirche, die ich schon gesehen habe, und dort ist auch der Vater!»

Dorthee spürte das Heimweh aus des Kindes Worten heraus. Da merkte sie auch, daß ihr eigenes Herz auf einmal still und ruhig war, – ihr Weh um ihn war geheilt, seit sie seine neue Heimat gesehen hatte.

Dorthee konnte nicht wissen, daß drunten im Ranft der Bruder Klaus in seiner Zelle lag, erschöpft von den Martern, die er sich zugefügt hatte, um für sein Weib den Frieden des Herzens zu erflehen.

Allmählich verliefen sich die vielen Leute, die das Kirchweihfest im Ranft besucht hatten. Auch der Weihbischof und seine Begleiter hatten Abschied genommen von der Stätte so seltsamen Geschehens.

Nun war Klaus wieder allein –, er atmete befreit auf. Tief und dankbar empfand er die Fügung, die ihm seinen Herrn und Meister zum Gefährten seiner Einsamkeit in diese Wildnis gebracht hatte. Lange kniete er an diesem Tage still und versunken vor dem kleinen Tabernakel. «Du und ich», flüsterten seine Lippen immer wieder – «du und ich – und ganz weit weg eine Welt, für die ich zu dir bete, mein Gott!»

Das war es nun fortan – ein Leben ganz in Gott und den Blick und das Herz offen für alle Not, die weitum in den Landen herrschte. Eine ganz seltsame, beispiellose Mischung von heiliger Mystik und kräftiger Verbundenheit mit den Dingen des Lebens war dieser Eremit, von dem die Kunde in der kurzen Zeit seines Einsiedlertums schon weit über die Grenzen seiner engeren Heimat hinausging. Und je eigenartiger die

Mär den Bruder Klaus malte, desto zahlreicher wurden die Menschen, die in seine Nähe kamen. Alles wollte einmal den Mann sehen, der schon im Kriege von sich reden gemacht hatte, von dem man einst glaubte, er werde ein Heerführer oder großer Staatsmann. Der dann hinging und alle Ehren und Ämter von sich tat wie ein alt Gewand, der mit einem feinen Lächeln von Dingen sprach, die andern Leuten so wichtig waren, – der, ja, man mußte auch das sagen –, der manchmal mit treffendem Spotte die Mißstände geißelte und nicht zögerte, den größten Herren eine Wahrheit mit derben Worten beizubringen, als wäre er nicht ein wundertätiger, seliger Mann, wie ihn das Volk nannte, sondern immer noch der kühemelkende Flüelibauer. Daß sie aber dennoch immer wieder zu ihm kamen, das war der beste Beweis für seine parteilose Gerechtigkeit. Er mißbilligte alle Fehler, die im eigenen Lande, bei Freund und Feind, begangen wurden. Wenn er an die einflußreichsten Männer immer und immer wieder die Warnung vor den Söldnerdiensten und fremden Pensionen richtete, dann sagte wohl auch einer:

«Was, Ihr seid ein Eidgenosse, Bruder Klaus? Und tadelt eine Sache, die uns und dem Lande unsterblichen Ruhm bringt! Man muß die schlimme Kehrseite nicht immer nach außen hängen –, es hat auf der anderen doch auch sein Gutes.»

Der Bruder Klaus aber wehrte sich:

«Das weiß Gott, daß ich ein rechter Eidgenosse bin und stets das Beste meines Vaterlandes will! Ich weiß, daß der Kriegsruhm einem Volke wohl ansteht, daß seine Tüchtigkeit wie ein Wall sich um seine Grenzen legt. Aber ich meine, sobald dieser Ruhm um fremdes Geld erworben wird, fehle ihm das Solide, Starke, das doch von alters her der Schweizer verbrieftes Vorrecht war. Anno 1291 haben sich die ersten Eidgenossen gewehrt gegen fremde Herrschaft, haben mit Blut und Leben die Freiheit für ihre Nachkommen erworben. Scheint es Euch da recht, wenn diese Nachkommen hingehen und mit den Erbfeinden ihrer Ahnen in den Krieg ziehen? Was meint Ihr, würde ein Arnold An der Halden, unser großer Landsmann, sagen, wenn er wüßte, daß der Herzog Siegmund von Österreich nun um die Gunst der Schweizer buhlt? Wenn er wüßte, daß das mühsam errungene Land den eigenen Söhnen zu klein ist, – daß sie nach den weiten fremden Ländern verlangen? Das kommt mir so oft zu Sinn, und ich glaube, wir müssen wieder mehr Ehrfurcht haben vor dem Heldentode so vieler Ahnen, vor dem Flecken Wies- und Ackerland, den sie uns hinterlassen haben. Mischet üch nit in fremde Händel –, bleibt auf dem eigenen Grunde genügsam und holt nicht aus aller Welt den Unfrieden und die Unstetheit hinein in Eure niederen Stuben! Das rate ich Euch, und Gott weiß, daß ich mir die Sache gut überlegt und geprüft habe.»

Also erhob Klaus seine Stimme, ob ein einzelner bei ihm Rat holte oder eine ganze Menschenmenge auf der Anhöhe bei der Kapelle seinen Worten lauschte. Die eigenen Leute verstanden ihn wohl, doch die Fremden verwunderten sich über die sonderbare Sprache des Einsiedlers, über sein rauhes Wesen, von dem man kaum glauben konnte, daß es zuzeiten mit heiliger Mystik erfüllt war.

Doch es kam die Zeit, wo viele Eidgenossen es vermieden, in den Ranft zu gehen. Die Ereignisse im Lande selber und die Entwicklung der Dinge in den Nachbarländern waren so, daß einem die Mahnung Bruder Klausens, «sich nit in fremde Händel zu mischen», recht unbequem wurde. Schlag auf Schlag liefen die Neuigkeiten durch das Land und ließen ahnen, daß sich etwas vorbereitete, was auch die Eidgenossen wieder unter die Fahnen bringen würde. Rings um die Grenzen der Schweiz wetterleuchtete es. Der mächtige Burgunderherzog Karl der Kühne, der dem Herzog Siegmund von Österreich als Pfand für eine geliehene Geldsumme die schönen Städte und Landschaften im Oberelsaß, Schwarzwald und am Rheine abgenommen hatte, machte sich durch die Willkür, mit der er die Pfandländer verwalten ließ, zum erbitterten Feinde des Österreichers und der Eidgenossen. Der Burgunder, mit dem sie ein Bündnis verband, versprach ihrem Erbfeinde, dem Österreicher, «Schutz und Hilfe gegen die Eidgenossen», ihnen selber trug er auch die Freundschaft an. Gleichzeitig bedrängte sein Vogt, Peter von Hagenbach, die den Schweizern verbündete Stadt Mühlhausen und suchte sie seinem Herzog zu gewinnen.

Als sich sowohl die Eidgenossen als auch Siegmund von dem beutegierigen Burgunder schmählich betrogen sahen, als auch der König von Frankreich den mächtig aufstrebenden Nebenbuhler zu fürchten begann, da besannen sich die ehemals feindlichen Völker und schlossen unter sich eine Ewige Richtung, die den alten Feindseligkeiten ein Ende machte und sie einte zum Schutz und Schirme gegen die drohende Gefahr im Westen.

Die Glocken läuteten im ganzen Lande, den endlich erreichten Frieden mit Österreich zu feiern. Die Leute atmeten befreit auf, oh, es war so gut, einen Frieden zu haben, der kein Blut gekostet hatte! Ein Jubel wie nach heißerstrittenem Siege erfüllte die Lande.

Unten im Ranft stand der einsame Klausner, nachdem er die Kunde vernommen hatte, lange unter der Wettertanne bei seiner Kapelle. Von weit her drang das Läuten festlicher

Glocken an sein Ohr, und noch hörte er die Worte seines Sohnes, der ihm den Frieden mit Österreich vermeldet hatte:

«Vater, nun ist alles gut –, wir sind nicht mehr allein, der Österreicher ist unser Freund und der König von Frankreich unser Bundesgenosse! Nun soll einer es wagen, unser Feind zu sein!»

Klaus hatte geantwortet:

«Es wird sich weisen, ob das gut ist. Bis jetzt haben wir jeden geschlagen, der unser Feind sein wollte, – ohne fremde Hilfe. Ich meine, man hätte das weiter so halten sollen!»

«Aber, Vater, ein Friede ist doch immer eine gute Sache!»

Und Klaus darauf:

«Ich bin der letzte, der einen Krieg will, – aber es gibt Fälle, wo er besser wäre als ein Friede, mein Sohn!»

Johannes merkte, wie sein Vater gegen dieses Bündnis war. Er ertrug es aber jetzt nicht, daß einer seine Freude störte, auch wenn es der Vater war. Es gab einfach Dinge, die anders aussahen, wenn man sie im Ranft unten betrachtete. Das mochte auch wieder so sein mit diesem großen Ereignis, das alle Glokken verkündeten.

Es fiel Johannes, als er heimeilte, ein, daß das Glöcklein im Ranft stumm blieb. Wie eine böse Ahnung wollte es den jungen Mann ankommen –, man war schon so weit, auf das Echo zu hören, das aus dem Ranfte aufstieg. Aber diesmal! Nein, nun galt es, zu dem zu stehen, was laut durch alle Lande scholl: Friede mit Österreich – Trutz dem reichen Herzog von Burgund!

Klaus überlegte sich den Stand der Dinge. Er hatte längst gewußt, daß Siegmund um der Eidgenossen Gunst warb. Auf dem Altare seiner Kapelle stand ein prächtig vergoldeter Kelch, den ihm ein Bote mit ehrfurchtsvollen Grüßen des

Herzogs übergeben hatte. Damals war Klaus die Lust angekommen, das Geschenk zurückzuweisen. Doch er durfte es nicht tun, da der Kelch für des höchsten Meisters Dienst bestimmt war. Aber Klaus fand doch, das Geschenk hange mit dem neuen Bündnisse, vor dem er so lange gewarnt hatte, zusammen. Siegmund hatte offenbar geglaubt, mit diesem Beweise seiner Huld den lästigen Mahner im Ranfte mundtot zu machen.

Nun war es also doch geschehen, daß sich die Eidgenossen in die gefährliche Sache der Nachbarn eingelassen hatten! Ein Bündnis mit Siegmund und König Ludwig bedeutete in diesen Zeiten nichts anderes als blutigen Krieg mit dem Burgunderherzog. Die Glocken, die jetzt den Frieden einläuteten, würden gar bald unter die Fahnen rufen!

Klaus ging langsam in das Kirchlein. Er warf sich vor dem Altare nieder und begann die Not seines Herzens auszugießen vor dem Herrn. Ihm bangte für das geliebte Vaterland, das, jeder besseren Einsicht bar, sich in ein Abenteuer stürzte, das gefährlich werden konnte. Das Rad, einmal im Rollen, konnte jetzt nicht mehr aufgehalten werden; es gab, wie schon oft, nur eines, um zu helfen: Man mußte dem Herrgott dieses Volk in Waffen anempfehlen, daß er gnädig mit ihm sei um der vielen Weiber und Kinder willen, die unschuldig litten.

Bald nach jenem denkwürdigen Tage schon trat das von vielen erwartete, von andern gefürchtete Ereignis ein: Der König von Frankreich rief die Eidgenossen unter die Waffen – 2000 Gulden jährliche Pension gab er ihnen –, sie mußten mit 6000 Mann bereit sein zu seinem Dienste. Bern sandte dem Burgunder, der gerade Neuß belagerte, den Fehdebrief und gleichen Tags noch die Krieger ab, denen sich die Verbündeten der Freien Reichsstädte und nahen österreichischen Gaue angeschlossen hatten. Es kam zum Treffen von Hericourt – der Sieg der Eidgenossen war glänzend. Mit Sang und Klang, voll herausfordernder Zuversicht, kamen sie heim, beladen mit der reichen Beute aus dem feindlichen Lager. Sie lachten des Mahners im Ranft; da konnte man sehen, was vereinte Kraft vermag, und wie das Kriegsglück mit ihren Waffen war, wohin sie dieselben trugen. Kaum waren sie wieder warm geworden in ihren Stuben, als der Lärm wieder losging. Ohne Besinnen folgten die Eidgenossen wieder, da Niklaus von Diesbach zum erneuten Sturme rief. Ein Sieg folgte dem andern, in Savoyen und in der Waadt hielten von Diesbachs Scharen eine reiche, schaurige Ernte.

Bruder Klaus staunte immer aufs neue, wenn man ihm von den Erfolgen der Eidgenossen berichtete. Wie er die Sache beurteilte, waren sie doch im Unrechte, und ihm bangte davor, das Blatt könnte sich wenden. Wer immer zu ihm in den Ranft kam, hörte seine beschwörenden Worte, doch nicht weiter zu gehen in den Feindseligkeiten gegen einen so mächtigen Gegner. Er wußte, daß hinter diesem Kriege die Gier nach Beute und Pensionen stand, die der Franzosenkönig so freigebig auszurichten versprochen hatte. Wenn auch die Regierung Obwaldens anfangs noch Widerstand geleistet hatte gegen Bündnis und Vertrag mit Siegmund und Ludwig XI., so tat sie nach diesen wiederholten Siegen nichts mehr, die Leute von Kriegsfahrten abzuhalten.

Es kam auch bald die traurige Zeit, da sich keiner mehr besinnen konnte, ob er mitmachen wolle oder nicht, – die furchtbarste Enttäuschung wartete der Eidgenossen: Der König von Frankreich schloß einen Waffenstillstand mit dem Burgunder, nachdem kurz vorher Kaiser Friedrich seinen Sohn Maximilian mit der burgundischen Erbtochter vermählt hatte.

Nun standen die verratenen Eidgenossen, nur mit den wenigen verbündeten Städten, allein da im Angesichte der Gefahr. Der König, der ihnen vor kurzem seine Gunst, sein Geld und ewige Freundschaft versprochen hatte, wollte sie dazu bewegen, ihr Bündnis mit Siegmund aufzugeben. Doch da traf er sie an der verwundbarsten Stelle –, sie hatten wohl um Ehre und Beute ihr Blut und Leben verpfändet; aber einem bedrängten Freunde hielten sie die Treue, auch wenn die Gefahr schreckbar groß vor ihnen stand.

Sie gingen ihr mannhaft entgegen. Mit Todesverachtung empfingen sie den mächtigen Feind zu Grandson am Neuenburger See. Sie hielten das Städtchen besetzt, bis die feindlichen Kugeln und der grimme Hunger sie zur Übergabe zwangen. Da rächte der eitle Fürst den Verlust seiner Ländereien und Städte und ließ die überwundenen 400 Eidgenossen an Bäumen aufhängen oder elend ertränken.

Es waren aber unter den Todgeweihten viele, die damals bei Greifensee das grausame Ende der sechzig Soldaten miterlebt hatten. Und ob auch Jahre über jenem Tage vergangen waren, – jetzt stand er mit schreckbarer Deutlichkeit vor ihnen. Wie hatte doch damals Klaus von Flüe gesagt: «Mir bangt vor dem Lohne für solchen Frevel.» Ja, nun war zum zweiten Male Zahltag, der erste war bei St. Jakob gewesen! Wie eine Kette zogen am vergehenden Geiste der Gemarterten die Geschehnisse der letzten Jahre vorüber. Damals hatte es begonnen bei Greifensee! Ob auch nachher noch oft das Kriegsglück mit ihnen gewesen war, – eine dunkle Wolke hing doch über dem Lande. Der Fluch hatte sie getroffen, der nun mit Blut getilgt werden mußte!

Mit einer Verwünschung starb manch einer der 400 Eidgenossen. Sie galt den Führern, die das Volk ins Elend gebracht hatten, als sie es um Macht und Beute auf fremde Kriegsplätze verschickten.

So wusch der Tod der Grandsoner Besatzung doch nichts ab von der Blutschuld der Eidgenossen. Der Fluch sterbender Helden vererbte sich weiter.

Karl der Kühne glaubte, das Volk der Kuhmelker habe nun endgültig ausgespielt. Doch wie immer in Zeiten der Not und Bedrängnis standen die Eidgenossen wie eine Mauer zusammen und waren entschlossen, die Bluttat von Grandson zu rächen. Nicht Übermut trieb sie diesmal an, in den Kampf zu ziehen, – sie mußten ihr Land verteidigen gegen den fremden Herzog, der jetzt mit frechem Siegesstolze an der Grenze lag. Und als sie seine Heermacht vor Grandson liegen sahen, flehten sie demütig Gottes Hilfe auf ihr Vorhaben herab. Als betendes Heer drangen sie wohlgeordnet vorwärts und errangen den beispiellosen Sieg bei Grandson über den mächtigen Herzog von Burgund.

Das waren der Eidgenossen ruhmreichste, herrlichste Tage! Die Beute im Lager von Grandson war unermeßlich groß. Jubel erfüllte die Orte, wo die siegreichen Krieger auf dem Heimwege durchkamen.

Wieder kündeten die Glocken den Sieg über die Lande. Und wieder kniete Bruder Klaus als Beter und Büßer in der Kapelle, deren kleines Glöcklein nicht einstimmte in den Siegeschor. Gewiß – er freute sich auch des Sieges, doch hinter der Freude stand die Angst und Sorge! Ein Volk, das so ruhmreich war, mußte demütig bleiben, sonst wich das Glück von seiner Seite. Zu gut war ihm das Beispiel von Greifensee in der Erinnerung geblieben. Drum hielt er Wache in Gebet und Abtötung, als müsse er die Tore hüten vor einem gefährlichen Feinde.

Zum andern Male zogen die Krieger aus. Die Berner hielten unter Adrian von Bubenberg das Städtchen Murten besetzt und riefen in höchster Not nach den Bundesbrüdern. Die kamen an, als die Berner schon kampfbereit gerüstet waren. Da endlich als letzte die Zürcher erschienen, war eine todesmutige Streitmacht von 25000 Mann beisammen. Hans von Hallwyl führte sie an, kniete als erster auf dem regennassen Gelände nieder und betete mit dem ganzen Heere um Schutz und Schirm Gottes. Da brach aus den grauen Wolken die Sonne hervor –, auf sprang der von Hallwyl und rief: «Nun vorwärts – die Sonne leuchtet uns zum Siege!»

Sie schafften es –, erzwangen mit Löwenmut und unsagbarer Tüchtigkeit einen neuen glorreichen Sieg, eine Waffentat, die einzig dasteht in der Geschichte der Eidgenossenschaft. Zehntausend Mann erschlugen sie an diesem einzigen 22. Juli 1476. Blutrot lag die Walstatt, verwüstet Äcker und Weinberge, erfüllt vom Todesseufzer der Erschlagenen.

War es ein Wunder, wenn die siegreichen Eidgenossen daran glaubten, Gott sei mit ihnen? Ein Heer hatten sie bezwungen, vor dem mächtige Gegner zurückgewichen waren, einen Feind geschlagen, der der Mächtigste weitum war. Die Beute war diesmal klein, doch unnennbar der Jubel, die kleine Heimat abermals aus der Hand des Feindes errettet zu haben.

Doch hinter dieser Freude lauerte auch schon die Unzufriedenheit. Die reiche Beute von Grandson war den meisten Kriegern zu Kopfe gestiegen. Sie hatten gehofft, auch beim zweiten Siege einen reichen Gewinn zu holen, und sahen sich nun in dieser Hoffnung getäuscht. Während weitherum im Auslande der Sieg der Eidgenossen als selten mutige Tat gefeiert wurde, saßen viele von ihnen mißmutig daheim und schimpften auf das «Bettelwerk», das ihnen bei Murten zugefallen war.

Es war für die Schweizer wie eine Erlösung, als schon bald der Lothringer um Mannschaft anfragte. Zwar mußte erst die Tagsatzung die Zustimmung geben, und als der Herzog von Lothringen die Erlaubnis erhielt, im Gebiete der Eidgenossenschaft sechstausend Söldner anzuwerben, waren innert weniger Tage weit mehr als diese beisammen.

Und wieder trafen sie mit Karl dem Kühnen zusammen. Zu Nancy war es, daß ein kleines tapferes Heer dem stolzen Burgunder, dem sie Gut und Ehre schon zuvor genommen, auch das Leben nahm. In wilder Flucht ereilte ihn das Schicksal, nachdem er noch gesehen hatte, wie der Rest seiner Mannschaft elend dahingemacht wurde oder geflohen war.

Dieser letzte Sieg über den gefürchteten Fürsten weckte ein gewaltiges Echo in allen Landen. Kaum heimgekehrt, wurden die Schweizer umworben und in den Ratssälen wurde über neue Bündnisse und Abkommen beraten, kurz – man riß sich um die Freundschaft dieser einfachen Bauern, die für die Fahne, zu der sie schworen, in den Tod gingen.

Das Gold rollte zu dieser Zeit durch alle Hände. Es blendete die Regierung, daß sie versprach, was sie kaum verantworten konnte. Die hohen Herren verkauften um blinkende Münzen das Leben ihrer Landsleute, ließen da und dort einen Taler zum gemeinen Manne kommen und hatten ihn dann gleich so weit, daß er mit Freuden einwilligte, als Söldner einem fremden Herrn zu dienen, der das Geld so haufenweise besaß.

So kamen die Zwietracht, die Genußsucht und die Unzufriedenheit in das ruhmreiche Volk. Was Krieg und Bedrängnis von außen her nicht vermocht hatten, das gelang jetzt dieser Zeit: Es gingen die besten Güter des Lebens zugrunde –, die alte Rechtheit und Unbestechlichkeit der Schweizer wurde zum Spotte. Die Einigkeit, die stets den Bund der Eidgenossen gehalten und gefestigt hatte, schwand vor dem Eigennutz. Das Beispiel der Führer machte sich bis zum letzten Bürger geltend. Man nahm das Geld meist fraglos, wo es sich bot.

Da hob Bruder Klaus wieder zu mahnen an. Er sah, wie der Übermut und Siegestaumel die nüchternen Schweizer zu Toren machte. Was blieb von den Siegen und Taten der Ahnen, was von Freiheit, sittlichem Stolz und Unabhängigkeit, wenn sich jetzt ein ganzes Volk an fremde Fürsten verkaufte? Wie schwoll das Laster auf fremden Kriegsschauplätzen und kam heim in Geist und Herz berauschter Söldner! Mochten aber die Regierung und alles Volk dem Dämon des Geldes und wildem Genusse verfallen sein, – Bruder Klaus blieb klar und schaute die Volksgefahr. Er betete, wenn er allein war, und vor den Menschen verdammte er die Art, wie seine Zeitgenossen mit der Würde des Vaterlandes umgingen.

Es kam oft vor, daß an Sonntagen, da der Sarner Kaplan eine Messe las in der Ranftkapelle, viel Volk sich dort unten sammelte. Und wenn der Gottesdienst zu Ende war, trat Bruder Klaus vor die Leute und sprach mit ihnen über des Landes Not und Mißstände. Männer, die mitten in den Geschäften und Angelegenheiten der Regierung standen, staunten nicht wenig, daß dieser abseitige Waldbruder mit solcher Sicherheit und Klugheit von all diesen Dingen reden konnte. Und wenn er sie auch oft ins eigene Gewissen traf, – sie horchten, was der seltsame Rufer in der Wüste zu künden habe. Bald ging auch manch einem die Erkenntnis auf, es könne wahrhaftig so nicht weitergehen. Sie gaben die Worte Bruder Klausens weiter und mehrten durch ihren Bericht die Zahl der Besucher im Ranft, dem Ort, wo ein barfüßiger Einsiedler den Herzschlag der Heimat besser spürte als die großen Herren in den Ratssälen.

Das waren nun allerdings andere Lehren, als wie sie die ausländischen Gesandten und Werber verkündeten. Klaus verkleinerte die Größe der Siege nicht –, aber er kannte auch den Stachel des falschen Lobes, der ein verblendetes Kriegsvolk zu neuen gierigen Taten reizte. Er fuhr mit derben Worten gegen die Schmeicheleien der Werber. Ja, die konnten sich freilich nicht genugtun im Ausmalen der Vorteile, die der Dienst bei einem fremden Herrn bringe; ihr Geschäft war's. Und gegen das unsaubere, blutige Geschäft, worin es nur Verführer und Verführte gab, wuchs der heilige Zorn des Barfüßigen, und eines Tages tönten Worte von Jahrhundertklang, welche die Völker ihren Söhnen, die Söhne den Enkeln immer neu weitergaben, in die Ohren der schweratmenden Zuhörer:

«Und ich sage Euch: Lasset ab von diesen Dingen – mischet Euch nit in fremde Händel!»

Mehr denn einmal hatte er seinen Standpunkt vor diesen Abgesandten selbst zu behaupten. Mit Geschenken und guten Worten kamen sie in den Ranft, ihn zu ersuchen, er möchte doch durch sein Wort nicht alle Möglichkeiten vernichten, das glorreiche, tapfere Volk der Eidgenossen neuen Siegen entgegenzuführen. Klaus ließ sie erst reden und lächelte. Dann aber stand er auf, und die Blicke gingen an ihm empor.

«Man kann nit zwei Herren dienen, heißt es schon im Evangelium. Und die Liebe zum Vaterlande ist eine heilige Sache, die kann man nicht verkaufen. Wir glauben, daß ein Krieg zur Verteidigung der Heimat, zum Schutze unserer Weiber und Kinder eine gerechte, Gott wohlgefällige Sache ist. Wenn aber unsere Männer hingehen und ihr Leben in die

Schanze schlagen für die Interessen anderer Länder, wenn sie mit ihren Armen den Tod hintragen zu Menschen, die nichts wider uns wollen und uns kein Leid getan, – dann ist das nicht gut. Unrecht ist's, und dafür möchte uns einmal des Herrn Hand schwer treffen – heute oder morgen. Mir bangt für mein Volk, und Ihr: habt Gottes Furcht um es!»

Die Boten widersprachen:

«Das ist nun Eure Meinung, ehrwürdiger Bruder. Daß Ihr die Sache unterstützet, erwarten wir ja nicht. Aber Ihr seid ein Einsiedler, der Gott dienen will, – wolltet Ihr da nicht lieber Hand und Rede aus der Politik lassen?»

Klaus knurrte schier:

«Das könnte Euch passen! Ein Diener Gottes bin ich schon, aber kein Mietling, der über der Sorge um sein seelisches Wohl des Volkes vergißt. Solange ich lebe, gehört mein Geist dem Vaterland! Auch dieser Dienst ist Gottesdienst! Und nun tut mir den Gefallen und verlaßt den Ranft und die Schweiz und meldet Eurem Herrn: die Ehre des Vaterlandes sei noch nicht ganz erloschen im Herzen aller Eidgenossen.»

So kam es, daß man bald im Auslande nicht nur vom Leben des heiligmäßigen Bruder Klaus, sondern auch von seinem kräftigen eidgenössischen Geiste berichtete, und das Interesse an diesem seltsamen Manne wuchs. Die Diplomaten, die auf Werbung um Soldaten ausgezogen waren, vergaßen nicht, erst in den Ranft zu pilgern, um zu versuchen, ob nicht auch dieser Bruder Klaus einmal die «gute Stunde» hätte, ihnen ein ermunterndes Wort zu geben. Aber alle kamen sie zurück wie begossene Pudel. Nein, von dem Manne hatten sie nie etwas zu erwarten. Der tat, als müsse er sich mit ausgebreiteten Armen vor Land und Volk stellen, um alles abzuhalten, was an den Grenzen Einlaß begehrte. Wahrhaftig, es war nicht leicht, gegen diesen Einsiedler aufzukommen. Trotzdem er ja nicht einmal lesen und schreiben konnte, enthielten seine Worte die Weisheit, die in Büchern stand, und was er sagte, war so klar und treffend, daß es einer im Gedächtnis behielt, auch wenn es nicht auf dem Pergament aufgeschrieben stand.

Klaus, der sonst die Einsamkeit über alles liebte, freute sich jetzt des Zustromes, der sich in den Ranft ergoß. So hatte er doch Gelegenheit, mit Leuten aller Stände und Nationen zu reden, allen etwas mitzugeben von der Idee der Gottesliebe und Nachfolge Christi, konnte ihnen seine Meinung sagen und ins Gewissen reden, wenn er erkannte, daß unlautere Absichten sie in das Land geführt hatten. Er unterließ es nie, vor den Besuchern zu sprechen, und es hieß deshalb im Lande herum, die größten Tagsatzungen und Landsgemeinden würden jetzt im Ranfte abgehalten.

Weiter trugen auch die kleinen Leute ihre Nöte in die Melchaaschlucht. Und Bruder Klaus half, riet und betete. Aber seine große Sorge um das Vaterland wuchs täglich. Mit Bangen hatte er vom unseligen Unternehmen gehört, das die Zeitgenossen den «Saubannerzug» nannten, den Raubzug junger, verwilderter Burschen in das Welschland, um, wie sie sagten, die Brandschatzungssumme zu erzwingen, die Genf den Eidgenossen noch schuldete. So weit war man also, eine Forderung kriegsmäßig einzuziehen, als wären die Eidgenossen ein Volk von Räubern und Strauchrittern! Wo war die Regierung, daß sie nicht mehr die Macht hatte, einem solchen Treiben Einhalt zu tun?

Im Lande der Eidgenossen stieg die Not. Uneinigkeit, ja offener Hader machte sich immer mehr geltend. Die Länder, die bei den Städten herrschsüchtige Gelüste beargwöhnten, sahen der Aufnahme von Freiburg und Solothurn in den Bund mit größtem Widerwillen entgegen, erst recht, seitdem Bern, Luzern, Freiburg und Solothurn ein Burgrecht miteinander abschlossen, um sich gegenseitig zu schirmen. Da wuchs etwas Gefährliches zusammen, murrte die Urschweiz, und wie nun gar Peter Amstalden, «der beste Entlebucher», als Haupt einer Verschwörung gegen Luzern dem Blutgericht verfiel, schwoll der Zorn, und die Feindseligkeiten ruhten nicht mehr.

Schiedstage, an denen die giftige Streiterei geschlichtet werden sollte, halfen nichts. Umsonst warnten und mahnten einsichtige Männer, des Landes Wohl vor die Interessen der Kantone zu stellen, vergeblich riet Bruder Klaus zum Frieden. Ein Bürgerkrieg drohte, denn auf beiden Seiten wurde mit maßloser Leidenschaft geschürt. Nachdem der Streit sich schon jahrelang in die Herzen eingefressen hatte, wurde auf den Rat des Einsiedlers vom Ranft eine Tagsatzung nach Stans einberufen.

Mit harten, entschlossenen Köpfen kamen die Tagherren zu Stans an, als schon tiefer Dezemberschnee auf Weg und Steg lag und in den Stuben die Kinder auf das Kommen des Christtages warteten. Die Leute ringsum hofften, es möchte das «et in terra pax hominibus» der Weihnachtsverkündigung auch für die Tagsatzung gelten. Aber freilich, so ganz war man nicht sicher, ob sie alle guten Willens wären, die da nach Stans kamen, den Frieden zu machen. Bruder Klaus kniete in jenen Tagen fast ununterbrochen vor dem Altare seiner Kapelle. Wenn es jetzt nicht gelang, die Einigkeit wieder herzustellen, dann war es um den Bund der Eidgenossen und wohl auch um die bluterkaufte Heimat geschehen. Dann rötete Bruderblut den Boden, der heilig war um der Liebe willen, mit der ein starkes, frommes Geschlecht ihn bebaute und vererbte. Dann sank alles zusammen, was groß und schön gewachsen war im

Schutze der Einigkeit. Und Klaus fühlte wie nie zuvor, daß er sich noch nicht ganz losgelöst hatte von der Welt. Weib und Kinder, Haus und Hofstatt hatte er schon dahingegeben, um Gott zu dienen; aber an einem hing er noch zäh: am Vaterland! Er spürte dieses geheimnisvolle Band, er wußte um seine leidenschaftliche Liebe zu seinem Volke. Sein Blut war von jenem, das in den ersten Freiheitskämpfen von Morgarten und Sempach geflossen war, sein Stamm von jenem, der sich erhoben hatte aus Knechtschaft und Sklaverei, der gewachsen war zum Trotze der Könige und Kaiser. Auch er hatte das Erbe der Väter mit dem heiligen Schwure angetreten, es rein und gut den Söhnen zu übergeben. Auch er hatte neues Geschlecht dem Vaterlande gezeugt –, wie sollte er da nicht mit Sorge und Bangen der Zukunft der Heimat entgegensehen, in der sein Blut fortlebte, so Gott wollte, bis in ferne Zeiten!

Das Gebet um Gottes Segen über dem schweren Beginnen der Tagherren zu Stans schien das einzige, was Bruder Klaus tun konnte; oder wollte er hineilen, um nahe zu sein, wenn die Sache scheitern sollte? Er gab den Gedanken auf. Nein, das Wohl des Vaterlandes konnte doch nicht an seinem menschlichen Rate hangen. Das mußte der Herrgott mit starker Hand leiten und die Herzen der Tagherren rühren. Gewaltig war dieses Gebet. Er wollte dem Herrgott ein Opfer anbieten; doch er hatte nichts mehr –, nur sein eigenes Leben, das er nun in die Hand dessen legte, der mächtig ist, Herzen und Schicksal der Menschen zu lenken.

Lautlos lag die Winternacht über dem Ranfte. Die Bäume bogen sich unter der Last des Schnees; bis zur halben Höhe waren Kapelle und Zelle eingeschneit. Die Sterne standen am nächtlichgrauen Himmel. Bei ihrem Anblicke sank Trost in Klausens Herz. Sie waren ihm, der einsam und allein lebte, wie lebendige Gefährten, die aus dieser Welt in eine verklärte andere hinauswiesen. Freilich in den Frieden einer anderen Welt. Es blieb drückend still im Ranft. In seiner Not kniete sich Klaus in den Schnee. Er konnte nur beten.

Ob Stunden vergangen waren? Klaus wußte es nicht. Es raschelten die Zweige der niederen Legföhren, die am Wege standen, und die Last des Schnees, die auf ihnen gelegen hatte, fiel dumpf zur Erde. Klaus kannte das –, es war das Anzeichen eines Besuches. Und mochte er auch sonst nie gerade erfreut sein über eine Störung, jetzt, in diesen Stunden des Bangens um das Wohl des Vaterlandes, wollte er keinen Menschen empfangen.

Der Mensch kam aber doch. Mondlicht traf die Gestalt. Klaus hörte seinen Atem gehen –, er taumelte und fiel gegen die Mauer der Kapelle. Klaus lief hinzu. Der Mann schob die Kappe in den Nacken und sprach heiser:

«Sie werden nicht eins, komm du, sonst ist alles verloren!»

«Heini, – mein Gott, das war ein hartes Stück Weg!»

Heini Im Grund, der kürzlich berufene Pfarrer von Stans, wehrte ab:

«Das Land ist in Not, Klaus. So weit sind die Tagherren gekommen, daß sie morgen im Unfrieden heimreisen, und übermorgen geht der Bruderkrieg los!»

Keinen Augenblick besann sich Klaus von Flüe. Die Heimat faßte nach ihm. Er nahm seinen Haselstock:

«Gehen wir im Namen Gottes, wenn du meinst, mein Rat könne nützen.»

Während sie schon zur Höhe kletterten, sagte Heini Im Grund schnaufend:

«Ob dein Rat es wirkt oder der Geist Gottes –, wie kann ich es wissen? Ich hoffe es.»

Da zögerte Klaus:

«Mein Freund, es ist nicht so, daß ich kommen muß. Ich bin ein hinfälliger Mensch — was der Herrgott will, geschehe!»

Der Pfarrer aber bot alle guten Worte auf:

«Schau das weiß ich auch, daß nicht deine Gegenwart ausschlaggebend ist. Aber du weißt so gut wie ich, daß Gott seinen Segen oft an Mittler bindet. Wenn er nun den Frieden an deine Worte knüpft – Klaus? Wenn du ihm Werkzeug bist, da er am Wohle des Vaterlandes baut?»

Klaus kletterte schon wieder und sprach nicht mehr. Aber als sie oben waren, begann er zu beten. Laut ging seine Stimme über das Schweigen der Schneefelder hin, die sie nun durchschritten. Der Pfarrer betete mit, und wenn ein kleines Echo erklang, war es, als ob die Erde der Heimat ihnen antwortete.

So kam, während ein dunkles Schicksal um Berge und Täler der kleinen Eidgenossenschaft dämonisch geisterte, die betende Hilfe durch Nacht und Schnee nach Stans. Oft wollte der Pfarrer fast verzagen. Seine Kräfte nahmen ab, es waren schon vier beschwerliche, weglose Stunden gewesen, die er zum Ranft gebraucht hatte. Die Mühen verdoppelten sich jetzt. Durch den Kernser Wald stapften sie, kamen an Gehöften und Dörfern vorbei. Aber sie rasteten nicht.

Heini Im Grund schaute von Zeit zu Zeit seinen Weggenossen an. Der lief mit der Sicherheit eines Schlafwandelnden. Hart waren die Züge seines Asketengesichtes. Und unentwegt betete er.

Als sie die Höhe überschritten hatten, die wie ein Wall das Land Unterwalden teilt, stand Klaus doch einen Augenblick still. Seine Augen suchten die Richtung, in der Stans liegt. Und als er unter sich den Flecken im bleichen Mondlicht liegen sah, hob er seine Arme wie vor Jahren, da er den Brand von

Sarnen erblickt hatte. Und als sie zu Stans auf dem Kirchplatze standen, schien alles still und schlafend. Nur im Pfarrhause brannte ein Öllicht, das Nacht für Nacht angezündet war als Wegweiser für alle, die des Pfarres Hilfe für eine hinscheidende Seele verlangten. Das Lichtlein war nun wie ein kleiner Hoffnungsstrahl. Die beiden Männer schauten hinauf und schritten vorüber, dem Rathause zu, trotzdem sie wußten, daß die Herren die Tagsatzung schon lange aufgehoben hatten.

«Sie hausen im ‚Kehlhof', ich gehe sie rufen», sprach der Pfarrer und ließ Klaus warten. Der aber, statt untätig zu verharren, ging zur Kirche, um Gott den Herrn noch einmal anzuflehen.

Im Gasthause wurde es auf das laute Pochen des Pfarrers lebendig. Der Kopf einer Magd wurde sichtbar, die unwirsch nach dem nächtlichen Besucher fragte. Als sie aber die Tagherren wecken wollte, standen deren einige schon in der Türe. Sie hatten keinen Schlaf gefunden und wunderten sich nun, was da noch kommen sollte. Freilich, als sie hörten, daß der Pfarrer sie zu einer nächtlichen Versammlung rufen wollte, widersprachen sie laut. Nein, wenn man drei Tage lang beraten hatte, dann konnte man bis zum Morgen warten; es war dann noch früh genug, zu erfahren, daß es keinen Rat gab.

Doch Heini Im Grund, der eine Nacht lang durch Kälte und Schnee gelaufen war, beschwor sie mit kräftigen Worten und Mahnungen, den Versuch zu machen. Bruder Klaus sei aus dem Ranft gekommen. Da horchten sie auf, denn des Einsiedlers Ruf ging weit durch die Länder. Sie riefen alle wach, berieten sich in Gruppen und stiegen langsam mit trappenden Schuhen die Rathausstiege hinauf in den Richtsaal und hockten lärmend und nicht ohne Zeichen des gegenseitigen Haders in die Sessel. Dann saßen sie mit einmal stumm, die Augen auf der Türe. Als der Klausner endlich über die Schwelle trat im rauhen Rocke des Büßers, die bloßen Füße blaurot vom Froste, da erhoben sich die Herren in den samtenen Wämsern und pelzbesetzten Schnallenschuhen.

«Der Name Jesu sei Euer Gruß! Gelobt sei Jesus Christus!»

Sie schauten verlegen und murmelten die Antwort:

«In Ewigkeit. Amen!»

Sie setzten sich, nur Bruder Klaus blieb vor ihnen aufrecht. Seine Augen gingen über sie hin – lange, schien es ihnen, lange, als schaue er ihre geheimen Gedanken, auch die unguten und gehässigen, auch die neidvollen und eigensüchtigen. Nach den Zimmerecken starrten die Ratsherren, auf den Boden oder ins Leere geradeaus. Die Stille wuchs beklemmend, und als der Mann im härenen Kleid die Stimme erhob, klang sie im Saale wie fernes Donnern. Es war lange her, seit er zum letzten Male im Rate gesprochen hatte, – er hatte es nur mehr unter freiem Himmel getan.

«Ich habe erfahren, wie eitel das Beginnen ist, mit menschlichem Rate und irdischer Meinung dem Vaterland zu dienen. Nehmt meine Worte recht, aber mir ist, Ihr Tagherren habt all die Zeit zu sehr aufs eigene Wohl und nicht aufs Vaterland geschaut.»

Hinten im Saal, wo Dunkelheit lag, sprang einer auf. Seine Stimme grollte:

«Was soll uns das, Klausner? Wir sind des Volkes bestellte Vertreter und lassen uns nicht sagen, daß wir seines Wohls nicht dächten!»

Der Obmann blickte nach dem Sprecher und sagte ruhig: «Der Einsiedler redet, hören wir ihn.»

Ein Stuhl polterte, aber es wurde wieder still, als Bruder Klaus fortfuhr:

«Meinen Rat? Ich weiß, um was es geht. Man sagt im Lande, die Sache stehe schlecht, der Bruderkrieg sei nahe. Und solche unguten Gedanken habt Ihr, Männer aus Städten und Ländern, hierhergetragen. Habt in Köpfen und Herzen nur den starren Willen mitgebracht, Eure gegensätzlichen Meinungen zu verfechten und zu behaupten. Ist's da verwunderlich, daß Ihr noch heute in Unfrieden auseinandergehen wollt? Unseliger Geist herrscht in Land und Volk, diese Tagsatzung ist ein Zeichen. Hochmut, Unverträglichkeit und Machthunger haben gesprochen. Sprach das einige Vaterland auch? Ich meine nicht, daß Männer des Rates und des Krieges sich stundenlang hinknien sollen. Aber im Lichte der Ewigkeit sollen auch sie ihre Meinung beschauen und prüfen, ob sie dem Frieden und dem Wohle des Landes diene. Ihr habt jetzt da zwei Ansichten, die hart aufeinanderprallen. Stadt und Land stehen gegeneinander, Geld und Beute blenden Euch. Wer will hier, wo alle menschliche Weisheit versagt, den rechten Weg finden? Ich bin kein Richter zwischen den Parteien und spreche nicht diesem Recht zu und jenem Recht ab. Ich habe nur den einen Rat, nur den einen, den ich in langen Nächten vom Herrgott erbeten habe: Seid einig! Laßt einmal auf beiden Seiten ab von Eurer Meinung! Ihr Männer aus den Städten, besinnt Euch auf die Länder, die einst den Bund der Eidgenossen schlossen. Meßt nicht nach der Zahl der Männer, sondern teilt brüderlich. Ihr habt zusammen bei Grandson und Murten gekämpft, aus allen Orten blieben sie auf der Walstatt und überall wurden Witwen und Waisen. Und Ihr, Männer der Landorte! Laßt werden und wachsen in neuer Zeit. Das Vaterland, das ganze, wird stark, wenn Freiburg und Solothurn eidgenössisch werden. Denket und sprechet in des Vaterlandes Geiste. Habt Ihr das versucht? Sprachen in seinem Namen selbstlose und weitschauende Männer, Brüder und Freunde, die in Not und Gefahr sich erst recht bewähren? O ihr Herren, werdet nicht zum Gespött Eurer Feinde, die Eure Zwietracht nützen werden! Zeigt auch in solchen Zeiten, daß Ihr ein starkes, stolzes Volk seid, das die Äcker wohl bebaut, den Handel klug betreibt und mit gutem Lebenswandel den Segen Gottes auf Euch und Euer Land zieht. Warum denn soll der Teufel des Zankes und der gemeinen Gier umgehen und Euch entzweien? Seid Ihr nicht einig und stark auch gegen diesen Feind? Meine Freunde –.»

«Gotts Strahl! Wir sitzen hier und hören eine Predigt! Wir kennen das lang schon –, lauter fromme Weisen kommen aus dem Ranft, die sich ganz sonderbar ausnehmen in der Welt der harten Dinge. Klaus, predigt den Weibern; aber laßt die Politik uns, die hier draußen leben und wissen, was es braucht.»

Ein Großer stand im ungewissen Lichtschein und warf die Arme gegen den Einsiedler, und ein Gemurmel ging durch die Reihen der Tagherren. Der Mann erhoffte Zustimmung, doch keiner sprach, und Klausens Stimme füllte wieder den Saal:

«Ich hätte gut reden, meint Ihr, weil ich Schwert und Rüstung abgelegt habe? Aber ich sage Euch: Ich kenne des Landes Not und weiß um alle Siege und Niederlagen, und ich war dabei in notvoller Zeit und bei manchen entscheidenden Streiten. Den Vorwurf verdiene ich nicht, ich hätte mich in den Hinterhalt verzogen, um fromme Sprüche zu machen. Ich war drunten in welschen Landen, als unser Fußvolk gegen den Mailänder zog. Ich war bei Greifensee dabei und habe gesehen, wie des Volkes Anführer ihr Recht mißbrauchten. Vor Zürich lag ich mit meinen Leuten und erlebte die Schmach, die man als Rache für Greifensee den armen Kriegern bei St. Jakob antat. Höret aber: Noch schwerer als der Kampf mit dem Feinde ist das, was Ihr meine einsame Zeit nennt, die Verborgenheit und mein Alter. Was wißt Ihr von meinem Ringen um die Gnade Gottes und für mein Land! Ja, selbst dem Klausner in abgeschiedenster Einöde zerreißt es schier das Herz ob dem Unglück, daß des Volkes Führer fremder Gunst nachlaufen und derweil die eigenen Leute vergessen; daß sie gut eidgenössisches Blut verkaufen an jene, gegen die einst unsere Ahnen stritten. Und was geschieht jetzt gar in dieser Zeit? Was will jetzt geschehen im Hader und Zank der Brüder? Seid wachsam und betet, Ihr Herren! Laßt ab von übler Zwietracht, einigt Euch um des Landes willen! Im Namen des allmächtigen Gottes, besinnet Euch!»

Der Meier aus Luzern polterte los:

«Sind wir eine Herde Vieh, die einen Aufpasser braucht?»

Murren war die einzige Antwort; aber man wußte nicht mehr, wem es galt. Vor Bruder Klausens Stimme legte es sich:

«Die Not hat mich nach Stans gerufen, und die Liebe zum Vaterlande hieß mich kommen. Wäre ich ein bloßer Aufpasser, ich wäre nicht in den Ranft gegangen. Ob der Herrgott einen Hüter fürs Schweizervolk schicken will, weiß er. Ich weiß nur, daß ich es liebe und für seinen Zusammenhalt sterben könnte!»

Der Obmann der Tagsatzung erhob sich:

«Bruder Klaus, habt Dank für dieses Wort. Hört nicht auf einen Widersprecher, wißt, daß Euer Rat Nachhall fand in vielen. Auch drinnen in den Herzen, ja! Diesmal ist nicht mit dem Verstande allein auszukommen. Es ist ein Handel, den auch die Güte und die Liebe zum Vaterlande mitmachen müssen.»

Beifall rauschte auf.

Als er verebbte, stand Klaus von Flüe immer noch vor der Versammlung. Er sah noch etliche Männer, die finster und verschlossen saßen.

Langsam, aus der Tiefe holte er seine letzten Worte, und seine Arme, daran die hageren Hände bleich schienen, stiegen auf:

«Du Geist des Herrn, sei mit uns allen! Erleuchte und regiere du die Herzen! Und Ihr: Im Namen des Allerhöchsten, seid einig! Das Land ist in Not durch Gefahr in Ost und West, in Nord und Süd, und durch Euch selbst und Eure Zwietracht. Macht Euch stark, allen Feinden zu wehren! Haltet die Waffen bereit für jeden Widersacher zum Schutze des Landes, das Eure einzige Heimat ist auf Erden. Gott erleuchte Euch und schütze und erhalte unser Land!»

Einer unter den Männern sagte laut, aber voll starker Ruhe:

«Amen.»

Und der Klausner zeichnete das Kreuz groß in den Saal und ging.

Die Herren erhoben sich zu spät und blickten einander an.

Nur Heini Im Grund lief ihm nach. Wortlos schritten sie zusammen die steinernen Stufen hinab. Draußen auf dem Platze reichte der Pfarrer Klaus die Hand und sagte einfach:

«Wir werden uns vor Gott hinknien müssen, um ihn zu loben. Die Heimat ist gerettet.»

Als Klaus von Flüe spät in der Nacht müde auf seine Schlafbank fiel, bat er Gott, ihn aus dem Leben zu rufen. Er meinte, nun könnte er ruhig sterben, denn Größeres würde ihm kaum mehr geschehen als dieser Tag von Stans.

Die Wallfahrt in den Ranft hörte nicht mehr auf. Je mehr sich die Vermittlung Bruder Klausens aus der Tagsatzung zu Stans im Lande herumsprach und sein Rat in die Tat umgesetzt wurde, desto eifriger kamen die Besucher, den Mann zu sehen und zu hören, der solche Weisheit besaß.

Es war ein gemischtes Volk von Besuchern, das täglich den Weg zum Ranfte nahm. Vornehme Herren, ausländische Ambassadoren und Diplomaten, kleine arme Leute aus allen Kantonen, Elende und Sieche, an Leib und Seele kranke Leute, die auf die Wunderkraft des Einsiedlers vertrauten.

Klaus sah mit wachsendem Unbehagen, wie seine Einsamkeit zum Treffpunkte aller möglichen Angelegenheiten wurde. Wenn er auch erkannte, daß Gott ihm damit die Möglichkeit gab, Seelen zu retten, so merkte er doch auch, wie viele nur aus Neugierde kamen, oder aus falscher, übertriebener Frömmigkeit. So gut und freundlich er sein konnte, so hart und abweisend war er mit dieser Sorte von Menschen, die sich unter dem Deckmantel der Frömmigkeit zu seinen Freunden machen wollten.

Ende

Es rauschten der Melchaa wilde Bergwasser Jahr um Jahr durch das Ranfttobel – tosend und schmutziggelb im späten Lenze, weißschäumend im Sommer und Herbst. Es wuchs der Wald im Wechsel von Blühen und Welken, es kamen und gingen die Menschen.

Und ob es auch Jahre waren, die verstrichen, immer stiegen aus dem Ranfte tief ergriffene Menschen zum Flüeli empor. Klaus blieb der gleiche. Wer ihn früher gekannt hatte, fand nur, daß sein ganzes Wesen froher, heiterer geworden war und daß seine Züge wie von einem unirdischen Glanze verklärt waren. Es schien ihnen das ganz natürlich. Wer sich bald zwei Jahrzehnte lang nur vom Brote der Starken nährt, mit der Speise der Engel, der muß den Stempel der Heiligkeit auch am sterblichen Fleische tragen. Den «seligen Mann» nannten sie ihn weitherum und wagten nicht zu denken, wie es sein würde, wenn er eines Tages nicht mehr da wäre.

Klaus aber bereitete sich in aller Stille auf das Sterben vor. Er wußte Tag und Stunde seines Todes, und wenn auch die letzten Jahre seines Lebens eine einzige Vorbereitung auf die Ewigkeit gewesen waren, so kam jetzt doch, je näher seine Auflösung heranrückte, eine selige Freude über ihn. Zugleich aber mühte er sich, alles noch auszuführen, was ihm die Vorsehung an Pflichten und Aufgaben anvertraut hatte. Er entließ keinen Besucher, ohne ihn ernstlich zu ermahnen, – beschwörend sprach er ihnen von der Verantwortung im Jenseits. Dann aber, wenn er wieder allein war, saß er oft stundenlang auf dem Felsvorsprung an der Melchaa und schaute hinauf in den Himmel, der ihm jeden Tag ein wenig näher schien.

Längst schon hatte sich ein anderer Einsiedler in seiner Nähe niedergelassen. Aber seine Anwesenheit störte ihn nicht. Er freute sich, zu wissen, daß der Ranft auch nach seinem Tode nicht ganz verlassen sein würde.

Der Winter des Jahres 1487 war streng und kalt. Zum ersten Male seit seinem Einsiedlerleben fror Klaus. Er lächelte darüber – ja, nun war schon ein Zeichen da, daß es nicht lange mehr dauern konnte. Er nahm es dankbar an, als ihm die Sarner eine Feuerstelle in die Zelle einbauten. Als ihn aber einer bereden wollte, eine warme Speise zu sich zu nehmen, da wies ihn Klaus mit strengen Worten zurecht.

In den Februartagen war es, daß Dorthee noch einmal in den Ranft kam. Ihre Tochter begleitete sie, wie sie denn auch nie vorher allein zur Kapelle gekommen war. Sie ging gebückt. Die Last der Jahre drückte sie und die Schwere alles dessen, was sie im Leben erfahren hatte. Schneeweiß waren ihre Haare und die welken Hände zitterten. Jung waren einzig die Augen geblieben, die lieben, guten Augen, mit denen sie die Herzen ihrer Lieben regiert und geleitet hatte. In ihnen lag trotz aller Entsagung noch ein kleiner Schein jenes Glükkes der Jugend, das sie ersehnt und empfangen und hinübergenommen hatte in die einsamen Tage des Alters.

Als sie sich die Hände reichten, sagte Klaus:

«Mir ist, ich müsse dir heute noch einmal Dank sagen, Dorthee! Wenn ich mein Leben überblicke, dann sehe ich, daß jedes Opfer, das ich gebracht habe, auch deines war. Du hast ja gesagt zu all meinen Wünschen und auch zum letzten, großen, der dich ganz einsam machte. Vielleicht habe ich zu wenig an dich gedacht, dann vergib mir! Ich weiß nur das: Ich mußte von dir gehen, um allen Vater zu sein, die Hilfe brauchten. Damals haben wir es nicht gewußt, haben nach dem Sinne dieses Opfers geforscht. Das Leben hat es uns beiden offenbart, gelt, Dorthee? Ich muß dir noch eines anvertrauen: Wenn je meine Söhne zweifeln sollten an mir, dann sage ihnen, daß ich nicht um meiner eigenen Seligkeit willen in die Stille ging – die hätte ich auch an deiner Seite gefunden –, sondern daß es vor allem um das Wohl des Vaterlandes war. Ich sehe es erst heute klar, daß all mein Beten und Opfern ihm galt, dem geliebten Lande. Heimat und Himmel – sie schienen mir so nahe verwandt zu sein. Es muß eine enge Beziehung zwischen beiden sein, sonst ließe uns der Herrgott nicht um einer kurzen Spanne Zeit willen so tief wurzeln im Erdreich des irdischen Vaterlandes.»

Dorthee weinte leise. Sie war ergriffen von seinen Worten. Sie spürte aus ihnen heraus die nahende Trennung und doch auch die ewig gleichbleibende Verbundenheit Klausens mit ihr und dem ganzen Volke, mit dem Boden seiner Heimat. Sie konnte nur leise schluchzen:

«Klaus – behüt' Gott! Und wenn du oben bist, – dann hol mich zu dir. Im Himmel möcht' ich halt – doch wieder bei dir sein.»

Da nahm Klaus noch einmal ihre Hand und sprach:

«Ja, Dorthee, – es soll so sein –, in Wirklichkeit waren wir ja auch gar nie voneinander getrennt, gelt?»

Dorthee richtete ihre hinfällige Gestalt noch einmal auf, und zusammen schauten sie zu den lichten Höhen auf, die ihres Lebens und Liebens Ziel und Ende waren. Der Himmel – er war das Geheimnis ihres irdischen Glückes gewesen, er würde auch die Erfüllung ihrer Träume sein.

Dorthee verriet keinem Menschen, daß sie um das baldige Ende Bruder Klausens wußte. Dieses Wissen hütete sie wie einen kostbaren Schatz. Die Leute hatten all die Jahre her so viel Teil an ihm gehabt, mehr denn sie, der er doch allein angehört hatte. Nun wollte sie wenigstens sein letztes Geheimnis für sich haben.

Klaus von Flüe stand auf der schroffen Höhe des Abhanges, der dem Flüeli gegenüber liegt. Er hatte sich dorthinauf begeben, um Abschied zu nehmen von seiner Heimat. Zu seinen Füßen lag der Ranft, drüben das Dörflein, das seine Jugend und die Jahre seines Ringens behütet hatte. Ringsum breiteten sich die Höhen und Täler Obwaldens aus; die Berge mit ewigem Schnee standen am Horizonte, und wo der Blick aufhörte, wußte er die weiten fruchtbaren Gefilde des Mittellandes.

Auf seinen Stock gestützt, sah Klaus seine Heimat liegen. Etwas Eigenes, Warmes quoll in ihm auf, wie er es oft schon gespürt hatte, wenn er ans Vaterland dachte. Er erlebte in Gedanken noch einmal jene Stunde, in der ein Feuermeer über Sarnen aufstieg, – jene andere, da in tiefer Winternacht der Brand des Unfriedens nach dem Vaterlande griff. Heute brannte kein Feuer – friedlich und ruhig lag die Heimat. Und doch war es Klaus, er müsse wieder über sie beten. Er wollte es nicht, aber dennoch breiteten sich seine Arme weit aus, als wollte er das geliebte Land umfassen. Seine Augen wurden weit und sahen in die Zukunft, die über diese kleine Welt kommen würde, in Jahre des Glückes und Friedens –, in Zeiten, die wieder voll waren von Empörung und Krieg. Ob dann die Hand Gottes wieder über dem Lande und Bunde der Eidgenossen war? Ob sie es verdienten, dieses Paradies auf Erden zur Heimat zu haben, nachdem sie freventlich die Arme erhoben gegen das Gesetz?

Klaus erbebte unter dem Gedanken, es könnte ein Tag kommen, an dem die Nachkommen der heldenhaften Streiter von Murten und Grandson des Schwures vergessen würden, den ihre Väter getan; – daß einst in fernen Zeiten die Fahnen mit dem weißen Kreuze eingezogen würden, weil die Treue wankte und das Fundament, auf dem der Bund der Eidgenossen aufgebaut war. Was war dann das viele Blut wert gewesen, das die alten Schweizer vergossen hatten im Gedanken, fernen Geschlechtern ein freies, einiges Erbe zu hinterlassen? Mußten dann nicht die vielen Tausende zum Himmel um

Rache schreien, die einst für ihre Ehre und Treue in den Tod gegangen waren, – die mit letzter Kraft das Banner aus dem Kampfgewühl geholt hatten, um es für die Jungen rein und unversehrt zu retten?

Nein, das durfte nicht sein! Ein Bund, der im Namen Gottes geschlossen ward, mußte unter seinem Schutze stehen und fortleben bis ans Ende der Zeiten!

Zum ersten Male wollte Klaus bedauern, daß sein Leben verging, daß er nicht fürderhin schützend und wachend über den Geschicken des Landes stehen konnte. So viele Male hatte er doch mit Gottes Hilfe die drohenden Gefahren abwehren können; nun würde er gehen, und niemand war mehr, der mahnend und warnend die Stimme erhob gegen die Fehler und Auswüchse in der Regierung des Landes.

Klaus stieg das Blut zu Kopfe. War das die Demut, die da glaubte, ohne sein Dabeisein werde das Vaterland nicht bestehen können? Aus der Tiefe des Herzens rief er zu Gott:

«Nimm diese Sorge um mein Vaterland von mir, wenn sie unrecht ist, – laß mich nicht aus übergroßer Liebe zur Heimat an dieser Erde hangen! Froh und deines Segens für mein Land gewiß, möchte ich eingehen dürfen in dein Reich!»

Das Schweigen der Natur lag weit und breit um ihn. Seine Seele lauschte, ob nicht die Antwort Gottes zu ihm komme, im Säuseln des Märzwindes, der lau und feucht über die sprossenden Wälder und lichtgrünen Matten wehte.

Die Erde schwieg. Doch Gottes Geist schattete über der Seele des schauenden, begnadeten Waldbruders wie eine große schöne Verheißung:

«Die im Herrn sterben, sie werden leben! Auf Erden hattest du die Macht, Herz und Sinn deines Volkes zu lenken, – willst du, so soll es im Himmel dein Teil sein, als seliger

Schutzgeist über dem Lande zu wachen, das du so sehr geliebt hast!»

Da ging ein großes Staunen auf in den Augen des Greises, ein Leuchten lief über seine furchige Stirne und pflanzte sich um sein Haupt fort als strahlende Gloriole. – Klaus hatte ja gesagt zum Anerbieten des Himmels!

Noch einmal, wie er es jeden Tag seines Lebens im Ranfte getan hatte, sank Klaus in die Knie, hob Herz und Hand zu Gott und sprach sein großes, unirdisch-schönes Gebet:

«O mein Herr und mein Gott, nimm alles von mir, was mich hindert zu dir!

O mein Herr und mein Gott, gib alles mir, was mich fördert zu dir!

O mein Herr und mein Gott, nimm mich mir und gib mich ganz zu eigen dir!»

Dann stand er auf, und behutsam wie einer, der einen lieben Weg zum letzten Male begeht, schritt er dem Ranfte zu.

NACHWORT

Frau Maria Dutli-Rutishauser, die in Steckborn, dem idyllischen Dorfe am Ufer des Bodensees, bereits so manches reizende Buch geschrieben hat, hat mit diesem historischen Roman einen großen, heiklen Versuch gemacht. Ich bin der Meinung, daß der Versuch gelungen ist.

Zwar wird die Kontroverse um den historischen Roman überhaupt nie aufhören. Alessandro Manzoni, der uns einen der schönsten und wohl den größten historischen Roman der Weltliteratur geschenkt hat – «I Promessi Sposi» –, hatte bekanntlich die Grundidee dieser literarischen Gattung verurteilt. Ein historischer Roman sei weder Roman noch Geschichte. Was dann? Wie erklärt sich aber, daß gerade solche Werke die Gunst des erlesenen Publikums stets besitzen, und daß die genialsten Schriftsteller – ein Walter Scott zum Beispiel, ein Tolstoj, ein Balzac, ein Manzoni, ein Sienkiewicz, ein P. Coloma S. J. – diese Darstellungsform bevorzugt haben?

Der Zweck dieses Buches ist, Niklaus von Flüe zu ehren; das Mittel zum Zwecke besteht darin, daß der heilige Mann uns menschlich nähergebracht wird, als Jüngling, Sohn, Ehegatte und Vater, als Krieger, Magistrat und Friedenstifter und endlich als Einsiedler und Beter. In allen diesen Eigenschaften war und bleibt Niklaus der Hüter des Vaterlandes.

Der tiefere Sinn des Werkes – ein wunderschöner Sinn – offenbart sich aber vielleicht darin, daß die Ehefrau, die mit verklärender Liebe und zarter weiblicher Hand gezeichnete

Dorthee, als der Engel des Hauses erscheint. Ohne Dorthee wäre auch Niklaus nicht möglich oder jedenfalls nicht so gewesen! So erhebt sich diese weibliche Figur unserer nationalen Geschichte auch zu einer heroischen Gestalt. Daß dies geschieht und geschehen soll, trübt dabei in keiner Weise die Betrachtung der Hauptfigur, die von Klaus Leuenbrugger selbst.

Ich empfehle das Buch allen Schweizern. Da meine Muttersprache die italienische ist, erlaube ich mir nicht, über Sprache und Stil der Verfasserin ein Urteil abzugeben; ein solches wäre wohl verwegen. Sagen darf ich aber, daß der Aufbau der Erzählung kunstgerecht ist. Es geht oft durch die Zeilen wie ein Gefühl der Weihe. Die Zwiegespräche zwischen Mann und Frau sind stets von innerem Adel getragen. Nur eine echte Frauenseele konnte ein solches Buch zunächst im Geiste entwerfen und dann niederschreiben. Nicht selten sind die geschilderten Vorgänge und die Art der Schilderung stark rührend und bewegend.

Unsicher sind die Zeiten und die Geister unruhig. Der innere und der äußere Friede sind augenfälligen, schweren Gefahren ausgesetzt. Wir brauchen seelische Sammlung, Mut, Entschlossenheit, Eintracht und, was noch viel wichtiger ist, Gottes Hilfe. Eine schweizerische Schriftstellerin hätte wohl ihren Miteidgenossen keinen zeitgemäßeren Lesestoff als gerade diesen bieten können.

Daher sage ich ihr hiemit innigen Dank und wünsche ihrem Werke eine bleibende Stätte auf dem Bücherspind und im Herzen recht vieler Landsleute.

Giuseppe Motta

21211 7267 403'62